总第87辑

中国审判指导丛书

执行工作指导

最高人民法院执行局 编

人民法院出版社

图书在版编目（CIP）数据

执行工作指导. 总第87辑 / 最高人民法院执行局编. 北京 : 人民法院出版社, 2025. 3. -- (中国审判指导丛书). -- ISBN 978-7-5109-4409-3

Ⅰ. D926.2

中国国家版本馆CIP数据核字第2024G3C998号

执行工作指导　总第 87 辑

最高人民法院执行局　编

策划编辑　兰丽专
责任编辑　丁塞峨
执行编辑　丁塞峨　杨　洁　周　敏　李益名
出版发行　人民法院出版社
地　　址　北京市东城区东交民巷 27 号（100745）
电　　话　（010）67550656（责任编辑）　67550558（发行部查询）
　　　　　　65223677（读者服务部）
网　　址　http://www.courtbook.com.cn
E - mail　courtpress@sohu.com
印　　刷　三河市国英印务有限公司
经　　销　新华书店

开　　本　787 毫米×1092 毫米　1/16
字　　数　278 千字
印　　张　17
版　　次　2025 年 3 月第 1 版　2025 年 3 月第 1 次印刷
书　　号　ISBN 978-7-5109-4409-3
定　　价　68.00 元

《执行工作指导》
编辑委员会

【卷首语】

在更高起点 以更好质效 争创新的更大成绩

岁序更迭，新元肇启。

2024年12月31日，习近平总书记在全国政协新年茶话会上发表重要讲话，回顾过去一年来之不易的成绩，明确新的一年工作重点，强调“在中国式现代化进程中，不仅有风和日丽，也会有疾风骤雨甚至惊涛骇浪。我们要保持战略定力，汇聚全体中华儿女团结奋斗的强大合力，乘风破浪、勇往直前，把强国建设、民族复兴伟业不断推向前进！”

走过不平凡的2024年，我们迎来充满希望的2025年。每当岁末余晖散去，新年阳光总会如约而至。新年伊始，最高人民法院执行局祝全国执行条线干警新年快乐，所愿皆所成、多喜乐、长安宁！

作别2024年，回首我们共同奋斗、努力拼搏的这一年，感慨万千。2024年是新中国成立75周年，是实现“十四五”规划目标任务的关键一年。在最高人民法院党组和张军院长的坚强领导下，在院领导的关心关怀下，在刘贵祥专委直接指挥下，最高人民法院执行局会同全国执行条线，深入学习贯彻习近平新时代中国特色社会主义思想和习近平法治思想，贯彻落实党的二十届三中全会精神，坚持问题导向、破立并举、守正创新，在执行工作的深化实践中，探寻和把握执行规律，执行工作在新起点上取得新突破，执行质效全面提升，各项工作取得了显著跨越发展。

过去一年，我们以推进交叉执行为牵引，运用规律深化改革；以善意文明执行为支撑，化解矛盾助力民生；以大要案执行为重点，维护安全服务大局；以强化监督管理为保障，规范执行提升效能，全国执行工作各项指标全面趋优跨，跨越前行。

面对奋力推进“解决执行难”历史使命、艰巨改革发展任务，同志们顶住压力，迎难而上。取得的每一份成绩，都是大家共同努力，一起扛过来、拼过来的。成绩令人鼓舞，也更加坚定了我们在新时代新征程开拓进取、扎实推进执行工作现代化的决心和信心。

回首 2024 年，同志们努力拼搏、默默奉献的身影历历在目。各位领导同志率先垂范、冲在一线，全体干警无私奉献、忘我工作！特别是广大党员同志充分发挥先锋模范作用，身先士卒、冲锋在前，熬过了多少深夜，熬红了多少双眼睛！这就是党旗在执行条线高高飘扬的生动写照，是执行条线全体干警司法为民的真实缩影。可以说，2024 年我们过得不容易，每一个人都了不起！

我们以“咬定青山不放松”的韧性，在“深化、内化、转化”上下功夫。全面贯彻落实党的二十届三中全会精神，贯彻落实全国高级法院院长会议精神，紧扣张军院长关于执行工作的 111 项重要指示批示精神工作主线，在执行工作的深化实践中探寻和把握执行规律。

我们以“不待扬鞭自奋蹄”的姿态，在“识变、应变、求变”上见实效。交叉执行、终本出清、执破融合、失信与“失能”区分、案款管理、执行联动、大要案督办指导、舆情处置、监督管理、有信必复、法答网案例库、执行培训、队伍建设等工作多点发力、全面提升，执行效能持续释放，执行工作质效持续向好，整体面貌发生改变。

这些令人骄傲振奋的突破和成就，看似云淡风轻寥寥数语，背后都是数不尽的夜以继日、日夜星辰，更是我们执行人永远的坚守和信念。

《南方周末》1999 年新年献词有段所述：“没有什么可以轻易把人打动，除了内心的爱。没有什么可以轻易把人打动，除了前进的脚步……”于我们而言，所有的收获都源自我们对执行事业的热爱，所有的热爱都是我们对未来的告白，努力向前依然是生活不可磨灭的底色。

2025 年是承上启下、十分关键的一年，任务和困难依然会很艰巨。

大道如砥，壮阔无垠。今年，全国执行条线要持续不折不扣落实党的二十届三中全会关于人民法院执行工作改革的重要部署，继续深化最高人民法院党组和张军院长的重要部署、指示批示，加快推进执行体制改革，以执行改革的持续深入推进执行工作在更高起点上高质量发展。

习近平总书记在 2025 年新年贺词中寄语我们：梦虽遥，追则能达；愿虽艰，持则可圆。

推进执行工作现代化的新征程上，每一位同志都是主角，每一份付出都弥足珍贵。我们的每一份努力都是在为未来铺路，每向前一步都离梦想更近一步。新的一年，使命在肩，让我们携手共赴新的山海，在风雨洗礼中成长、在历经考验中壮大，坚定必胜信心，光荣将属于每一位奋斗者！

目　　录

【执破融合专题】

【执行热点前沿】

【执行管理和信息化专题】

【调研与实证】

【地方法院案例与解析】

【执行局长论坛】

全国法院2024年执行工作运行态势分析

黄文俊*

2024年，全国法院执行条线坚持以习近平新时代中国特色社会主义思想为指导，深入贯彻习近平法治思想，深入贯彻党的二十大和二十届二中、三中全会精神，全面贯彻中央政法工作会议和全国高级法院院长会议精神，认真落实最高人民法院党组决策部署，坚持问题导向、破立并举，执行质效全面提升，各项工作稳中更进。张军院长对执行条线批示："加大交叉执行工作力度，坚持善意文明执行理念，攻坚重点执行案件，狠抓执行规范化建设，实现执行工作质效持续向好，整体面貌发生改变。望再接再厉，把党中央决策部署落实、把三中全会改革任务落实，争取新的更大的成绩!"

一、全国法院2024年度执行工作运行态势

在2025年1月召开的全国高级法院院长会上，张军院长总结2024年执行工作的成效为"两降两升"，即首次执行案件和纳入失信名单人数双下降，执行到位率和实际执行到位金额双提升。在此基础上，我们实现了执行到位率、完毕率、到位金额、保全案件、自动履行率全面提升，纳入失信人数、首次执行案件、终本案件明显下降，多个数据发生前所

* 最高人民法院执行局局长。

未有的积极变化。这表明，当前执行工作的状况与两年前相比已经发生深刻变化，执行工作摸索规律、遵循规律进而整体优化的拐点趋势已经显现。

第一，交叉执行撬动改革、攻坚克难成效突出。2024年，全国法院交叉执行案件超过26万件，取得实质进展或化解近13万件，执行到位金额1300亿元以上。从交叉执行类型来看，全国法院指令执行占比35.12%；提级执行占比4.02%；协同执行占比21.36%；集中执行占比9.96%。指令执行和提级执行占比持续提升，协同执行、集中执行占比稳中有升，督促执行得到有效控制，交叉执行效能得到进一步激发。比如，广东高院锚定两年以上未结案件、长期信访案件、案款尚未发放或者尚未实结的终本案件开展交叉执行，充分发挥交叉执行破解难案积案的效能，实质化解未结难案278件。又如，江苏苏州中院强化上下级法院协同执行办理重大疑难复杂、强制腾退异地不动产等案件，协同执行253件，腾退清空不动产4万余平方米。再如，四川法院实现交叉执行工作与全省执行110高效联动，执行改革与效能全面整合提升。

第二，执行收案增长势头扭转，出现下降拐点。张军院长在一季度的司法审判数据分析研判会商会上指出，执行工作取得的成效与人民法院“抓前端”工作直接相关，正是《最高人民法院关于人民法院办理财产保全案件若干问题的规定》发布后，非诉保全、保全执行案件大幅增长，执行干警才有更多精力去推动交叉执行等重点工作。2024年，执行案件收案同比下降5.5%，其中首次执行案件收案880余万件，同比下降6.34%。与此同时，保全执行案件收案增长近六成，这二者的关联性不言而喻，“立审执一体化协调”机制从最高人民法院党组和张军院长的工作部署，已经落地为审判条线和执行条线的协同举措。比如，内蒙古高院印发《内蒙古法院强化执源治理 推进立案、审判与执行工作协调运行实施办法》，着力破除制约立审执协调运行的六大难题。又如，青海省果洛藏族自治州两级法院推动执行案件从“末端执”到“前端治”，探索构建“源头预防为先，自动履行挺前，强制执行断后”执行工作格局，

2024 年全州法院受理各类执行案件同比下降近 30%。

第三，纳入失信名单人数大幅下降，信用修复人数巨量上升。张军院长近日指出，减少失信人员、推动信用修复，对经济社会高质量发展、提振经济发挥的积极作用，是一般统计数据无法统计出来的。2024 年，纳入失信被执行人同比下降 23.06%，延续了 2023 年负增长趋势，且下降趋势扩大 20 个百分点；完成信用修复同比增长 35.66%。通过“四个一批”专项行动，深化区分失信“失能”成效不断巩固：一方面，失信惩戒更有力，更多的被执行人主动履行生效法律文书确定的义务，近期我们还联合最高人民检察院发布了拒不执行判决、裁定罪典型案例；另一方面，失信惩戒更精准，越来越多曾经的失信被执行人走出失信危机，成为“稳增长”的生力军。

第四，执行到位率、执行到位金额双提升，同时执行质效指标持续优化。在执行案件数量下降的情况下，2024 年，执行到位率 54.29%，同比增长 8.1 个百分点；执行到位金额同比增长 3.54%。即使到位率最低的地区，指标数值仍处于合理区间以内。这组数据充分表明，执行效果的提升是全国性的、全方面的、大幅度的、可持续的。全国法院为此推出了不少有力、有效举措。比如，北京法院创新设立执行财产线索接转中心，解决财产线索难提交、核查流程不顺畅等“卡脖子”问题，助力执行到位率提升。

二、2024 年重点工作推进情况

第一，清除历史包袱，“两个出清”工作取得重大进展。针对以执破融合推进终本出清工作，张军院长在全国高级法院院长会上强调：“对确实没有挽救价值的‘僵尸’企业，要坚决推动‘出清’，加大执转破力度，充分释放市场资源。”2024 年，新增终本案件下降近 30%；全国法院首执案件终本率下降近 10 个百分点。新增终本案件同比减少，终本率持续下降，各级法院严格把握“穷尽执行措施，确无财产可供执行”的终本实质标准，狠抓终本管理，控增量卓有成效。2024 年，去除了超过

700 万件终本案件包袱，终本出清工作呈现向好态势。比如，最高人民法院挂牌督办、安徽合肥中院办理的某唐三公司执转破系列案，最终促成相关债权债务公平公正清理，取得实质化解 5628 件终本案件的良好效果。

第二，坚持“当下清”和“长久治”相结合，持续强化案款规范化管理。我们在总结近年执行案款管理经验做法的基础上，整理出八类亟须整改的突出问题，形成《执行案款“八个严禁”工作要求》。全国法院执行条线积极落实执行案款审计常态化机制，切实发挥审计“利剑”作用，刨根析底，抓早抓小，将问题遏制在萌芽状态。通过执行案款“两清理、两核查”专项行动，清理未经审批超期未发和超期未甄别认领案款，实现未经审批超 15 个工作日未发放的案款全部清零。

第三，多措并举推进刑事涉财工作，维护安全服务大局。2024 年，全国法院执行条线深入开展刑事涉财执行工作，开展“雷霆行动回头看”工作，攻坚一般职务犯罪涉财产执行案件，执结率 87.28%；开展打击非法集资专项行动，大幅提升执行到位金额、清退资金金额、财产执行到位金额，尽全力挽回群众损失，有力维护金融安全；深入推进“打财断血”“黑财清底”专项行动，彰显党中央严惩黑恶犯罪、坚持除恶务尽的坚强决心；加强涉党政机关执行案件执行工作，深入开展清理拖欠企业账款专项行动，助力经济社会稳增长。

三、当前执行工作需要关注的问题

第一，“立审执协调机制”初步形成，但全面深化尚需夯实举措落地。执行工作不仅仅是执行局的事，源头工作做好了，执行工作才能好做。要通过两端共同努力，协同发挥作用，创造更好的审判执行环境，全面提升质效。2024 年，执行工作取得的成效与前端审判工作做实做细有直接关系。比如，保全率的提升对执行到位率的积极作用立竿见影。又如，裁判文书的确定性、准确性、精准性和可执行性的提升，极大提高了执行效率，这就是立审执协调配合的融合力量。下一步如何推动，全执行条线都要思考、都要创新、都要积极作为。

第二，交叉执行如何乘势而上的问题。交叉执行是一项落实审执分离、突出深化改革的大政策。2024 年交叉执行成效显著，但下一步要向纵深发展，就要触及深层次的问题，要通过交叉执行牵引执行改革、实现从“管案”到“管人”、倒逼执行生态改善并通过推进交叉执行实现定分止争。这都需要源源不断、异彩纷呈的实践和改革。比如，问责追责问题，既不能管死，让想做事的人不敢动，更不能放手不管，加剧执行难，要抓住案件监管，通过交叉执行，循环往复、高强度地推进规范建设，彻底实现素质提升、规范提升、质效提升。

第三，深化贯彻善意文明执行理念的问题。2025 年一项重点工作就是做好“化解矛盾风险、维护社会稳定”专项治理工作，执行案件办得好，就要定分止争、化解矛盾，如果没有办好，可能会诱发矛盾、积累风险，执行工作不能成为任何社会突发事件的导火索。因此，一定要牢固树立善意文明执行理念，持续推进执行规范化建设，下大力度做深做实失信、失能动态区分和失信惩戒分级管理工作，最大限度减少执行措施对企业生产经营和群众日常生活的负面影响，最大力气办理好维护人民群众切身利益的案件，不断提升群众获得感。比如，湖南法院把 5 万元以下追索劳动报酬、支付抚养费等涉弱势群体案件纳入“执行局长在执行 代表委员看执行”专项行动，执结一大批涉民生案件。

下一步，一方面，我们要全力推进以交叉执行为牵引的各项执行重点工作，进一步巩固执行质效全面提升的拐点趋势；另一方面，也要全力提升执行规范化水平，通过三年攻坚勇敢破除阻碍执行工作高质量发展的藩篱，向“切实解决执行难”奋勇迈进。

执转破适用的现实困境与制度重构

——以 H 省 2018 年以来执转破开展情况为例

程显波 [*]　杨靖欣 [**]

一、困境：执转破适用的现实困境与制度反思

为破除法院执行案件多、破产案件少的“二难悖论”，最高人民法院在 2015 年修改《最高人民法院关于适用〈中华人民共和国民事诉讼法〉的解释》（以下简称《民诉法解释》）时，设立了执行案件移送破产审查（以下简称执转破）制度，开启了法院“半职权化”启动破产之门。2017 年 2 月，《最高人民法院关于执行案件移送破产审查若干问题的指导意见》（以下简称《执转破意见》）对该制度进行了完善和细化。但自 2015 年执转破制度实行以来，破产启动难的问题并未得到太大缓解，本文将以 H 省为例，梳理 2018 年以来执转破工作开展情况，分析适用难主要原因，并提出对策建议。

（一）H 省执转破工作开展情况梳理

笔者统计了 H 省 2015 年以来执转破工作开展情况，主要存在以下两方面问题。

一是案件启动难、数量少，执转破适用率偏低。据统计，2018 年以

* 黑龙江省高级人民法院党组成员、执行局局长，一级高级法官，法学博士。

** 黑龙江省高级人民法院执行二庭三级法官助理。

来，H 省成功移送执转破案件 98 件，消灭执行案件 2185 件。[①] 此外，笔者以“被执行人含企业法人”“终结本次执行程序”“终结执行”“无财产可供执行”为关键词，在 H 省执行系统检索出历年符合移送执转破条件的执行案件数共计 8839 件，见图 1。根据图 1，H 省实际移送案件数仅占符合条件案件数的 24.72%。截至 2024 年 7 月 30 日，仍有 6654 件被执行人含企业法人的无财产可供执行的终本或终结执行案件。

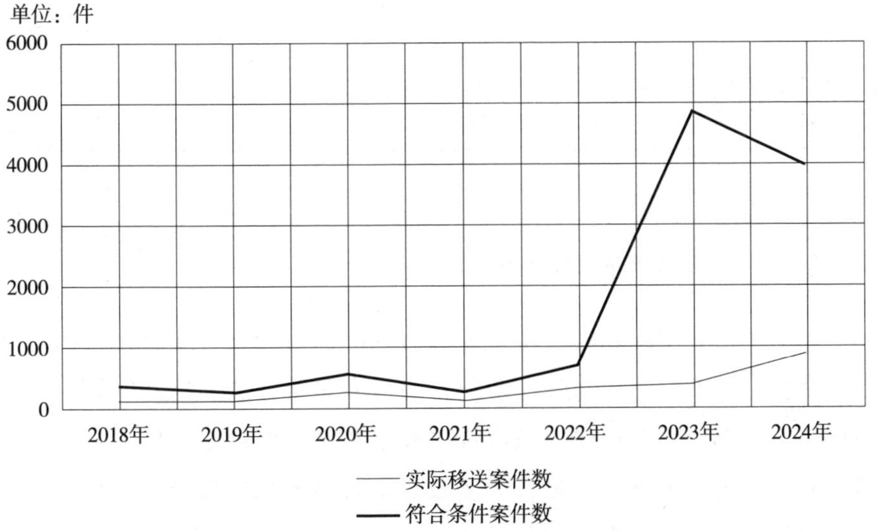

图 1　H 省执转破工作开展情况统计

二是立审执衔接不畅，移送后退回率较高。2020 年至 2023 年，H 省执行法院将案件移送执转破后被破产法院退回的有 144 件，未被退回案件则有 632 件，退回率 18.56%。2024 年 1 月至 7 月，H 省共移送 25 件执转破案件，仅成功立案 5 件，退回率高达 80%。其余 20 件案件因材料不齐全、破产原因不具备等原因被立案及破产审判部门退回，见表 1。退回率的增加意味着移送破产案件质量偏低、执破衔接机制存在漏洞，由此导致司法资源的浪费，也挫败了执行法官移送破产的积极性。

① 本文统计时间为 2018 年 1 月 1 日至 2024 年 7 月 30 日。

表 1　H 省执转破案件被退回原因统计

序号	被退回原因种类	被退回具体原因①
1	材料不齐全	无审计报告； 缺少财产处置情况； 缺少银行流水和员工社保情况
2	破产原因不具备	未实缴出资； 未证明不能清偿到期债务； 个人独资企业主体不适格
3	涉稳涉访问题突出	信访矛盾激烈； 涉及众多农户； 涉房地产企业

（二）问题分析及制度反思

据了解，对于企业法人作为被执行人的执行案件，H 省执行法院在送达执行通知书时，会同时告知各方当事人对符合法定条件的被执行人可申请启动破产审查程序，在执行过程中及终本处理之前也都会征询当事人对移送破产审查的意见，但多数当事人不同意执转破，甚至有些当事人有较强的排斥心理，由此导致 H 省“应移未移”案件数居高不下。据调研了解，执转破启动难问题并非 H 省所特有，如北京某区法院 2015 年以来建议当事人启动执转破案件数为 1226 件，实际移送成功案件数仅为 16 件，仅占按照法律规定符合破产条件企业数量的 1. 3%。② 浙江某法院 2018 年以来符合执转破条件的执行案件有 530 件，实际只移送 98 件，实际移送案件数仅占符合条件案件数的 18. 49%。③

在执转破程序中，有执行法院代替申请人准备破产材料、提交破产

① 该退回原因系根据实际情况统计得出。

② 张世君、李雨芊：《“执破衔接”实施的困境反思与制度改进——以破产启动职权主义为视角》，载《河南财经政法大学学报》2020 年第 3 期。

③ 参见徐蓬勇、施国强：《检视与重构：执破衔接的实践困境与完善进路》，载《北外法学》2021 年第 5 期。

申请、沟通破产事宜，为何当事人仍不同意启动破产程序？本文认为，在当事人看来，如何以最低成本实现最大利益是决定适用何种程序的关键因素，破产程序相对于执行程序而言，存在立案难、成本高、耗时长、清偿比例低等缺点。从债权人角度来看，执行程序侧重于对个别债务予以清偿，在先查封者甚至可以优先受偿，而破产程序则是对所有债务进行清理，且要优先扣除破产费用，以及优先偿还担保债权、职工债权、税收债权，最后才能平等清偿普通债权，债权人的债权被稀释，如果企业无产可破，或者破产费用高于企业资产，债权人将无法获得任何利益。据调查，大量破产清算案件中，债权人所获得的清偿比例均不超过10%~20%。[①] 此外，破产程序一旦结束，剩余债务将全部免除，债权人未受足额清偿的债权归于消灭，无法进一步请求偿还。从债务人角度来看，启动破产程序意味着对企业经营、财务等状况的全面审查，需要向法院提交债权债务清册、财务会计报告、职工安置预案、社保缴纳情况等一系列材料。如果查出股东、高级管理人员未尽勤勉义务的，还可能追究个人责任，甚至刑事责任。而在执行程序中，财产的调查、处置等工作均由法院完成，债权人几乎无须付出成本。同时执行程序遵循“效率优先，兼顾公平”原则，通常要求六个月内结案，从而能够高效率实现债权人权益。同时，即使被执行人暂无财产可供执行而终结本次执行程序，债权不会归于消灭，未足额清偿的部分仍有受偿的可能。

在执行程序与破产程序的博弈之下，大多数当事人更倾向于选择执行程序，宁愿执行程序被终本，也不愿提起破产程序。因此，即使引入执转破制度，允许法院在程序上进行引导、帮助，对破产程序进行完善和优化，但是作用十分有限。只有突破“当事人申请”这一法定条件，不以人的意志为转移地启动破产程序，方能从根本上解决法院执行案件多、破产案件少的两难问题。

---

① 王柏东、张守国、程立：《破产程序与执行程序的博弈与双赢——以破产程序职权主义启动机制的缺位为视角》，载江必新主编、最高人民法院执行局编：《执行工作指导》总第41辑，人民法院出版社2012年版。

二、破局：依职权启动执转破立法模式的提出

关于破产启动程序，素有申请主义与职权主义之争。申请主义是指破产程序只能根据债务人或其利害关系人的申请而启动，法院无权主动提起破产程序；职权主义中，除了上述主体，法院也可依职权启动破产程序。我国采取的是破产申请主义，除了金融机构可以由国务院金融监督管理机构依职权启动破产外，其余法人主体的破产只能由当事人依申请启动，并没有赋予法院主动启动破产程序的权力。近年来，随着执行案件多、破产案件少"二难悖论"问题的凸显，实务界和学界普遍呼吁采取破产职权主义立法模式。本文认为，法院依职权启动执转破既是现实所必需，又有法理之基础，且有立法例可借鉴，应当予以考虑。

（一）依职权启动执转破具有现实必要

破产申请主义模式下，大量当破不破的被执行企业无法及时出清，这些企业多数陷入停产半停产、长期亏损、扭亏无望、资不抵债、濒临倒闭的困境，其继续从事经济交易活动，极易构成对交易相对人经济利益的侵害，从而导致整个经济交易市场不稳定，进一步影响社会信用体系的构建。

同时，一个执转破案件往往会牵涉数十件甚至上百件执行案件，如江苏首个执转破案件通过 1 件破产案件化解了 69 件执行案件；深圳市法院每审结 1 件执转破案件便"消化"了 196 件执行积案。[①] 如果这些案件未能进入破产程序，多数会因无财产可供执行而处于终结本次执行程序的状态。而根据终本案件相关规定，执行法院需要在五年内每六个月通过网络执行查控系统查询一次被执行人的财产，不断查找被执行人的财产线索，这必然导致执行资源的极大浪费。此外，如果查找到财产线索，按照《民诉法解释》第五百一十四条之规定，需要按照查封、扣押、冻

① 参见张宽明：《启东攻坚"执转破"盘活资产 27 亿》，载《人民法院报》2018 年 11 月 11 日。

结财产的先后顺序清偿而非平等受偿，还容易引发顺位在后债权人的信访问题。

因此，在“僵尸企业”层出不穷、市场主体退出机制失灵的情况下，国家公权力适当介入和调整破产程序的启动，作为申请主义的补充，具有必要性和正当性。① 有学者亦指出，即使作为一个过渡性、阶段性的措施，现在也存在考虑依职权启动执转破制度设立的必要性。②

（二）依职权启动执转破具有法理基础

对依职权执转破持反对观点的学者主要是对破产法的法律属性存在争议。自破产法问世以来，对其法律属性的界定，历来是学界及实务界探讨的焦点。反对者认为，破产法属于私法领域，要重申破产法的私法精神，对破产法中国家介入以维护社会利益的做法持怀疑态度。③ 支持者则认为，破产法体现了经济法的理念，应当通过国家的介入维护社会整体利益，合理调节当事人利益间的平衡。④

本文赞同后者的观点，认为应该以申请主义为原则，但在特殊情形下应当允许法院依职权启动破产程序。⑤ 历史上，破产法归属于私法的范畴，主张“不告不理”的私法精神。但经过长期的司法适用，现代破产制度的功能已经悄然发生转变，破产法律关系不仅涵盖“私”的层面，强调遵循市场规律、尊重当事人意愿；而且涉及“公”的维度，一个待破产企业牵涉众多债权人的利益，不能仅考虑债权人、债务人的狭隘立场，对破产法律关系的思考应当更加立体和多维，充分认识破产企业所

---

① 参见王富博：《〈最高人民法院关于执行案件移送破产审查若干问题的指导意见〉的理解与适用》，载最高人民法院执行局编：《执行工作指导》总第61辑，人民法院出版社2017年版，第109页。

② 参见王欣新：《破产与执行程序的合理衔接与转换》，法律出版社2015年版，第9页。

③ 参见李永军：《重申破产法的私法精神》，载《政法论坛》2002年第3期。

④ 参见王欣新：《论破产立法中的经济法理念》，载史际春、邓峰主编：《经济法学评论》，中国人民大学出版社2003年版，第331页。

⑤ 本文所说依职权启动破产程序仅指执行法院依职权启动执转破，是对现有执转破程序的优化和完善，不包括诉讼阶段法院依职权移送、工商税务等其他公权力机关依职权启动等其他情况。

牵扯利益的复杂性，充分考虑经济秩序、公共利益等各方面因素。[①] 从维护社会公共利益的角度出发，有必要赋予公权力适度干预的权力，以平衡各利益主体之间的冲突。

同时，为了兼顾债权人、债务人等“私”主体的利益，尊重当事人的意思自治，法院在依职权执转破前，应当增加一项前置程序，向当事人征询关于执转破的意见，只有在当事人不同意执转破且依职权启动执转破不会引发信访问题、不影响社会稳定的情形下，执行法院方可以强制性地启动破产程序。可以看出，即使引入破产职权主义，原有申请主义仍有其制度意义与价值。因此就二者主次关系而言，应当是申请主义为主、职权主义为辅。[②] 职权主义破产启动程序不能的情况也不应完全代替申请主义，而是应当作为申请出现的有益补充。

（三）依职权启动执转破具有立法参考

法院依职权启动执转破立法模式早在 2015 年就被最高人民法院所提及。2015 年最高人民法院在修改《民诉法解释》的过程中，曾设计了法院依职权启动执转破制度，但在征求意见时，全国人大常委会法工委反馈意见认为“该规定与破产法不一致，是否妥当，建议进一步研究”。[③] 经过慎重研究，《民诉法解释》最终选择了在企业破产法的框架内进行制度设计的方案。但是可以看出，全国人大常委会法工委并不认为法院依职权启动破产程序本身不可行，只是从不宜突破上位法的角度暂时性否决了这一做法。2022 年 6 月召开的十三届全国人大常委会第三十五次会议上，最高人民法院提交了《民事强制执行法（草案）》，再次提出法院依职权启动破产的立法建议。目前，《全国人大常委会 2024 年度立法工作计划》已经将企业破产法的修改列入计划。

---

① 参见张世君：《我国破产法上行政责任的衰微与再造》，载《法商研究》2015 年第 9 期。

② 张世君、李雨芊：《“执破衔接”实施的困境反思与制度改进——以破产启动职权主义为视角》，载《河南财经政法大学学报》2020 年第 3 期。

③ 参见王富博：《关于〈最高人民法院关于执行案件移送破产审查若干问题的指导意见〉的解读》，载《法律适用》2017 年第 11 期。

除了国内的立法探索，在域外也有不少成功的立法模式值得参考借鉴。如图 2 所示，域外依职权破产主要分为三种情形，分别是以俄罗斯和法国为主的依职权启动破产、以日本为主的直接宣告破产，以及新加坡较为特殊的推定破产。

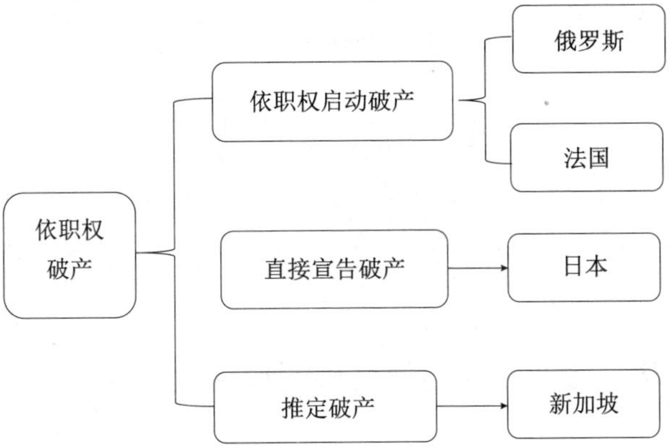

图 2　域外立法例依职权破产相关规定

除了上述启动方式的区别，各国家及地区对启动主体、启动条件、破产主体等方面的规定亦存在差异。例如，《日本破产法》[①] 规定可被依职权宣告破产的主体只有公益法人；又如，《法国困境企业司法重整与司法清算法》依职权启动破产的主体有法庭和检察官两种[②]；再如，《新加坡破产法》依职权破产系推定所得[③]。具体规定详见表 2。

① 依据《日本民法典》第 70 条的规定，在法人资不抵债时，法院可以依债权人的请求或者依职权启动破产程序。参见蒋太仁等：《由“执”入“破”的必要性和现阶段的实现方式》，载《法制与经济》2015 年第 1 期。

② 参见李飞：《当代外国破产法》，中国法制出版社 2006 年版，第 351 页。

③ 参见林祖彭、李浩：《建议在司法执行中建立强制性破产制度》，载《政治与法律》1998 年第 5 期。

表 2　域外立法例依职权破产具体规定

法律	具体规定
《俄罗斯联邦破产法》	第 7 条规定，被授权机关享有提请仲裁法院确认债务人破产的权利
《法国困境企业司法重整与司法清算法》	第 621-2 条规定，法庭可以依职权或检察官的申请立案
《日本破产法》	法院基于职权可以对公益法人的破产、牵连破产予以宣告
《新加坡破产法》	第 3 条第 1 款规定，若地区法院的行政司法官或者法警送回传票，认为债务人没有可没收的财产，从本项的目标考虑，传票在地区法院行政司法官或者法警手中搁置之日应视为作出破产行为之日

三、重构：依职权启动执转破制度创设与构建

域外立法例上，各国家和地区关于依职权启动执转破的移送主体、移送范围、管辖法院、适用程序等内容均有不同的规定，乃其特定立法背景、社会因素所决定。那么，如何因地制宜构建适合我国国情、民情、社情的依职权执转破制度，系本节讨论的重点。

（一）启动主体：办理待破产企业案件的执行法院

对于依职权执转破的启动主体，域外有法庭、检察官、被授权机关、行政司法官、法院等。和我国司法体制比较相似的日本比较有借鉴意义，根据其法律规定，有权移送执转破的主体为法院，我国依职权启动执转破的主体也应限定为法院。本文认为应当将启动主体严格限定为执行待破产企业的法院，具体理由如下。

1. 执行阶段相对于诉讼阶段对企业财务状况更具把握性

民事诉讼的目标在于解决当事人提出的问题，[①] 诉讼请求、举证质证、开庭审理等过程均围绕诉请的争议焦点展开，审判部门不能也不应

① 参见王亚新、陈杭平：《中国民事诉讼法重点讲义》，高等教育出版社 2021 年版，第 6 页。

对当事人的所有财产信息、债权债务情况展开调查，且在诉债权债务关系亦尚无定论，因此也就无从判断当事人是否资不抵债、是否具备破产原因。但是在执行阶段，债务人未按期履行生效判决确定的法律义务，根据民事诉讼法的规定，债务人须以其全部财产承担法律责任，执行法院可以通过强制执行程序对其全部财产进行查询、控制和处置。在技术层面上，执行信息平台可以检索出与涉案企业相关联的其他执行案件，“点对点”“总对总”系统可以查询被执行企业在房地产管理部门、银行、土地管理部门、车辆管理部门的财产信息，因此，执行法院能够掌握相对完整的被执行企业的财产及负债情况。

2. 执行部门相对于审判部门对企业破产出清更具积极性

有学者将审判与执行分别比作裁判员与猎人，[①] 相对于民事审判的被动性及谦抑性，民事强制执行程序更注重积极主动行使职权，帮助债权人及时实现胜诉权益，维护法院司法权威，故依职权启动执转破与民事执行工作的主动性理念更为契合。[②] 启动执转破虽然需要执行法院作出大量前期工作，如全面调查企业涉诉涉执情况、查控涉案企业全部财产、梳理汇总移送破产材料等，但是一个企业的破产可以使几十件甚至上百件终本案件终局性出清，提升执行法院执行结案率，因此更符合执行法院的需求。同时，如果能够通过破产重整和破产和解程序的挽救功能帮助有再生价值与可能的企业盘活资产、脱困重生，还可以为市场注入新鲜血液，为社会提供就业机会，同时也能充分体现法院善意文明执行理念。

（二）案件范围：被执行人系法人的特定终本案件

哪些执行案件可以由法院依职权执转破，这在理论界和实务界都引起了广泛的探讨，也是法院依职权启动破产程序的核心问题。本文认为，

---

① 参见董少谋：《民事强制执行法学》，法律出版社2016年版，第6页。

② 参见李帅：《论执行案件中法院职权主义破产启动程序的构建》，载《法律适用》2015年第11期。

因法院依职权启动破产乃对现有法律之突破，故在适用范围上应当严格限定范围。但应当限定在什么范围，学界存在较大争议。有人提出应当限定为“三无”企业或者被执行人已解散但未清算的企业；[①] 也有人提出应当是执行不能案件；还有人主张限定在事实清楚且类型简单案件、涉公共利益的群体性案件、涉“僵尸企业”案件、涉职工讨薪案件四个方面。[②] 立法方面，《民事强制执行法（草案）》对此也作出规定：被执行人符合终本条件和破产法规定的清理债务情形的，应当启动破产。

本文认为，对于可依职权移送执转破案件范围的界定，应当综合考虑我国企业破产法相关规定及实际移送的可操作性。我国企业破产法对破产原因作出了明确规定，但是执行法官毕竟破产审判经验有限，难以对债务人是否具备破产原因精准识别，为防止程序空转，应当以执行案件的相关标准来进行判断，而终结本次执行程序的条件正好与破产原因相符。破产法规定的破产原因有二：一是债务人不能清偿到期债务，[③] 其具体要件与申请执行的实质要件[④]正好相一致，即所有执行案件全都符合这一条件；二是资产不足以清偿全部债务或者明显缺乏清偿能力[⑤]，这与案件终本所需满足的条件亦相同。根据《最高人民法院关于严格规范终

---

① 参见王富博：《〈最高人民法院关于执行案件移送破产审查若干问题的指导意见〉的理解与适用》，载最高人民法院执行局编：《执行工作指导》总第61辑，人民法院出版社2017年版，第109页。

② 参见廖丽环：《正当程序理念下的执行转破产机制：基于法理视角的反思》，载《法制与社会发展》2018年第3期。

③ 《最高人民法院关于适用〈中华人民共和国企业破产法〉若干问题的规定（一）》第二条规定：“下列情形同时存在的，人民法院应当认定债务人不能清偿到期债务：（一）债权债务关系依法成立；（二）债务履行期限已经届满；（三）债务人未完全清偿债务。”

④ 《人民法院办理执行案件规范（第二版）》第三十四条第一款规定：“当事人申请执行应当符合下列条件：（一）申请执行的法律文书已经生效且该文书确定的履行义务所附的条件已经成就或者所附的期限已经届满；（二）申请执行人是生效法律文书确定的权利人或者其继承人、权利承受人；（三）申请执行的法律文书权利义务主体明确；（四）申请执行的法律文书具有给付内容且给付内容具体、明确；（五）生效法律文书确定的义务未履行或者未全部履行；（六）属于受申请执行的人民法院管辖。”

⑤ 根据《最高人民法院关于适用〈中华人民共和国企业破产法〉若干问题的规定（一）》第四条的规定，“明显缺乏清偿能力”包括财产不能变现、经人民法院强制执行仍无法清偿债务等情形。

结本次执行程序的规定（试行）》之规定，终本案件需要满足的一项条件是，无可供执行财产或者发现的财产不能处置。“无可供执行财产”对应破产原因中的“资产不足以清偿全部债务”；“发现的财产不能处置”与“经人民法院强制执行仍无法清偿债务”对应“明显缺乏清偿能力”。因此，可以得出，所有终本案件中的被执行企业均具备破产原因，终本案件与可移送执转破的案件范围相一致。

但是，在法律条文的设计上，笔者认为，符合条件的，并非“应当”移送，而是“可以”移送。终结本次执行程序应该是移送的必要不充分条件，法律要赋予法院自主决定是否依职权启动破产程序的权力，执行法院可以根据企业再生价值、当地经济环境、涉稳涉访隐患等多方面的因素灵活决定是否移送。

至于部分学者提出应将范围限缩至“三无”企业、“僵尸企业”等特定情形的观点，笔者认为，一是这些名称并非法律术语，对于这些情形的判断难以有统一、明确的标准；二是对于执行法院来说，判断要素过多会导致程序烦琐和判断失误后程序空转，进而打消执行法官移送的积极性，将标准简化为终本案件相关标准更具可行性。

（三）管辖法院：探索由执行法院办理执转破案件

依职权启动破产程序后，是仍然延续破产审判部门审查之路径，还是由执行部门径行办理，亦存在争议。江苏法院为切实提升执转破案件办理效率，鼓励各级法院探索建立简易执转破案件由执裁庭或执行机构办理工作机制。[①] 2019 年 9 月由最高人民法院牵头起草的《民事强制执行法草案（征求意见稿）》第二百条第二款规定：执行中，发现被执行人符合破产条件的，有管辖权的人民法院可以依职权宣告破产。根据该条，执行法院可以直接审查破产案件并宣告企业破产，在域外日本亦采

① 《江苏高级人民法院关于推进“执破融合”改革规范执转破案件办理流程工作导则（试行）》第一条规定：“【工作职能】鼓励探索建立简易执转破案件在基层法院由执行机构办理、在中级法院由执裁庭或执行机构办理工作机制，切实提升执转破案件办理效率。各级法院可组成由执行机构、执裁庭、破产审判部门构成的混合合议庭办理执转破案件。”

取此种做法。

笔者认为，考虑到实践操作中执破衔接不畅、材料移交烦琐以及未来审执分离后可能面临的沟通不畅等问题，对于部分简单破产案件或者执行法院信息掌握更全面的案件，可以交由执行法官审理。但是破产原因的认定、破产案件的审理过程都比较复杂，具有较强的专业性，因此，破产法官应当参与执转破案件办理，与执行法官共同组成合议庭。浙江某地区已经开始试行这一做法，其将长期执而未结、经过执行审计、主要财产为抵押财产、已初步达成执行和解方案的四类案件优先交由执行法官承办，[①] 并已取得良好成效。此外，具备条件的法院可以考虑统一调配审判执行资源，合理配备办理执转破案件的专业力量，成立由执行、立案与破产审判部门法官组成的执转破合议庭，专人负责执转破案件，根据案件具体情况决定由执行法官主审还是由破产法官主审，为执转破工作规范化、常态化、灵活化、专业化开展提供坚强有力的人员保障，除了能够解决实践中破产企业所在地法院在信息掌握上处于劣势地位的问题，也能够避免来回移送所造成的效率降低的问题，从而提高执转破案件审理效率，最后还能将执行程序中已经采取的评估审计等成果运用到破产程序中，节约司法资源，降低破产成本，提高债权人获偿比例。

四、证成：依职权启动执转破制度保障与完善

法院依职权启动执转破制度的建立，解决了当事人不同意执转破导致的案件启动难、数量少、执转破适用率偏低问题，但是对于执破衔接不畅导致退回率较高、破产资金不足导致程序推进困难、违背当事人意愿缺少救济程序等问题，尚需要进一步的补充与完善。

（一）执破衔接：参照《执转破意见》处理

司法实践中，并不是所有法院都有条件与能力成立由执行、立案与

① 蒋卫宇：《应移尽移 应立尽立 执破协同 温州中院不断推进和完善执破融合工作机制》，载《人民法治》2023 年 7 月 3 日。

破产审判部门法官组成的执转破合议庭，在实际移送过程中难免会碰到各式各样的立审执衔接问题。例如，移送后是否需要中止执行，管辖法院不接收或接收后不立案如何处理，不予受理后发现新证据能否再次移送，等等。本文认为，除了启动要件以外，依职权执转破的程序本质上和依申请执转破并无太大区别，执破衔接流程方面应当继续参照《执转破意见》相关规定处理，具体流程详见图3、图4。

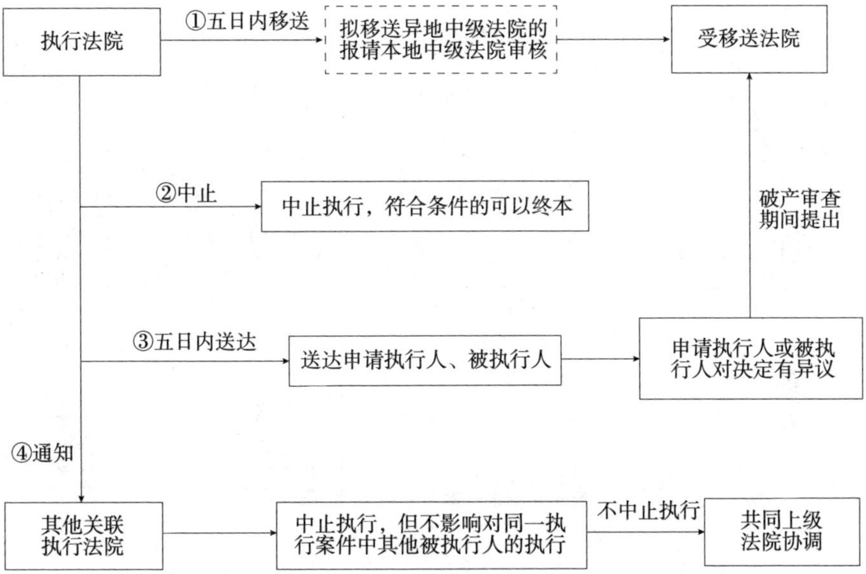

图3　执行法院移送阶段

其中，关于管辖法院不接收或接收后不立案问题，可以参照《执转破意见》第二十一条之规定，向上一级法院申请监督。关于向破产法院提交的证据材料标准问题，根据企业破产法之规定，债务人申请破产和债权人申请破产需提供的证据材料并不相同，债务人申请破产的还须提交财产状况说明、债权债务清册、有关财务会计报告、职工安置预案以及职工工资的支付和社会保险费用的缴纳情况等一系列证据材料，这些证据系破产审理所需，但执行法院难以提供，亦无权像破产法院一样要求债务人提交并对其直接责任人员采取罚款等强制措施，故本文认为，

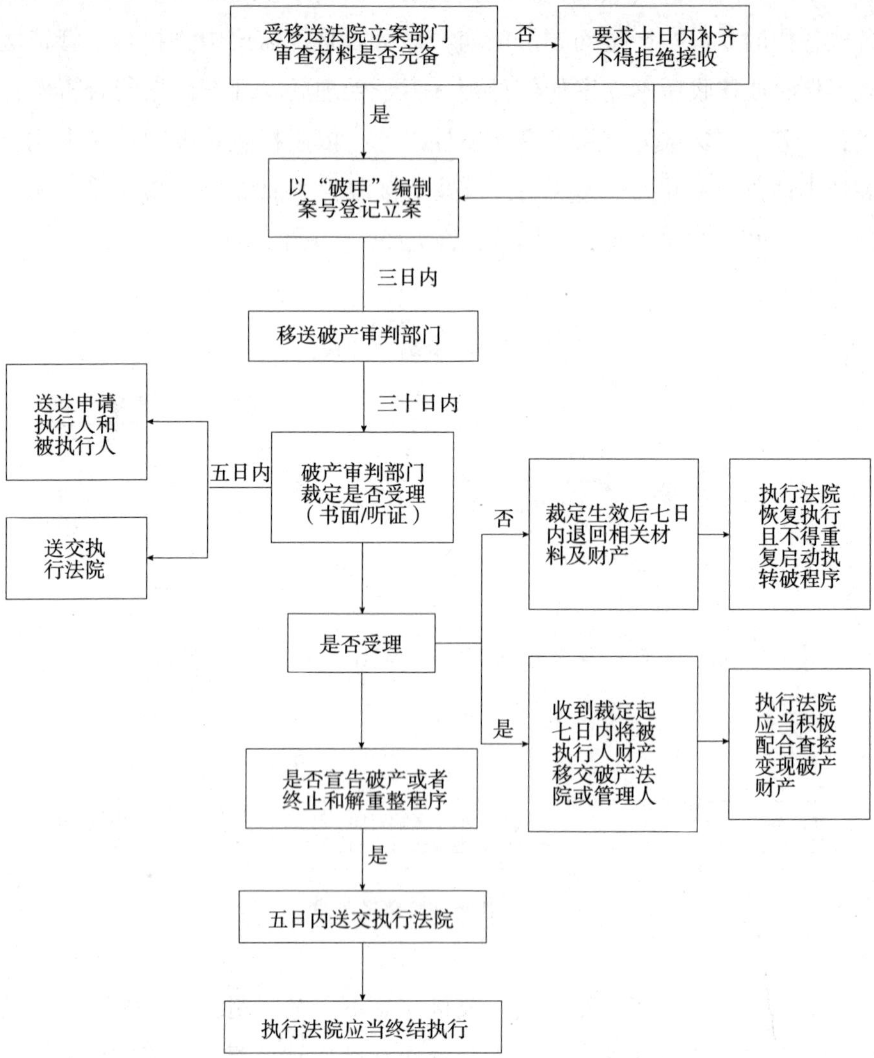

图 4　管辖法院受理阶段

法院依职权执转破时采纳债权人的证据标准更具可行性，即只需提供债权发生、债权性质及数额、有无担保、不能清偿到期债务的证据。

（二）破产救助：建立破产专项援助基金制度

任何法律程序的适用都会涉及费用负担的问题，尤其在被执行人“无产可破”时，破产程序中破产费用、执行费用的负担问题就成了前提性问题。以H省开展执转破情况来看，大多被执行企业系因无财产可供执行而终本，将此类案件移送破产审查，债权人因不能获得任何清偿而不同意执转破，债务人因无力支付破产费用亦无法顺利进入破产程序，实践中破产法院往往还会因为企业“无产可破”而拒绝受理此类案件。因此，“无产可破”成为阻碍执转破开展的主要原因，执转破不能进一步演变成执行不能，化身为终本案件长期积压在终本案件库中难以出清。即使移送成功，法院往往会选择终结破产程序，执行不能演变为新一轮的破产不能，导致司法资源和社会资源再浪费。[①]

对于破产案件的诉讼费用，根据破产法相关之规定，应当从债务人财产中拨付。有观点认为，债权人申请破产的案件，先由申请人预交，案件受理后计入破产费用由破产企业交纳。[②] 如果法院依职权启动，则需要执行法院预交。由此，本文认为，可以探索建立破产专项援助基金制度。《最高人民法院关于深化执行改革健全解决执行难长效机制的意见》第十条要求，着力解决破产进程中缺少破产费用的问题，推动建立清出“僵尸企业”的专项基金。由政府出资支持破产启动的做法，是公共资源作为个体利益的成本分摊，是一种聚合化的公共利益，有助于公共利益的实现。[③] 深圳、温州等地中级人民法院已经通过政府建立专项破产费用保障资金。据调研，H省多地法院也已经设立破产专项基金，制定资金管理和使用相关规定，能够帮助无产可破的被执行人破产出清。在依职

---

① 参见朱福勇、仇金：《执转破启动职权主义的普适危机与程序应对》，载《重庆大学学报（社会科学版）》2023年第2期。

② 参见人民法院出版社编：《最高人民法院企业破产司法解释理解与适用简明版及配套规定》，人民法院出版社2018年版，第16页。

③ 参见刘亚玲、李腾：《探索执行不能转破产程序的新举措》，载《人民法院报》2011年5月18日，第8版。

权启动破产的案件中，不免存在“无产可破”企业，此时并无相关申请人进行破产专项基金的申请，此时启动破产程序的执行法院应当作为基金申请主体，依职权对符合条件的破产企业进行破产救助，以保证破产程序顺利进行。

（三）权利救济：允许当事人向破产法院异议

为了保障当事人的合法权益，监督和对抗可能存在的法院“错误”移送，应赋予执行当事人、其他债权人等对移送破产提出异议的权利。有人提出，执行异议应当向执行法院提出，被驳回后当事人可向执行法院的上级法院提出执行复议。① 本文不赞同此种观点，认为赋予当事人向破产法院申请异议的权利即可。一方面，执行法院在依职权移送前已经根据要求征询各方当事人意见，并进行初步审查，因此在移送阶段对当事人权利予以了保障，在决定移送后再赋予其异议复议权利并交由执行法院审查并无实质性意义，反而有重复审查、程序空转之嫌。另一方面，为了避免与依申请执转破的程序产生混淆，依职权执转破应当尽量适用《执转破意见》的相关规定，异议权应由被执行人、申请执行人向负责审理破产案件的法院或跨部门成立的专门合议庭提出，并由破产法院或专门合议庭加以审查。同时，从审查的专业性角度而言，破产法院审查这些异议案件比执行法院更为合适，债务人认为自己未达到破产界限的，往往会提交财产状况说明、债权债务清册、有关财务会计报告等专业性较强的证据材料，由破产法院审查更能保障当事人合法权益。

五、结论

执转破启动困难、衔接不畅，造成执行案件多、破产案件少“二难悖论”，由此导致大量“僵尸企业”“三无企业”增多，扰乱社会经济秩序。党的二十届三中全会指出，科学的宏观调控、有效的政府治理，是

① 参见张世君、李雨芊：《“执破衔接”实施的困境反思与制度改进——以破产启动职权主义为视角》，载《河南财经政法大学学报》2020 年第 3 期。

发挥社会主义市场经济体制优势的内在要求。因此，在市场这只“看不见的手”失灵之时，有必要打破“当事人申请”之桎梏，由公权力机关进行科学有效的社会治理，允许法院依职权启动执转破。这在法国、俄罗斯、日本、新加坡都有先例，系国际立法之常见做法。在实现方式上，执行法院在执行过程中穷尽所有执行措施后，企业法人仍无财产可供执行，在将案件终本的同时，应当征询当事人关于执转破的意见，如果申请执行人或被执行人中任一当事人同意，则可依申请启动执转破，如果各方当事人均不同意执转破，执行法院认为没有涉稳涉访等问题的，可以依职权执转破。在程序适用上应当参照《执转破意见》相关规定，同时要赋予当事人救济权利，在最大限度减少对当事人权益的损害的基础上，破除无效供给，处置“僵尸企业”，化解过剩产能，维护社会公共利益。

【最高人民法院入库案例选登】

付某某执行监督案

——执行没收财产判项时被执行人配偶提出异议的处理规则

【裁判要旨】

刑事裁判涉财产部分执行中，在执行没收个人全部财产判项时，人民法院应当执行刑事裁判生效时被执行人合法所有的全部财产，包括夫妻共同财产中属于被执行人所有的部分。被执行人配偶以财产系其个人财产为由主张实体权利的，应当提供充分证据证明，由执行法院通过执行异议和复议程序审查。

【关键词】

执行　执行监督　没收财产　夫妻共同财产执行

【基本案情】

2017 年 12 月 20 日，湖北省荆门市中级人民法院作出（2017）鄂 08 刑初 13 号刑事判决，判决被告人王某某犯贩卖、运输毒品罪，犯非法持有毒品罪，数罪并罚，决定执行死刑，缓期二年执行，剥夺政治权利终身，并处没收个人全部财产。王某某不服，向湖北省高级人民法院提出上诉，2018 年 4 月 19 日，湖北省高级人民法院作出（2018）鄂刑终 114 号刑事裁定，驳回上诉，维持原判。

2022年5月5日，荆门市中级人民法院立案执行没收王某某个人财产一案。2022年6月10日，经向镇雄县不动产登记中心查询，位于某某市商业城×幢×单元×××室的房屋系王某某与付某某共有。2022年7月4日，荆门市中级人民法院作出（2022）鄂08执250号之一执行裁定，查封被执行人王某某与付某某共有的位于某某市商业城×幢×单元×××室的房屋。

付某某对查封上述房屋不服，向荆门市中级人民法院提出书面异议称，该房屋应认定为付某某个人财产，而不是付某某与王某某的共同财产，请求撤销（2022）鄂08执250号之一执行裁定，并中止执行。

荆门市中级人民法院于2022年9月26日作出（2022）鄂08执异35号执行裁定，驳回付某某的异议请求。付某某不服，向湖北省高级人民法院申请复议。湖北省高级人民法院于2023年1月13日作出（2022）鄂执复274号执行裁定，驳回付某某复议申请，维持（2022）鄂08执异35号执行裁定。付某某不服，向最高人民法院申请执行监督，最高人民法院于2023年12月18日作出（2023）最高法执监286号执行裁定，驳回付某某的申诉请求。

【裁判理由】

法院生效裁判认为，根据刑事生效裁判，本案执行内容为没收王某某的个人全部财产，其中包括共有财产中的财产权利。根据异议复议法院查明事实，案涉房产登记为王某某和付某某共有，执行程序中将其按照共有财产对待，并予以查封，符合法律规定。付某某主张该房产系其婚前个人财产，但因案涉房产登记在两人名下，没有充分证据证明不动产登记簿的记载与真实权利状态不符，故人民法院予以查封并无不当。关于付某某提出的该房屋系家庭唯一住房、房款由其支付等意见，可在后续的执行环节中另行主张，要求保障共有人的相关权利。关于其提出的应当通过执行异议之诉进行救济的主张，《最高人民法院关于刑事裁判涉财产部分执行的若干规定》第十四条第一款规定：“执行过程中，当事人、利害关系人认为执行行为违反法律规定，或者案外人对执行标的主张足以阻止执行的实体权利，向执行法院提出书面异议的，执行法院应当依照民事诉讼法第二百二十五条的规定处理。”即案外人对执行标的主张足以阻止执行的实体权利也应当通过执行异议和复议程序审查，本案中荆门市中级人民法院和湖北省高级人民法院可以按照执行异议和复议程序进行审查。

【关联索引】

《最高人民法院关于人民法院办理执行异议和复议案件若干问题的规定》（法释〔2015〕10号）第二十四条

《最高人民法院关于刑事裁判涉财产部分执行的若干规定》（法释〔2014〕13号）第十四条

《最高人民法院关于人民法院民事执行中查封、扣押、冻结财产的规定》（法释〔2004〕15号）第十二条

执行异议：湖北省荆门市中级人民法院（2022）鄂08执异35号执行裁定（2022年9月26日）

执行复议：湖北省高级人民法院（2022）鄂执复274号执行裁定（2023年1月13日）

执行监督：最高人民法院（2023）最高法执监286号执行裁定（2023年12月18日）

案外人刘某某申请执行监督案

——作为赃款赃物执行依据的刑事补正裁定被撤销，相关异议复议程序应重新审查

【裁判要旨】

刑事裁判涉财产部分的裁判内容应当明确、具体。涉案财物是否属于赃款赃物不明确的，执行法院依据刑事审判部门作出的补正裁定采取执行措施，符合法律规定。作为赃款赃物执行依据的刑事补正裁定被撤销的，相关异议复议请求应当重新审查。

【关键词】

执行　执行监督　赃款赃物处置　补正裁定　异议复议程序

【基本案情】

王某某犯诈骗罪、贷款诈骗罪一案，辽宁省大连市中级人民法院（以下简称大连中院）于2013年10月29日作出（2013）大刑二初字第8号刑事判决，判决：（1）被告人王某某犯诈骗罪，判处无期徒刑，剥夺政治权利终身，并处没收个人全部财产；犯贷款诈骗罪，判处无期徒刑，剥夺政治权利终身，并处没收个人全部财产，数罪并罚、决定执行无期徒刑，剥夺政治权利终身，并处没收个人全部财产。（2）被告人王某倩

犯骗取贷款罪，判处有期徒刑五年，并处罚金人民币 100 万元。(3) 被告人朱某某犯掩饰、隐瞒非法所得、非法所得收益罪，判处有期徒刑四年六个月，并处罚金人民币 50 万元。(4) 犯罪所得赃款继续追缴，已扣押的赃款、赃物返还被害人。被告人王某某、王某倩不服提出上诉，辽宁省高级人民法院（以下简称辽宁高院）于 2014 年 4 月 8 日作出（2014）辽刑二终字第 34 号刑事裁定书，裁定：驳回上诉，维持原判。

2014 年 3 月 3 日，大连市公安局向华信信托股份有限公司发出大公（经）冻财字（2014）13 号协助冻结/解除冻结财产通知书，冻结刘某某 1000 万元份额信托资金及对应的信托收益、代保管收益、信托收益权。因涉案赃款需冻结，大连中院在审判过程中办理了继续冻结的手续。

在执行过程中，2016 年 2 月 25 日，大连中院作出（2013）大刑二初字第 8 号刑事裁定书，根据刑事判决认定的事实及采信的相关证据，认定侦查机关扣押刘某某 1000 万元为涉案赃款赃物，裁定查封及扣押的赃款赃物依法追缴，并依法返还被害人。

2016 年 11 月 23 日，辽宁高院作出（2016）辽刑申 00430 号通知书，告知刘某某其对大连中院（2013）大刑二初字第 8 号刑事裁定不服而提出的申诉，因未经终审人民法院审查处理，应向大连中院提出申诉。2018 年 6 月 19 日，大连中院作出（2018）辽 02 刑申 6 号再审决定书，决定对刘某某不服该院（2013）大刑二初字第 8 号刑事裁定一案进行再审，再审期间中止原裁定的执行。2018 年 7 月 17 日，大连中院经过再审认为该院（2013）大刑二初字第 8 号刑事裁定的法律依据不充分，程序违法，故作出（2018）辽 02 刑再 1 号刑事裁定，撤销了（2013）大刑二初字第 8 号刑事裁定。

刘某某不服，向大连中院提出书面异议，请求停止对其账户存款的执行，解除冻结。大连中院于 2016 年 2 月 29 日作出（2015）大执异字第 104 号执行裁定，驳回了刘某某的异议。刘某某不服，向辽宁高院申请复议，辽宁高院于 2016 年 9 月 30 日作出（2016）辽执复 56 号执行裁定，驳回了刘某某的复议申请，维持了大连中院（2015）大执异字第 104

号执行裁定。刘某某不服辽宁高院的复议裁定，向最高人民法院申诉，最高人民法院于2020年6月29日作出（2020）最高法执监9号执行裁定，撤销辽宁高院（2016）辽执复56号执行裁定，撤销大连中院（2015）大执异字第104号执行裁定，由大连中院重新审查。

【裁判理由】

法院生效裁判认为，本案的争议焦点是侦查机关扣押并随案移送的刘某某的1000万元是否应当执行。

明确追缴或者退赔金额或财物的名称、数量是人民法院执行刑事裁判涉财产部分的基本要求。本案中，大连中院（2013）大刑二初字第8号刑事判决主文的第四项内容为："犯罪所得赃款继续追缴，已扣押的赃款、赃物返还被害人"。该判决主文内容并未对"犯罪所得赃款"和"已扣押的赃款、赃物"的具体金额或财物的名称、数量予以明确。大连中院在异议审查过程中，由该院刑事审判部门补充作出（2013）大刑二初字第8号刑事裁定，将涉案款项认定为赃款赃物，并以此补正裁定为主要依据，驳回了刘某某的异议请求。辽宁高院亦以此理由驳回了刘某某的复议申请。但鉴于异议复议裁定作出后，（2013）大刑二初字第8号刑事裁定已被大连中院再审后因法律依据不充分、程序违法而裁定撤销，异议复议裁定作出结论的基本依据已不存在，故本案应由大连中院依照相关程序重新审查。

【关联索引】

《最高人民法院关于人民法院执行工作若干问题的规定（试行）》第七十一条（本案适用的是1998年7月8日施行的《最高人民法院关于人民法院执行工作若干问题的规定（试行）》第一百二十九条）

《最高人民法院关于刑事裁判涉财产部分执行的若干规定》第六条、第十四条、第十五条

执行异议：辽宁省大连市中级人民法院（2015）大执异字第 104 号执行裁定（2016 年 2 月 29 日）

执行复议：辽宁省高级人民法院（2016）辽执复 56 号执行裁定（2016 年 9 月 30 日）

执行监督：最高人民法院（2020）最高法执监 9 号执行裁定（2020 年 6 月 29 日）

【法答网执行问题精选答复选登】

退休金、养老金、住房公积金是否可以执行，退役军人伤残抚恤金是否可以冻结

咨询内容：退休金、养老金、住房公积金是否可以执行？退役军人伤残抚恤金是否可以冻结？

答疑专家：薛贵忠①

答疑内容：住房公积金是指根据国家规定，由国家机关、国有企业、城镇集体企业、外商投资企业、城镇私营企业及其他城镇企业、事业单位、民办非企业单位、社会团体及其在职职工个人按照职工工资一定比例缴存的长期住房储金。

被执行人在住房公积金管理中心账户内存储的住房公积金为个人财产，属于工资收入的一部分。而且，住房公积金明显不属于被执行人及其所扶养家属生活所必需的生活费用，更不是被执行人及其所扶养家属生活所必需的房屋和生活用品，因此住房公积金财产权不属于执行财产豁免的范围。《住房公积金管理条例》第二十四条第一款规定："职工有下列情形之一的，可以提取职工住房公积金账户内的存储余额：（一）购买、建造、翻建、大修自住住房的；（二）离休、退休的；（三）完全丧失劳动能力，并与单位终止劳动关系的；（四）出境定居的；（五）偿还购房贷款本息的；（六）房租超出家庭工资收入的规定比例的。"根据

① 最高人民法院执行局二级高级法官。

〔2013〕执他字第 14 号函中的意见，对执行人的住房公积金，在符合以下条件时可以强制执行：第一，被执行人已经符合《住房公积金管理条例》第二十四条第一款规定提取职工住房公积金账户内的存储余额的条件；第二，执行时能够保障被执行人依法享有的基本生活及居住条件。

由于住房公积金性质复杂，既为个人所有，又被强制管理；既强调个人缴存，又强调资金聚集；既要满足个人需求，又要坚持共同利用，由于住房公积金本身具有保障性、互助性等特殊功能，在执行时需要注意：第一，将执行公积金定位为补充性、后置性措施，尽量避免使住房公积金成为强制执行的对象。第二，必需执行住房公积金时，可以优先采用“执行但不提现”的方法。第三，执行住房公积金不得损害案外人的合法权益，尤其要注意遵循抵押权等物权优先原则，对已经用住房公积金抵押贷款的，应在保证抵押权人、质押权人优先受偿后，方可对其余额部分予以执行。第四，根据“已经缴存”和“到期尚未缴存”的不同情况区别执行。对于已经缴存在个人住房公积金账户中的住房公积金，作为存款，适用民事诉讼法（2023 年修正）第二百五十三条规定执行，管理中心和银行共同为协助执行义务人。对于单位应当缴存但到期尚未缴存的住房公积金，作为收入，适用民事诉讼法（2023 年修正）第二百五十四条执行，单位和管理中心是共同的协助执行义务人。

在实践中，有部分被执行人已有住房，不再需要公积金账户内的资金购买、建造、翻建、大修自住住房，各地法院应根据案件具体情况，探索对住房公积金的执行。

关于退休金、养老金是否可以执行，退役军人伤残抚恤金是否可以冻结的问题。

被执行人的退休金或养老金均是其退休后的收入，属于被执行人个人财产，当然可以执行，但应当预留被执行人及其所扶养家属必需的生活费用。

退役军人伤残抚恤金是国家对伤残军人的特别抚恤，系具有人身专属性的财产权利，一般不应作为普通财产进行冻结并执行。

次债务人在法定时间内对人民法院冻结到期债权裁定和履行到期债权通知书提出异议，该冻结效力是否自动失效

咨询内容：执行法院作出冻结到期债权裁定，并向次债务人发出履行到期债权通知书后，次债务人以该笔债权不存在或尚未进行结算为由，对履行到期债权提出异议。执行法院依法对该异议不作实质审查，作出不得对次债务人强制执行的裁定。此种情况下，执行法院作出的冻结到期债权裁定和履行到期债权通知书是自动失效，还是需要再行作出裁定对前述裁定和通知予以撤销？

答疑专家：向国慧①

答疑内容：《最高人民法院关于适用〈中华人民共和国民事诉讼法〉的解释》（2022 年修正）第四百九十九条规定，人民法院执行被执行人对他人的到期债权，可以作出冻结债权的裁定，并通知该他人向申请执行人履行。该他人对到期债权有异议，申请执行人请求对异议部分强制执行的，人民法院不予支持。利害关系人对到期债权有异议的，人民法院应当按照民事诉讼法第二百三十四条规定处理。根据该规定精神，冻结债权的裁定，具有限制次债务人向被执行人履行义务的作用，并不对次债务人本身的责任财产采取强制措施。如果法院通知次债务人向申请

① 最高人民法院执行局二级高级法官，财产刑及行政执行室主任。

执行人履行，次债务人提出异议的，其效果是阻却对次债务人本身责任财产的强制执行，并不当然产生解除冻结的效力，次债务人仍应当受冻结裁定约束。申请执行人在次债务人提出异议后，应当及时提起代位权诉讼，解决实体权利义务争议。如果申请执行人长期怠于提起代位权诉讼，或者现有证据表明所谓到期债权确实不存在的，执行法院也可以依法解除冻结措施。

【执破融合专题】

执行与破产制度的衔接研究

姚建军*

内容摘要：执行与破产制度的衔接机制是司法实践关注的问题。执行制度的核心在于通过司法手段强制债务人履行其债务；而破产制度旨在通过概括性清偿对破产程序中的不同主体权益给予公平的保护。为解决执行与破产制度的衔接，本文对执转破程序的法律基础及其在现行法律体系中的地位和作用进行了梳理，结合司法实践，分析了执转破程序的实施情况，揭示了现行制度中存在的主体适用范围较窄、程序转化缺乏动力、衔接程序中财产移交的标准不完善、案外人执行异议程序与破产程序的衔接机制不明确等问题；探讨了如何通过法律制度的完善和程序机制的优化，实现执行与破产程序的有效衔接，并提出了具体的改进建议，以期为我国债务清偿法律体系的完善提供可行的路径。

随着市场经济的不断发展，企业债务问题日渐复杂。执行程序与破产程序作为两种重要的债务清偿机制，二者之间的有效衔接对于维护债权人合法权益、优化资源配置、促进经济健康发展具有重要意义。当下法律体系中，执行与破产制度的衔接仍存在诸多问题和挑战，执行程序的个别执行特性与破产程序的概括执行特性在实际操作中往往难以协调，

* 陕西省西安市中级人民法院副院长。

导致执行难、破产程序启动难等问题频发。研究执行与破产制度衔接，不仅可以提高司法效率，保障债权人利益，还能促进资源的合理配置，维护市场经济的稳定与发展。这不仅是法律学者和实务工作者的共同关注点，也是社会经济发展中亟待解决的重要课题。本文旨在探讨执行与破产制度的衔接机制，分析其在法律实践中的困境与挑战，并提出相应的改进建议，以期为完善我国债务清偿法律体系提供参考。

一、执转破制度的法律内涵

（一）执行制度与破产制度的属性

在我国法律体系中，执行制度与破产制度是两种重要的债务清偿机制。其中，执行制度主要针对个别债权的实现，通过司法的强制执行措施，保障个别债权人的清偿权益；而破产制度则是一种概括的执行程序，通过司法的介入，对债务人的财产进行清算或重整，保障全体债权人的公平受偿权益。[①]

执行制度的核心在于通过司法手段，强制债务人履行其债务。执行程序是就某项特定债权强制债务人进行的个别清偿，性质明确、目的直接，同时可对债务人采取失信惩戒等规制手段，促使被执行人主动履行清偿义务，但对某项债权的强制清偿也有可能导致已经制订了足以改善自身经营状况策略的困境债务人难以为继。[②] 因此，执行制度在实践中常常面临执行难的问题，特别是当债务人财产不足以清偿所有债务时，个别债权的实现就会变得相对困难，不同债权人之间的矛盾就会凸显。发生该种情形时，需要适用破产制度来提供一种更为系统和公平的债务处理方式，因为破产制度可通过概括性清偿对破产程序中的不同主体权益均给予公平的保护，包括各债权人的平等受偿权以及善良、守法债务人

① 参见陈琳：《完善执行转破产程序衔接中的信息双向沟通机制》，载《人民司法》2020年第28期。

② 参见马更新：《我国执行转破产程序衔接机制完善路径探索——从破产案件审理信息化出发》，载《法学家》2023年第5期。

的债务豁免权和社会救治权利。[①] 因此，执行制度和破产制度都是我国债务清偿法律体系的一部分，相互补充。但在司法实践中，执行程序可能因债务人财产不足以清偿所有债务而转向破产程序，这种衔接程序及相关制度即实务中通常所称的执转破制度或“执破衔接”“执破融合”制度。

（二）执转破制度的背景与适用现状

我国的执转破制度，是司法实践中为了优化资源配置、促进市场主体有序退出而设立的一项重要程序衔接制度。该制度核心在于，当在执行程序中识别出债务人企业出现资产不足以清偿全部债务、具备法定破产原因、符合《中华人民共和国企业破产法》（以下简称《企业破产法》）规定的破产申请条件时，在申请执行人提出申请或经法院征询意见且被执行人同意的基础上，由执行法院依法作出裁定，中止当前对该债务人的执行程序，并将与该执行案件相关的全部材料（包括但不限于债务信息、财产状况、执行记录等）移送至具有相应管辖权的法院，以便进行破产审查程序。伴随着我国供给侧结构性改革的深入推进和市场经济体制的不断完善，执转破制度作为解决执行难、化解执行不能积案的重要手段被逐步确立和完善，在化解执行难、保护债权人合法权益、促进企业重生或规范退出、推动市场资源再配置、优化营商环境方面都具有积极作用。

2023 年，最高人民法院执行局将“执破融合”写入全年工作要点。2024 年，最高人民法院执行局不仅在全年工作要点中再次提及，更是组织全国法院开展“执破融合”“终本清仓”专项行动。[②] 根据全国法院破产重整案件法官工作平台的数据，2022 年受理执转破案件超过 100 件的仅有 10 个省（自治区、直辖市），而不足 10 件的高达 17 个；同年全国

---

① 参见杜万华：《关于破产保护法律制度的若干思考》，载《中国应用法学》2024 年第 2 期。

② 参见韩德强、朱嵘、陈荃：《关于“执破融合”的分析与思考》，载中国法院网，https://www.chinacourt.org/article/detail/2024/06/id/8000623.shtml，2024 年 7 月 26 日访问。

法院新收的 19992 件破产案件中，执转破案件仅占约 1/4。[①] 为尽可能客观反映执转破程序的适用情况，笔者于 2024 年 7 月 26 日在中国裁判文书网以“移送破产审查”“执行案由”“裁定书”为关键词进行检索，共检索到 41384 篇文书，自 2016 年以来各年度的文书数量情况如图 1 所示。[②]

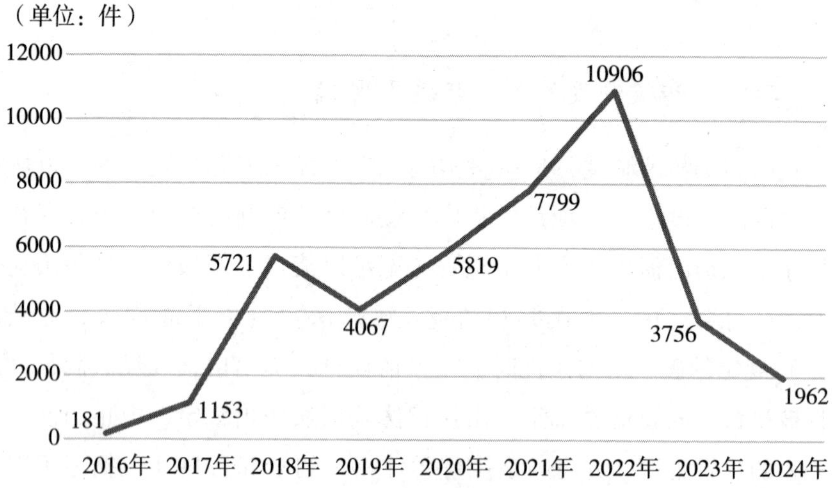

执转破案件检索情况

与我国 2023 年审结的 976 万件执行案件相比较，[③] 前述这些数据从侧面反映出执转破程序并未在解决执行难、化解执行不能积案方面起到预想中的重大作用，其在我国的司法实践中应用比例仍然较低。由此可见，执转破制度运行出现了一定的问题，难以适应当前的司法需求。

---

① 参见秦权、赵栋梁：《强化执行案件移送破产审查机制的实践运用》，载《人民司法》2023 年第 31 期。

② 其中 2024 年的数据为截至 2024 年 7 月 26 日的数据。

③ 《最高人民法院工作报告——2024 年 3 月 8 日在第十四届全国人民代表大会第二次会议上》，载最高人民法院官方微信公众号，https://mp.weixin.qq.com/s/B_HTu_veeje0cklG2RQKrw，2024 年 7 月 26 日访问。

（三）执转破现行制度架构

1. 司法解释及最高人民法院的相关规定

（1）《最高人民法院关于适用〈中华人民共和国民事诉讼法〉的解释》（以下简称《民诉法司法解释》）第五百一十一条至第五百一十四条确立了关于执转破程序的基础法律框架，为在执行阶段遭遇执行不能困境的案件，提供了一条经由法院内部程序性转换，直接进入破产审查流程的明确路径。同时《民诉法司法解释》还明确了执行转破产的程序要件、对不移送或不受理破产案件的处理办法等。

（2）《最高人民法院关于执行案件移送破产审查若干问题的指导意见》（以下简称《执转破指导意见》）对执转破的具体操作作了进一步明确。《执转破指导意见》还明确了执行案件移送破产审查的条件、程序和管辖法院等，为执行法院和破产法院之间的衔接提供了指导和实践依据。

（3）最高人民法院发布的《全国法院破产审判工作会议纪要》在第七部分"执行程序与破产程序的衔接"中对执转破制度作出了更为详细的规定，进一步细化了执行与破产程序的衔接机制。

2. 执转破程序

根据前述规定，执转破程序主要包括决定、移送和审查处理三个内部程序环节。

执转破的决定程序，其核心在于构建并规范人民法院执行机构内部一系列严谨且系统的决策流程，用以判定何时以及如何启动执转破的转换机制。在该程序中，执行法院需要严格把握执转破的条件，审查相关案件是否满足以下三个要件：（1）对象要件，根据《民诉法司法解释》第五十一条之规定，执转破应限于被执行人为企业法人的案件；（2）意思表示要件，当事人系主动提出执转破申请，或执行法院已征得当事人同意；（3）破产原因要件，被执行人需具备《企业破产法》第二条规定的破产情形。

执转破的移送程序之核心在于明确界定执行法院如何将符合破产条件的执行案件有序、高效地移交给具有破产案件管辖权的法院进行进一步的破产审查。该程序旨在确保案件移送过程的规范化、透明化以及司法资源的合理配置。在该程序中，执行法院决定移送后，应将案件材料移送给受移送破产管辖法院的立案部门，破产管辖法院的立案部门经形式审查、认定材料齐备后，编制案号，作为破产申请审查案件移送给破产审判部门进行审查处理。

执转破的审查处理程序主要规范破产管辖法院如何审查处理移送的案件。在该程序中，受移送破产管辖法院的破产审判部门在收到移送案件材料后，应在规定时间内对案件进行审查，并作出是否受理破产案件的裁定。若裁定受理破产案件，应及时将裁定书送达申请执行人、被执行人，并送交执行法院。若裁定不予受理或驳回申请，执行法院应及时恢复执行程序，相关主体可依据《企业破产法》规定另行申请启动破产程序。

3. 地方法院的创新与探索

在相关法律法规及其他规范性文件的基础上，多地法院出台了关于执转破工作的专门文件，如实施意见、操作指引、流程指引等，从制度层面对执转破程序进行规范。这些文件明确了执转破的条件、程序、管辖等问题，为司法实践提供了具体指导。除此之外，司法实践中，各地法院也根据自身具体情况及执转破制度在司法实践过程中积累的实务经验，进行了各种创新尝试。

（1）成立专门的执破衔接机构。一些地方法院成立了专门的执破衔接机构，负责协调执行程序与破产程序的衔接工作。这些机构的设立，有助于提高执转破的效率和透明度。例如，深圳市福田区人民法院于 2024 年 5 月成立了执破融合事务中心，由执行和破产部门共同组建既善执行又懂破产的执破融合联合办案团队，集中办理执转破案件的甄别、审查、立案、审理及相关工作;[①] 2024 年 6 月 7 日，韶关市中级人民法院与武江区人民法院联合成立的两级法院执破融合中心，系广东省首个聚集两级法院的审判、执行资源，利用“法院+协会”联动优势的办案机构。[②]

（2）探索执转破案件简化审理程序。为提高审判效率，部分法院制定了执转破案件简化审理的裁判指引，明确了适用简化程序的案件范围与程序等。例如,《海南省高级人民法院关于执转破案件简化审理的裁判指引（试行）》规定，针对部分事实简单的案件可进行简化审理，相关案件应在六个月内审结，特殊情况下可以延长，并规定了不适用简化程序审理的情形。[③]

（3）深化执转破府院联动机制。例如，深圳市宝安区人民法院联合宝安区 11 家政府单位共同签署了《关于完善执转破工作府院联动协调机制的实施意见》，将破产程序中的府院联动机制的触角进一步向执转破程序中深化、延伸。[④] 笔者所在法院出台《关于推进执行转破产工作着力优化营商环境的实施意见（试行）》，将执转破作为优化区域营商环境、完善企业市场化救治和退出机制、推动切实解决执行难的司法手段和重要工作举措。该意见明确了成立执转破工作领导小组，由执行部门和破产审判部门领导担任小组成员，同时建立“执破直通”合议庭，有效提高执转破案件受理成功率。2024 年上半年，已作出执转破决定 6 案，裁定受理破产 1 案。

各地方法院的前述积极探索不仅体现了司法系统对法律制度适应性

① 参见吴品芬、申露:《深圳福田:“执破融合”的有益探索》，载深圳市中级人民法院微信公众号，https://mp.weixin.qq.com/s/iGDxsHW10_u1WkdIexipiA，于 2024 年 7 月 26 日访问。

② 王镭、凌嘉华:《韶关中院、武江法院联合成立广东省首个两级法院执破融合中心》，载韶关市武江区人民法院官网，https://www.sgwjfy.gov.cn/web/content?gid=2229&lmdm=1002，于 2024 年 7 月 26 日访问。

③ 《海南省高级人民法院关于执转破案件简化审理的裁判指引（试行）及典型案例》，载海南省高级人民法院微信公众号，https://mp.weixin.qq.com/s/R4vzN7iz6ZyzsjDTPscjGA，于 2024 年 7 月 26 日访问。

④ 《深化执转破府院联动机制，11 家单位签署联合意见》，载深圳市宝安区人民法院官方澎湃号，https://www.thepaper.cn/newsDetail_forward_25125857，于 2024 年 7 月 26 日访问。

与灵活性的深刻理解，也彰显了法院系统在解决实际问题中的主动性和创造性，是司法实践与地方实际相结合的重要体现，对执转破制度的完善和发展具有重要的意义。

二、执转破制度在实务中的执行困境

当前，由于传统制度下执行法院与破产审判法院之间存在显著的信息壁垒，加之两者间协同机制的不健全与运作效率的低下，导致执转破程序在实际操作中的效率受到了相当程度的制约。此外，在执转破制度的法律法规并不完善的情形下，在不同地区的执转破具体操作中，也存在一定的随意性和不确定性。笔者将选取执转破在司法实践中面临的四个实务问题进行分析。

（一）主体适用范围较窄

我国现行的执转破制度将适用执转破程序的主体范围限制为企业法人，未明确非法人组织及自然人是否可以适用执转破程序，这导致执转破制度已与司法实践产生了一定程度的脱节。

首先，这种主体限制将导致执转破制度对于市场主体多样性的忽视。中国特色社会主义市场经济中，除了企业法人外，还有个体工商户、合伙企业、个人独资企业等多种形式的市场主体，这种限定忽视了这些市场主体在经济活动中的活跃度及其可能面临的债务问题。

其次，这种主体限制将导致个人债务清理机制的缺失。一方面，自然人作为市场经济的主要参与者，大量执行案件的被执行人包含自然人；另一方面，自然人也可能面临资不抵债的情况，且目前司法实践中已在逐步探索个人破产制度。因此，如果执转破程序不适用于自然人，则必然导致执转破制度的较大局限性，亦将导致个人债务清理机制无法与执行制度相衔接。

最后，这种主体限制将导致司法资源分配的不均衡。由于执转破程序只适用于企业法人，可能导致司法资源在处理企业法人债务问题时过度集中，而对于自然人和非法人组织的债务问题则缺乏足够的关注和资源分配。自然人和非法人组织债务问题如果得不到及时解决，可能会引发一系列社会问题，如债务纠纷、信用体系受损等，对社会稳定和经济发展产生不利影响。

（二）程序转化缺乏动力

在我国现行法律框架下，执转破制度虽然带有职权主义的特征，但本质上仍然遵循申请主义原则，[①] 即执行法院在启动执转破程序前，必须获得债务人或债权人的明确同意，方可着手准备执行程序向破产程序的转化。在债权债务关系的司法处理进程中，债权人若已进展至执行阶段，此阶段往往标志着其已获取了具有法律效力的、对其有利的裁决结果，预示着债权清收的正式启动。然而，当债务人的财务状况恶化至满足《企业破产法》规定的条件并因此进入破产程序时，债权人的受偿状况即面临重大不确定性，例如，债权人所能获得清偿的时间、清偿的标准和清偿的比例均将变得不确定，而破产清算债务人（破产人）全部财产一旦变价并分配完毕，破产程序将会终结，破产人的法人资格也将会被随之注销，此后债权人未获清偿的债权将可能无法得到实现。这种不确定性和潜在的损失风险，导致债权人对于申请执行程序向破产程序转化的积极性不高。除此之外，对于在先查封的债权人，执行程序更有力保障其债权实现的直接性与效率性，而破产程序则要求停止对个别债权人进行清偿，所有债权人均应先申报债权，并对债务人财产进行统一的概括性分配，而不论债权人是否已经采取了查封等保全措施，这会延迟其受偿时间，并可能会降低申请执行人的受偿比例。在这种情况下，债务人也面临两难境地：一方面，企业内部的治理机构可能早已停止正常运行，甚至股东及企业有关负责人失联，决策机制停摆失效，债务人根本难以作出同意破产的决定；另一方面，破产程序启动后，标志着债务人企业

---

① 参见邱饰雪：《执行转破产程序研究》，华东政法大学 2023 年博士论文，第 139~140 页。

进入了一个由法院主导的、旨在公平清偿债务并可能涉及企业重生的特殊法律状态，随着破产管理人的正式接管，债务人的原实际控制人将依法丧失对债务人经营管理的直接控制权。因此，执转破制度在实际操作中，由于债权人和债务人各自面临不确定和潜在风险，导致双方对于启动程序的积极性不高。基于此，执转破程序的启动面临当事人主动申请破产的动力不足问题。这种动力缺失的现象，其深层次原因可归结为执行程序与破产程序在成本与效率层面的显著差异，以及由此引发的当事人行为选择偏好。执行程序作为一种旨在快速实现债权人权利的司法程序，通常具有程序简便、成本相对较低、效率较高的特点。相比之下，破产程序则是一个复杂而漫长的司法过程，涉及广泛的利害关系人（如债务人、债权人、职工等），需要进行烦琐的债务清理、财产评估、债权申报与确认、破产财产分配等多个环节，不仅耗时较长，而且成本高昂。

（三）衔接程序中存在的两大执行细节

1. 衔接程序中财产移交的标准不完善

《企业破产法》第十七条规定，人民法院受理破产申请后，债务人的债务人或者财产持有人应当向管理人清偿债务或者交付财产。因此，执转破程序除涉及案件材料移送外，还包括财产的交接或管理的衔接程序。但在债务人进入破产程序的复杂法律背景下，其财产状况往往呈现出一种资源稀缺性的典型特征，这一状况直接导致了债权人之间在受偿权益上的激烈竞争，形成了此消彼长的关系格局。具体到执转破程序中，当债务人的财产在执行程序中已被部分处置后，如何界定并区分哪些财产可在执行程序中直接向申请执行的债权人清偿，而哪些则需纳入破产程序以公平分配给全体债权人，成为执行程序与破产程序衔接过程中频繁产生争议的核心问题。

最高人民法院于 2002 年发布的《最高人民法院关于审理企业破产案件若干问题的规定》第六十八条规定："债务人的财产被采取民事诉讼执行措施的，在受理破产案件后尚未执行的或者未执行完毕的剩余部分，在该企业被宣告破产后列入破产财产。因错误执行应当执行回转的财产，在执行回转后列入破产财产。”由此规定可以看出，对执行财产应否移交破产程序需以是否执行完毕来作为判断标准，如果已经执行完毕的，则不需要移交；反之，则需要移交。对于“执行完毕”的具体标准，实践中通常认为：对于需要变价的动产、不动产等实物财产，如果该财产已经被执行法院裁定拍卖、抵债或者虽然尚未由执行法院裁定但执行法院已经采取了变价措施的，则无论该财产是否已经交付申请执行人，应当视为执行完毕；对于现金等可以直接扣划的财产，只要人民法院已经采取了扣划措施，相关财产就已经不在债务人控制之下，应当视为执行完毕。但笔者注意到在最高人民法院2017年发布的《执转破指导意见》中，则对前述移交标准进行了调整。《执转破指导意见》第十七条规定：“执行法院收到受移送法院受理裁定时，已通过拍卖程序处置且成交裁定已送达买受人的拍卖财产，通过以物抵债偿还债务且抵债裁定已送达债权人的抵债财产，已完成转账、汇款、现金交付的执行款，因财产所有权已经发生变动，不属于被执行人的财产，不再移交。”从这一规定可以看出，对执行财产应否移交破产程序需以相关财产的权属是否变更来作为判断标准。如果财产已经拍卖变卖以物抵债的，权属发生变动的标准与《民法典》第二百二十九条规定相一致，只要裁定送达受让人，即视为权属发生变动。可以看出，最高人民法院从“执行完毕”到“权属变更”的观点转变，体现的是其价值取向的变化：按照“执行完毕”标准，拍卖完成后即使未送达裁定也应视为执行完毕、现金从债务人账户划扣到法院账户即视为执行完毕，可见其重点在于保护单个债权人的利益，同时更重视实践中操作的便利性；但按照“权属变更”标准，则裁定送达申请执行人之前均视为未发生权属变更，现金即使划扣到法院账户，但在未划扣到债权人账户之前均为未发生权属变更，可见其重点在于保护全体债权人的利益。然而，根据实施的“权属变更”标准，针对执行程序中已经拍卖成交但尚未送达拍卖成交裁定的财产究竟该如何移送仍存在问题。需要先明确的是，在该情形下拍卖机构发出的拍卖成交通知仅具有债法上的拘束力，即本质上是确立拍卖结果的合同。鉴于执行法院尚未正式作出拍卖成交裁定，依据物权变动的法定原则，此时拍卖标的物之所有权仍归被执行人所有，因此执行机构面临一个复杂的抉择：是应向破产法院转移拍卖所得的价款，还是直接移交已拍卖成交的实物。如果严格按照《执转破指导意见》第十七条的文义以及司法解释起草人的解读，此时似乎要移交的是实物而并非拍卖价款。[①] 但若选择移交实物，则实质上是对先前已确认的拍卖交易进行撤销，进而可能在后续的破产程序中重新启动拍卖流程，此举不仅在逻辑上显得冗余且不合理，亦可能损害交易稳定性与市场公信力；反之，若选择移交拍卖成交价款，则与《执转破指导意见》的规定存在冲突，从而引发法律适用上的争议。

2. 案外人执行异议程序与破产程序的衔接机制不明确

现行的执转破制度并未明确，在被执行人进入破产程序后，已经开始而尚未终结的案外人执行异议程序具体该如何处理，这也导致了实践中就这一问题产生了争议。一种观点认为，债务人进入破产程序后，针对债务人的强制执行程序应全部中止，案外人提起的执行异议之诉请求排除执行的基础和前提已不复存在。在该情形下，案外人可依照《企业破产法》第三十八条的规定向管理人主张取回。例如，最高人民法院在(2017) 最高法民申 3116 号案中即认为，由于案外人对涉案房产的利益可以通过破产程序实现，对本案不再具有诉的利益，其针对原二审判决提出的再审申请，即其对涉案房产是否享有足以排除强制执行的民事权益，也就没有审查的必要，故终结审查。[②] 除此之外，亦有专家认为，案外人异议之诉针对的不是通常意义上的权属争议，对案外人而言其所面临的最为紧迫的问题，不是与其他民事主体之间的权属纷争等实体争议，而是如何有效地阻止法院正在实施的执行行为。[③] 若按照该种观点，在债

① 参见王富博：《〈最高人民法院关于执行案件移送破产审查若干问题的指导意见〉的理解与适用》，载《人民司法（应用）》2017 年第 10 期。

② 参见最高人民法院（2017）最高法民申 3116 号民事裁定书。

③ 参见刘贵祥：《案外人异议之诉的功能定位与裁判范围》，载《人民法院报》2014 年 6 月 4 日第 8 版。

务人进入破产程序的情形下，鉴于对债务人所有财产的执行都需中止，则相应的执行异议亦无继续审查的必要。另一种观点则认为，执行异议之诉的本质是一个独立的审判程序，案外人所提出的执行异议虽因执行程序而产生，但并非执行程序，本质上仍是确认各方当事人的实体权益的诉讼程序，也是破产程序中确认债务人财产范围的前提和依据之一，因此，被执行人进入破产程序的，不影响对执行异议之诉的审理。例如，最高人民法院在（2019）最高法民终333号案中即认为，通过执行异议之诉对申请执行人提出的是否可以继续执行该执行标的进行审理判断，使得该执行标的在执行法律关系中从争议状态转为确定状态，具有独立的程序及实体价值，且不应因执行程序中止而中止本案审理；① 最高人民法院在（2017）最高法民终831号案中亦认为，破产程序启动后，无论是直接终结执行程序或驳回执行异议之诉均无法律依据。② 因此，该问题的不确定性可能会导致执行异议程序与破产程序发生冲突。执行异议程序的继续进行可能会影响破产财产的及时移交和分配，而中止或终结执行异议程序则可能导致同一问题在不同程序中重复审理，浪费司法资源，增加当事人的诉讼负担。

三、执转破制度的优化路径建议

（一）扩大主体适用范围

《民诉法司法解释》和《执转破指导意见》规定的执转破程序的适用主体为企业法人，自然人或者企业法人之外的其他组织被排除在外。有学者对此有不同看法，并认为现行司法解释仅是对执转破程序的适用主体作了积极引导规定，规定的目的在于引导作为企业法人的被执行人在满足规定情形时积极同意程序转化，并未对执转破程序的适用主体作出明确的消极禁止，这也就意味着并不排除个人和其他组织作为执转破

① 参见最高人民法院（2019）最高法民终333号民事判决书。

② 参见最高人民法院（2017）最高法民终831号民事裁定书。

程序的适用主体，甚至认为，执转破程序的适用主体还应随着破产程序适用主体的扩大继而扩大。[①] 就除企业法人外的其他法人主体而言，在司法实践中民办高校以及其他法人组织破产的案例已非罕见现象。面对此类特殊情形，部分地区的司法机关已开始着手探索将执转破程序的适用主体范围进一步拓宽。例如，广东省高级人民法院 2016 年颁布的《关于执行案件移送破产审查的若干意见》，不仅严格遵循了上位法的规定，还充分考虑了广东省的地域经济特点和市场主体的多样性。该意见的第二条还特别针对广东省自身市场经济活跃、主体构成复杂等情况，对执转破程序的适用主体范围进行了适当的扩展，将其他法人组织纳入适用主体范围。这一创新做法不仅体现了地方司法实践的灵活性和适应性，而且有助于符合条件的各类市场主体通过破产程序实现有序退出市场。通过这种扩展，广东省的该意见为市场主体提供了更为多元化的债务解决途径，有助于优化资源配置，促进市场机制的健康发展。同时，这也体现了广东省在司法实践中对市场经济发展规律的深刻理解和尊重，为其他地方提供了可借鉴的经验。

就自然人而言，近年来的司法实践已逐渐展现出对自然人破产情形的关注，在个人债务清理领域已出现了若干以个人破产程序处理个人债务的案例，这表明司法实践正逐步拓展对债务清理主体的认识和应用。将执转破适用对象仅限定为企业法人，可能无法全面适应社会经济活动的复杂性和多样性。考虑到个人在市场经济中的角色日益重要，以及个人债务问题可能对经济秩序和社会稳定带来的影响，有必要对现行的执转破制度进行重新审视和适当调整。因此，笔者认为，为了更全面地解决债务问题，提高债务清理的效率和公平性，亦可以探索将自然人纳入执转破程序的适用主体范围。

（二）优化程序转化路径

前文已述，我国目前的执转破程序为申请主义原则，即需取得当事

---

① 参见最高人民法院（2019）最高法民终 333 号民事判决书。

人同意后方可启动转化程序，这在当事人主动申请破产动力不足的情形下，对执转破程序的启动造成了阻碍。笔者认为，应当对程序转化路径进行优化。

一方面，应当引入依职权启动模式，即允许执行法院在发现被执行人符合破产条件的情形下直接启动执转破程序。已于2022年6月提交审议的《中华人民共和国民事强制执行法（草案）》（以下简称《强制执行法（草案）》）第八十二条即对此作出了明确规定：在金钱执行中，被执行人符合相关条件的，执行法院应当裁定终结本次执行程序，将执行案件相关材料移送被执行人住所地人民法院进行审查。笔者对《强制执行法（草案）》该条规定表示认同，若《强制执行法（草案）》第八十二条相关规定最终得以生效实施，则实践中执转破程序转化动力不足的这一痼疾将有望得到缓解。

另一方面，《强制执行法（草案）》第八十二条虽明确了依职权启动的路径，但未对依申请启动作出明确规定。这种设计虽然可能提高执转破程序在司法实践中的适用率，但也存在不当侵害当事人合法权益的潜在风险。笔者认为，在民事诉讼与强制执行的法域内，程序正义原则占据着举足轻重的地位，其核心要义在于对当事人程序权益的深切关怀与严格保护。这一原则要求，任何旨在解决民事争议或实现债权清偿的程序设计，都应当建立在充分尊重并保障当事人程序选择权的基础之上。因此，为了平衡职权主义与当事人主义的关系，确保当事人的合法权益得到充分保护，需进一步明确、细化当事人在执转破程序中的权益保护机制。例如，法院在依职权启动执转破程序前应当充分听取当事人意见，同时，赋予当事人对法院依职权进行的执转破程序提出异议的权利，以及在被执行人及申请执行人达成一致并提出申请的情形下法院应中止执转破程序等。

笔者相信，通过上述优化措施，执转破破产程序将更加灵活、公正地服务于司法实践，既能确保程序的正当性和合理性，又能提高程序的适用性和有效性。这将有助于实现债权债务纠纷的公平、有效解决，促进司法公正和效率的统一。

（三）补充完善衔接程序的执行细节

在审视前文提及的衔接程序中存在的两大问题——财产移交标准的不完善问题以及案外人执行异议程序同破产程序间衔接机制的不明确问题时，可以看出深层次原因在于执转破制度体系尚未就两个程序间转换与衔接的具体执行细节确立明晰的规范框架。这种制度上的空白直接导致司法实践中，缺乏统一且明确的指导原则与操作标准，进而加剧了法律适用的不确定性与操作层面上的混乱。因此，进一步完善执转破制度，明确界定衔接程序的执行细节，成为当前亟须解决的关键议题。笔者就两个执行细节问题的建议如下。

针对执行程序中已经拍卖成交但尚未送达拍卖成交裁定的财产究竟该如何移送的问题，笔者认为，有必要在遵循《执转破指导意见》第十七条规定精神的基础上，进一步细化明确以下操作规范。即在此类特定情形下，执行法院应当负责将所涉拍卖成交所得之价款，直接转交至破产法院或指定的破产管理人处，以供后续的破产财产分配所用。此举的合理性在于，财产的形态转变（从实体物转化为等值金钱）并不改变其作为债务人责任财产的本质属性，且此等转变已通过合法有效的拍卖程序得到确认。鉴于此，破产法院应当无条件地承认执行程序中拍卖结果的法律效力，这不仅是对市场交易的尊重与维护，也是保障买受人合法权益、维护司法拍卖权威性与公信力的必然要求。任何对拍卖结果的质疑或否定，都可能对买受人造成不公平待遇，同时动摇司法拍卖作为强制执行重要手段的社会信任基础。因此，从制度完善的角度出发，应明确上述移交价款的程序性规定，确保执行程序与破产程序之间的顺畅衔接。

针对在被执行人进入破产程序后，已经开始而尚未终结的案外人执行异议程序具体该如何处理的问题，可从以下角度进行分析：首先，若案外人已依法向破产管理人主张行使取回权，并获得了管理人的正面确认，表明原执行异议所依据的基础争议已得到有效化解，此时宜通过协调机制，促使案外人主动撤回执行异议申请，以实现案件的自然终结；其次，面对案外人提出取回权主张却未获管理人认可，或管理人未能在合理期限内给予明确回应的情况，从优化司法资源配置、减轻当事人诉讼负担的角度出发，执行异议程序应直接介入权属争议的审查，此举不仅能够有效厘定债务人财产边界，为破产财产的准确划定提供及时支持，同时也有助于加快破产程序的流程推进，提升整体司法效率。因此，笔者认为，在案外人拒绝撤诉的情形下，被执行人进入破产程序的事实本身不应成为阻却案外人继续推进执行异议程序的法定事由。相反，执行异议程序应继续发挥其定分止争的功能，通过司法裁判明确财产权属，为破产程序的后续进行奠定坚实基础。

四、结语

总体来看，我国现行的执转破制度在法律层面和实践操作中都取得了一定的进展，通过法律法规的不断完善和地方法院的积极探索，执行程序与破产程序的衔接机制逐步建立和完善。然而，目前仍需进一步优化和细化相关规则，提高执转破的可操作性和透明度。

未来，随着市场经济的发展和法律体系的完善，执行与破产制度的衔接将更加重要。通过扩大执转破制度的主体适用范围、优化程序转化路径、补充完善相关程序的执行细节问题等措施，可以进一步完善执转破制度，更好地保障债权人的合法权益，促进经济的健康发展。同时，也需要加强对执转破制度的宣传和教育，提高社会各界的法律意识和参与度，共同推动我国债务清偿机制的完善。

自主与限缩：执转破程序启动的困境及进路

——以构建有限职权启动模式为视角

杨 杰[*] 聂 倪[**]

内容摘要：执转破程序旨在将执行程序和破产程序的功能叠加，为被执行人是企业法人的“执行不能”案件开放多元化的解决路径。但在执转破程序当事人申请启动模式下，囿于当事人利益抉择与认知偏差以及依职权启动破产程序的立法缺位，执转破程序运行中“执行不能”退出失序、破产程序启动失灵、执转破程序空转、实践异化风险扩张等问题凸显，“执破融合”持续深化存在障碍。本文以“执破融合”为视角，提出在当事人均不同意启动破产程序的情形下，执行法院基于公共利益的考量依职权启动破产程序。同时，为了防止过度职权对私权的不当干预，由“执行不能”演变为新一轮的“破产不能”，进一步提出以穷尽执行措施、建立执行对话、考量破产利益限缩启动程序，以预审查程序、听证程序、异议程序构建启动流程，以衔接机制、激励机制、监督机制设置配套制度，建立一个自主、谦抑、统一的有限职权启动模式。

2015 年，《最高人民法院关于适用〈中华人民共和国民事诉讼法〉的解释》（以下简称《民诉法解释》）建立了执转破制度；2017 年，《最

---

* 四川省高级人民法院执行局执行一庭庭长，三级高级法官。

** 四川省遂宁市中级人民法院执行局法官助理。

高人民法院关于执行案件移送破产审查若干问题的指导意见》对执转破作出实施指引；2018 年，最高人民法院印发的《全国法院破产审判工作会议纪要》对执转破作出更为详细的规定；《人民法院第五个五年改革纲要（2019—2023）》提出了“推进执转破案件的快速审理，促进执行积案化解”的总体目标。2024 年 1 月，最高人民法院院长张军在全国高级法院院长会议上强调：“要通过‘执破融合’的方式解决‘执行不能’案件，促进市场有序出清、盘活资源。”执转破制度设计本意是加快“僵尸企业”出清，促进市场产能优化。[①] 然而司法实践中，自执转破制度实施以来，在当事人申请启动模式下，[②] 囿于当事人利益抉择和认知偏差以及依职权启动破产程序的立法缺位，形成了执行退出难和破产启动难的“两难”局面，最终导致执转破程序功能期待与实践现状落差巨大。如何补阙当事人申请启动模式下执转破程序启动的弊端，更好地发挥执破融合效能，便是本文的立意所在。

一、失灵与无序：当事人申请启动模式下执转破程序启动的问题检视

本文通过整理 2007 年自企业破产法实施以来，全国法院每年的执行和破产案件相关数据，[③] 并结合执行大数据智能辅助系统、执行案件信息管理系统、破产重整案件法官工作台综合分析，认为执转破在遵循当事人申请启动模式下，制度需求与制度供给存在落差。

---

① 参见江必新：《论国家治理现代化背景下执行难之破解》，载《中国应用法学》2017 年第 2 期。

② 2015 年《最高人民法院关于适用〈中华人民共和国民事诉讼法〉的解释》在取消对企业法人参照适用参与分配的同时，第五百一十三条（2022 年修正后为第五百一十一条）新增执行转破产，其程序启动与《中华人民共和国企业破产法》保持一致，均以当事人申请作为形式要求。

③ 数据来源：《全国法院司法统计公报》、《最高人民法院工作报告》、全国执行信息公开网、《中国法律年鉴》。

（一）程序瘀滞：程序运转不畅，执转破启动呈失范现象

1. 执行程序出口窒塞，“执行不能”案件[①]退出失序

执行是个别的执行，破产是概括的执行。在执行中的终结本次执行程序中，数以万计的符合破产条件的被执行人企业法人已丧失履行能力，甚至处于“僵尸”状态，但未启动破产程序。[②] 当前司法实践中实际承载“执行不能”案件退出功能的终结本次执行程序制度（以下简称终本制度）因其自身属于执行不能的暂时退出的程序性制度，导致其无法真正实现执行不能案件的退出，民事执行案件增长势头难以有效遏制、存量难以消减，成为解决“执行难”的“顽疾”。2007 年至 2022 年，无财产可供执行案件十五年间占比虽有波动，总体平均占比约为 30%，2021 年和 2022 年占比高达 40%，这就意味着 10 件执行案件中有 4 件案件属于无财产可供执行的情况（见表 1）。

表 1　无财产可供执行案件占比

年份	执行审结案件数（单位：万件）	无财产可供执行案件数（单位：万件）	占比
2022	917. 50	359. 81	39. 22%
2021	864. 22	368. 31	43. 52%
2020	995. 82	315. 70	31. 70%
2019	954. 69	296. 64	31. 07%
2018	779. 83	275. 83	35. 37%
2017	678. 35	226. 41	34. 92%
2016	507. 92	166. 29	32. 74%

---

① 执行过程中，有相当一部分案件被执行人完全丧失履行能力、经核查确无财产可供执行，客观上不具备执行条件，这类案件被称为“执行不能”案件。参见《最高人民法院关于人民法院解决“执行难”工作情况的报告》，载 https：//www. court. gov. cn/fabu－xiangqing－124841. html，2024 年 8 月 15 日访问。

② 参见刘贵祥：《在新时代新征程上深入推进中国破产法治建设》，载《法律适用》2022 年第 11 期。

（续表）

年份	执行审结案件数（单位：万件）	无财产可供执行案件数（单位：万件）	占比
2015	381.56	118.82	31.14%
2014	290.69	65.11	22.40%
2013	271.78	40.28	14.82%
2012	246.58	30.03	12.18%
2011	239.36	33.75	14.10%
2010	250.82	46.95	18.72%
2009	244.6	58.34	23.85%
2008	222.54	65.74	29.54%
2007	211.54	65.18	30.81%

然而，执转破程序当事人申请启动模式下，参与分配制度的扩大适用无疑令本就阻塞的执行出口“雪上加霜”。执行程序中的参与分配制度是为了解决被执行人财产的“公共鱼塘”[①] 问题，与破产制度存在功能的重合，具有“小破产”的性质。司法实践中，部分法院将本应适用于自然人的参与分配制度扩大适用于企业法人，加剧执行程序阻塞，压缩破产适用空间，导致破产程序被架空。由此参与分配制度形成对破产程序的替代与阻碍效应。[②]

2. 破产程序入口褊狭，执转破程序启动失灵

自2007年《企业破产法》实施以来，破产案件受理数量持续下降，直到2015年破产案件受理数量才有所回升，与每年新增的大量无财产可供执行案件数相比，进入破产程序的案件属“凤毛麟角”，截至2019年

① “公共鱼塘”指当某种竞争性而非排他性资源存在时，由于该资源属共同所有，无人去积极保护它，相反会积极利用它，最终导致资源因过度使用而无法得到有效保护的情形。参见韩长印：《破产制度的秩序价值和破产程序的启动机制》，载王欣新主编：《破产法荼座》（第一卷），法律出版社2016年版，第29~31页。

② 参见王欣新：《从执转破的角度看破产启动程序的完善》，载《人民法院报》2023年7月20日第8版。

仍不足1%，2022年仅为2.13%（见表2）。

表2 破产受理案件占比

年份	无财产可供执行案件数（单位：万件）	破产受理案件数（单位：件）	占比
2022	359.81	76724	2.13%
2021	368.31	49426	1.34%
2020	315.70	39376	1.15%
2019	296.64	21797	0.73%
2018	275.83	18823	0.68%
2017	226.41	9542	0.42%
2016	166.29	5665	0.34%
2015	118.82	3683	0.31%
2014	65.11	2059	0.32%
2013	40.28	1998	0.50%
2012	30.03	2100	0.70%
2011	33.75	1967	0.58%
2010	46.95	1973	0.42%
2009	58.34	2434	0.42%
2008	65.74	2955	0.45%
2007	65.18	3207	0.49%

2021年至2023年，笔者所就职的某省法院执转破推动执行案件实结率[①]分别为17.75%、18.29%、18.83%，平均1件破产案件仅推动化解执行案件约18件实际执结，执行案件实结率低，大量“执行不能”系列案件休眠于终本程序和终结程序中，执行程序处于高压状态，而破产程序作为“市场清道夫”的作用未能充分发挥。

与前端破产入口狭窄相“呼应”的是，在执转破程序当事人申请启

① 执转破推动案件实结率考核指标计算方式为：已结破产案件（含当事人申请破产案件）推进实结执行案件数/新收被执行人为法人的首次执行案件总数。

动模式下，后端破产消极效应对程序启动产生了抑制作用。被执行人企业一旦启动破产程序，破产管理人将全面接管公司事务，并对公司经营状况和财产状况进行审查，公司股东未缴出资和未届满的债务将加速到期，对于挪用资金、非正当交易、违规担保等经营失范问题，破产管理人将通过破产撤销和无效制度予以追及，董事、监事、高级管理人员未尽忠诚、勤勉义务的，三年内不得再担任任何企业的董事、监事、高级管理人员，违法经营的可能承担刑事责任。因此，通过利益博弈，企业股东、高级管理人员更愿意维持企业的现状，而非打破保护壳，单一当事人申请启动模式加剧了破产功能发挥衰微。

3. 法律供给不足，执转破程序空转凸显

老百姓到法院是为了解决问题的，绝不是来‘走程序’的。[①] 要坚决纠正“程序空转”问题”。[②] 执行程序的终本制度基于法理基础薄弱与制度机能低下，其无论是在制度构建上还是司法实操中，都不可否认地将执行案件结案率作为最终目的，具有“天然缺陷”。然而，人民法院依赖技术处理的结案方式，导致终本恢复的案件如同滚雪球，终本恢复程序循环往复，而执行案件却处于尴尬的“停滞”状态，执转破程序空转现象凸显。

2021 年至 2023 年，笔者所就职的某省法院被执行人企业首次执行案件终本率分别为 44. 52%、45. 31%、41. 25%，被执行人企业恢复执行案件终本率分别为 48. 35%、51. 52%、52. 26%，首次出现了执行案件终本率和恢复执行案件终本率的倒挂现象。这表明，仅仅依靠终本制度会让执行案件陷入“头痛医头，脚痛医脚”的窠臼。在无依职权启动破产程序的框架下，本应适用破产程序的案件长期大量淤积于执行程序，既无法彻底终结执行，亦无法取得实质性进展，始终在“终本→执恢→再终本→再执恢”中循环，执转破程序空转现象仍未得到有效杜绝。

---

① 张军：《以公正与效率的统一答好司法工作人民满意的时代问卷》，载 https：//baijiahao. baidu. com/s？id=1761209547540661612&wfr=spider&for=pc，于 2024 年 8 月 20 日访问。

② 张军：《做深做实理念自觉、行动自觉 高质量高标准推动主题教育开展》，载 https：//baiji-ahao. baidu. com/s？id=1768870058533846457&wfr=spider&for=pc，于 2024 年 8 月 20 日访问。

4. 程序功能边界模糊，实践异化风险扩张

执转破程序的核心功能是将被市场淘汰的主体出清，优化资源配置。然而，在执行实践中，出现了与制度设计初衷相悖的异化现象。

情形一：营业保护型。在最高人民法院典型案例四川某医用设备有限公司执转破案执行过程中，为促使四川某医用设备有限公司同意申请执行转破产清算，执行法院允许该公司继续营业，公司进入破产程序后依旧处于生产状态，也未被清算注销。同时，执行法院同意四川某医用设备有限公司与潜在投资方进行有偿合作进行生产，提高企业重整可能。[①] 本文不反对执行法院提高债权人清偿的探索，但是为启动执转破程序，在破产清算程序中保持生产状态、寻找破产重整的可能是否与执转破的理念相契合？执转破的功能是否一定程度上被模糊化？

情形二：监督管理型。江苏省苏州工业园区人民法院组成执破融合一体化团队，由执行法官和破产法官组成合议庭合议办理涉执转破案件。[②] 执行法院在执行某餐饮公司的过程中，由于当事人怠于启动破产程序，执行法院参照破产程序中确定破产管理人的方式确定了管理人并入驻公司，对公司进行"经营监管和债务管理"。本文认为，该公司的经营权能否作为执行程序的监管对象值得商榷，执行法院参照破产程序对债务进行管理却未启动执转破的症结何在？单一的当事人启动模式是否制约了执转破功能的释放？

通过对实践案例的剖析，可以发现，单一执转破当事人申请启动模式模糊了执行程序与破产程序的定位、混淆了执行关系与破产关系的分界，职权启动缺失是实践异化的症结，最终导致两大程序协同推进不力。因此，正确界分执转破程序的制度功能与理顺执行法与破产法的逻辑关系尤为关键，[③] 执行程序与破产程序应遵循统筹兼顾的理念予以有效衔接

① 参见最高人民法院案例指导与参考丛书编选组：《最高人民法院公司案例指导与参考》，人民法院出版社 2022 年版，第 548~550 页。

② 参见朱旻、袁法轩：《执破融合，让企业"再生"机会更多》，载《人民法院报》2022 年 10 月 19 日第 6 版。

③ 参见徐阳光：《执行与破产之功能界分与制度衔接》，载《法律适用》2017 年第 11 期。

与启动。

（二）主体博弈：内生动力不足，效益考量差异化明显

当事人申请启动模式下，是否启动执转破程序的钥匙交由当事人控制（见图1），然而，无论是普通债权人还是担保债权人，其基于利益抉择的局限性，在众多方案中往往会选择"最佳捷径"，相较于破产程序的全部债权的公平受偿，更青睐在执行程序中以最大限度或者以最快速度实现个人利益。[①] 对于债务人而言，在"息事宁人"的观念下，基于破产耻辱观的认知偏差，债务人宁可"抱残守缺"，也不愿意选择"一破到底"或者"破而后立"。

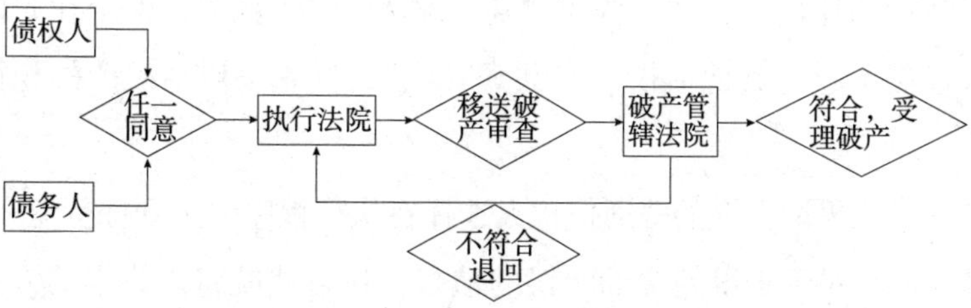

图1　2015年《民诉法解释》执转破当事人申请启动模式

1. 债权人利益抉择制约破产程序启动

在世界上第一部破产法《破产行为人惩治法案》中，债权人是唯一具有提出破产申请资格的主体，[②] 债权人作为提出破产申请的主体最早得到制度支撑。然而，当前，债权人越发怠于行使启动破产申请的权利。

其一，担保债权人畏惧破产程序对债权的稀释。就担保债权人而言，即使被执行人企业符合破产条件，达到破产界限，其因为享有法定优先权，在资不抵债的情况下仍然可以优先受偿。若其申请破产，担保财产将会移

① 参见陈芙甜：《关于执转破制度的现实思考与完善建议》，载《人民法院报》2023年3月22日第7版。

② 参见韩长印、何欢：《破产界限的立法功能问题——兼评〈企业破产法〉司法解释〈规定（一）〉的实际功效》，载《政治与法律》2013年第2期。

交管理人，担保财产的处置将会置于法院的监督之下，进入破产程序后需要优先支付破产费用和公益债务等费用，担保债权人的债权会受到一定程度的影响，因此，担保债权人往往排斥破产程序的启动。

其二，保全在先的普通债权人旨在守住“保全竞赛”胜出者之位。保全在先的普通债权人追求的是利益最大化。执行程序的“优先主义”遵循的是先发现、查封财产者先受偿，执行程序的个体优先的高性价比引发“马太效应”，资金实力强、信息渠道广的申请人在“保全竞赛”中胜出，优先得到清偿，实力弱的申请执行人的权利往往无法得到保障。普通债权人若是积极努力寻找被执行人的其他财产线索，及时对被执行人尚未被查封的财产进行保全，将成为“保全竞赛”的胜出者，大大增加获得清偿的比例。因此，为了避免后来者“搭便车”，保全在先的普通债权人显然不愿与其他债权人“共享其成”，其主动申请破产的积极性被削弱。

其三，未采取保全的普通债权人选择在执行程序中“守株待兔”。执行程序结束后，对于未得到全部清偿的债权，执行法院将以终本的方式结案处理，在债权人发现财产线索或者债权人财产具备执行条件时，将会再次启动执行程序，这表明债权仍然有继续受偿的可能。若被执行人企业被宣告破产，由于主体资格的消灭，尚未得到清偿的债务将全部予以免除，债权人再无获得清偿的可能。此外，为了证明债务人达到破产界限，普通债权人举证责任和申请成本过高，若因缺乏证据导致破产申请未被受理，债务人可能基于影响其企业的商誉为由向普通债权人提起诉讼。

2. 债务人认知偏差掣肘破产程序启动

债务人若抛开诸如诚信之类的内心道德准则，那么逃避债务就成了他应对由债权人启动的执行程序的最佳选择。[①] 从信息优势而言，债权人与债务人签订的合同具有相对性，因此，双方的债权债务关系具有相对性和封闭性，这便使债务人成了其经营状况信息的最大“垄断者”。因

① 参见赵秀举：《论现代社会的民事执行危机》，载《中外法学》2010 年第 4 期。

此，债务人对于是否已经达到破产界限、是否还有挽救可能等情况有认知，会基于自身利益考量，力挽狂澜以求生机。

其一，“抱残守缺”的观念导致破产价值释放困难。部分被执行人企业的法人或者是负责人认为企业破产会导致个人名誉受损，有破产耻辱观的偏见，宁愿通过执行程序与众多债权人“单打独斗”甚至疲于周旋，也不愿意启动破产程序交由管理人全盘处理。对于企业资不抵债的困境，具有“抱残守缺”的观念，其股东试图力挽狂澜继而产生继续经营的冲动，加之股东有限责任制的庇护，为了使企业出现转机，股东们甘愿冒险而不惜大肆举债，无暇顾及“带病经营”将使企业陷入更深的债务泥潭，最终将给交易相对人带来无法挽回的负面影响。此外，债务人启动破产程序将产生新的费用，如破产费用、共益债务，同时，若不启动破产程序，未到期债务将无法到期。

其二，股东对企业债务捆绑引发无限连带风险。依据法律规定，企业破产后剩余债务需予以免除，基于股东有限责任制度的保护，破产企业股东仅以出资为限承担责任，因此与债权人相比，股东具有申请破产的积极性。但是在司法实践中，金融机构债权人为保证其债权的实现，一般要求股东对企业债权进行连带担保，将公司债务与股东紧密捆绑，一旦进入执行阶段，股东将被列为被执行人，若申请执转破，企业宣告破产后，股东需对剩余债务承担无限连带责任，因此上述股东往往选择维持企业现状或者逃避执行，并无启动执转破的动力。

其三，董事、监事、高级管理人员申请破产的刚性义务缺位。我国企业破产法以及公司法均未对企业达到破产界限时，董事、监事、高级管理人员具有申请破产的义务相关规定，无论是企业符合破产条件不申请破产，抑或执行阶段不同意执转破，董事、监事、高级管理人员均无须为自身消极行为承担法律责任。然而，对于被执行人企业而言，董事、监事、高级管理人员是对企业经营和财产状况掌握最为全面的主体，当企业达到破产界限时，董事、监事、高级管理人员手中握有启动破产程序的“按钮”，董事、监事、高级管理人员基于自身利益考量，加之法律规制缺位，这使得他们更愿意企业维持经营。

二、逻辑与证成：引入职权启动破产程序的正当逻辑

一旦达到破产界限，法院即可依职权启动破产程序，无须任何人申请，即所谓依职权启动。[①] 当公共利益面临被侵害的风险时，公权力介入应具备正当性和合理性。应然层面，引入依职权启动破产程序在理论界有较高呼声；但于实然层面，囿于引入依职权启动的立法缺位，“塔尖缺失”导致启动破产程序失灵。故而如何打通实然与应然之间的藩篱，论证引入职权启动破产程序具有必要性与可行性是首要任务。

（一）域外范式：比较法视野下依职权启动破产程序的域外借鉴

在域外法上，可以从日本、俄罗斯等大陆法系国家中，找到在破产程序中依职权启动破产的踪影。《日本民法典》第 70 条[②]《日本公司更生法》第 23 条和第 26 条对法院依职权启动破产程序予以规定，《日本破产法》第 15 条[③]规定在例外的情况下，法院依职权启动破产程序。由此可见，日本破产程序的启动遵循的是“当事人申请启动为主、依职权启动为辅”原则。《俄罗斯无支付能力法》第 7 条，将公权力启动破产程序的主体赋予了“被授权机关”。[④] 该规定表明企业需缴纳税款或者与政府建立合同关系，但未依法履行金钱给付义务时，特定被授权机关有权提出该企业的破产申请，表明了俄罗斯对财政保护和企业信用的谨慎态度。

综上所述，日本、俄罗斯均对执转破程序启动的方式不同程度地引入了依职权启动，形成了“当事人申请为主、依职权启动为辅”的二元模式，这一方式兼顾了当事人的意思自治与国家的适度干预，成了完善

---

① 参见齐明：《破产法学：基本原理与立法规范》，华中科技大学出版社 2013 年版，第 8 页。

② 《日本民法典》70 条规定：“法人不能清偿其债务时，法院则因其理事或债权人的请求或依职权，实行破产宣告。”

③ 《日本破产法》第 15 条规定：“债务人无法支付债务时，法院根据第三十条第一款的规定，以申请、决定的方式启动破产程序。”

④ “被授权机关”主要是指获得俄罗斯联邦主体及地方自治机关授权、负责向对联邦或地方政府负有金钱债务或强制性费用缴纳义务的企业追讨债务的机关。

执转破程序启动的路径选择。

（二）势适求是：依职权启动破产程序是能动执行的应有之义

公正与效率是司法审判公正的永恒主题。执行程序辐射范围小、价值实现有限，在当事人怠于启动破产程序的情况下，基于公共利益的考量，依职权启动破产程序是实现社会公正与司法效能提升的重要路径。能动司法是践行公正与效率的具体体现，是司法人民性的自然延伸，要把能动司法贯穿新时代新发展阶段审判工作始终。① 做好新时代人民法院执行工作，依法执行是底线，能动执行是更高要求。② 依职权启动破产程序是人民法院主动顺势而为、能动执行的题中应有之义。

1. 法律发展之维度：“个人本位”向“社会本位”的迁移

“个人本位”以个体利益为出发点，当个体利益与公共利益互相冲突时，优先考虑个人利益。“社会本位”以公共利益为出发点，以追求市场大多数主体利益最大化为落脚点，实现市场经济的整体利益和实质公平。纵观民法立法发展趋势，经历了“个人本位”向“社会本位”的过渡。在执转破程序中，依据当事人的申请或者同意启动破产程序体现了“个人本位”立法原则，而依职权启动破产程序体现了“社会本位”的立法精神。依职权启动破产程序后，债务人的财产状况进行全面核实，让恶意转移的资产和让渡的利益重新回归，实现债务人清偿能力的最大化；同一顺位债权人受偿比例相同，防止债权人受偿比例不均衡、杜绝两极分化；经过申报程序获取受偿资格，未到期债权和未取得执行依据的债权都将纳入受偿范畴，扩大债权人范围，符合法律生长由个人利益向公共利益转变的规律。

2. 公共理性之维度：个人利益与公共利益的衡平

公共理性是民主国家的基本特征，强调的是“公共的善”和“根本

---

① 张军：《把能动司法贯穿新时代新发展阶段审判工作始终》，载 https://baijiahao.baidu.com/s?id=1762839834463574314&wfr=spider&for=pc，于 2024 年 8 月 28 日访问。

② 黄文俊：《人民法院能动司法（执行）典型案例新闻发布会上的讲话》，载 https://www.chinacourt.org/article/subjectdetail/id/MzAwNCgyNYABAA.shtml，于 2024 年 8 月 28 访问。

性的正义”。[①] 司法的公共理性是人民群众在司法案件中感受到公平正义的理性共识。当个体利益和公共利益互相冲突时，如何达至“根本性的正义”？耗费大量司法资源解决“执行不能”案件看似实现个案公正，但其实不然，这与“公正与效率”的主题相悖。无职权启动模式下，市场经济自我调节机制失灵时，“无产可破”“僵而不死”的企业无效占用市场资源、“当破不破”的企业积压于执行程序、有意减损资产逃避执行的企业肆意妄为。此时，公权力的介入则具备正当性和合理性。司法的公共理性要求在市场失灵的情况下，依职权启动破产程序进行适度调控和干预，将无效滞留市场、影响经济秩序正常运行的企业排除市场，实现个人利益与公共利益的衡平，以及公众认知和法律理性的融合，从而实现根本性正义。

3. 回应型司法之维度：司法需求与市场需求的耦合

回应型司法[②]是司法回应社会公众多元化需求的模式，缓和了法律开放性与封闭性的紧张关系，具有鲜明的公众导向性。回应型司法的逻辑起点是“人本主义”，这与职权启动破产程序“以人民为中心”的思想基调相得益彰。被执行人企业陷入纠纷的漩涡之后将涉及一系列不确定的债权人，将无法避免地出现“蝴蝶效应”，即该企业达到破产界限后，由于迟迟未启动破产程序将导致大量执行案件陷入泥潭，一系列执行案件陷入僵局，滞留于执行程序，无法退出。被执行人企业法人的资格持续存续将导致市场主体退出失范、市场秩序失控，最终产生交易风险扩张、交易稳定性受挫以及市场资源不当稀释等问题。因此，职权启动破产程序是当事人启动失灵时，人民法院基于公共利益的考量将公权力予以介入的手段，是回应型司法不可或缺的实践场域（见图 2）。

---

① 韩璞庚、张颖聪：《公共理性与民主刍议》，载《学术界》2019 年第 12 期。

② 回应型司法是以实现法治为理想，以解决司法实践所面临的社会问题与司法技术问题为责任，以构建稳定、可靠、可持续发展的回应型机制为依归的一种弱化强力管制的服务型司法。参见高志刚：《回应型司法制度的现实演进与理性构建》，载《法律科学》2013 年第 4 期。

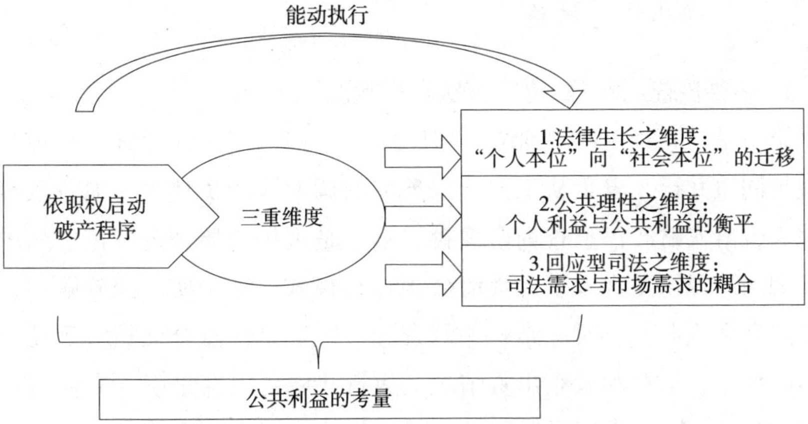

图 2　执转破程序职权启动模式之正当性

三、限缩与制约：依职权启动的前置程序设定

司法承担政治职能更需审慎和适当，其干预程度必须是合适恰当的。[①] 依职权启动破产程序若不加以限制，易陷入“父爱主义”[②] 司法观念的泥潭，当事人是否启动破产程序的自由处分权可能被不当剥夺，私权则可能因公权力过度干预而受损，由此引发正当性危机。破产程序的开始意味着强制执行系属的失效。[③] 强制执行系属的失效与债务人财产的归属具有直接关联，由此而言，破产程序启动的时间成了债权人“个人优先”和“团体共享”的分水岭。为防止司法恣意，一般而言，执行法院不宜主动启动破产程序替代当事人行使权利。依职权启动破产程序作为“不得以而为之”的救济程序，应当对启动程序予以限缩，以便符合程序正义价值和程序启动的谦抑性原则。

---

① 参见谭秋桂：《民事执行法学》，北京大学出版社 2015 年版，第 238 页。

② “父爱主义”又称“家长主义”，意为像父亲那样行为或对待他人像家长对待孩子一样。参见郭春镇：《法律父爱主义及其基本权利的限制》，法律出版社 2010 年版，第 7 页。

③ 参见朱福勇、仇金：《执转破启动职权主义的普适危机与程序应对》，载《重庆大学学报（社会科学版）》2023 年第 2 期。

（一）穷尽执行措施

1. 必要核查："三到位"核实资产状况

第一是二元查控协同到位。"总对总""点对点"系统线上查控与线下查控同轨并行，着重从工商、税务部门调取资产负债表、损益表等财务报表，落实财产信息查询全覆盖。第二是现场实质调查到位。从内部人员询问、现场搜查入手，摸清公司运行模式，甄别实际经营账户，最终锁定资金流向，及时冻结、扣划资金。第三是信息全面核实到位。核查实际控制人信息和股东出资情况，执行法院可以探索引入专业财务审计，① 补足办案人员跨领域的知识缺漏，高效核实资产状况，对股东出资不足或者抽逃出资的，告知申请执行人变更、追加被执行。

2. 必要考量："三要素"判定清偿能力

实践中，执行法院往往更加关注债务人的财产情况，忽略了债务人的信用和劳力要素。信用是企业履行承诺的能力，信用的好坏直接与其获得交易机会具有重要关系。债务人虽无财产，但是可以通过信用获取资金支持和商业的机会，仍然具有清偿的可能。因此，随着债务人执行不能的财产状态，信用也应得到否定性评价。对于劳力，一旦企业法人出现无经营、无人员，就丧失劳力。由于信用和劳力具有再生价值，债务人是否具备清偿能力，应当从财产、信用、劳力三要素来判断，仅以财产作为考量因素，难谓充分与公正。

3. 必要流程："三步走"规范终本程序

职权启动执转破程序必须将终本程序作为必要程序。同时，终本程序应当符合以下三个步骤。第一步是强制赋予被执行人财产报告义务。向被执行人企业法人发出《执行通知书》和《财产报告令》，被执行人企业法人需向执行法院报告当前以及收到《执行通知书》之日前一年的财产情况。第二步是采取强制措施。执行法院依法采取限制消费措施，

---

① 规范执行审计相关问题，补强审计调查权限，强化审计报告运用，畅通多种机制衔接，推进"审计执行"机制常态化、规范化开展。参见《浙江高院出台制度规范执行审计》，载《人民法院报》2021 年 1 月 31 日第 1 版。

对符合条件的被执行人企业纳入失信被执行人名单。第三步是穷尽查控措施。已经穷尽必要合理的财产调查措施，未发现可供执行的财产、发现的财产不能处置或者已经处分完毕但是债权未全部实现依据。依次完成“三步走”才符合终本之要件。

（二）建立执行对话

执行对话蕴含的是执转破程序正义价值。在执转破程序推进中，执行法官若仅仅是流程式、教条式地推进案件，缺乏与当事人的执行对话，势必为后续执行的不规范埋下隐患。

1. 执行对话时间前移

执行立案后，通过查控措施显示被执行人企业财产不足以清偿全部债务的，在执行通知书送达时告知执行程序与破产程序的异同；执行中，被执行人企业“资金链”断裂且所涉的执行案件多或是终结本次执行程序前，向当事人释明股东出资义务加速到期、债权受偿顺位等规则，充分告知当事人启动破产程序的制度优势。

2. 启动权利当事人自治

在执行法院依职权启动执转破程序前，应当将是否启动执转破程序的决定权交由当事人抉择。在执行对话的过程中，应当将执行措施运用、资产调查情况、执行不能缘由及风险、申请执转破程序的权利、执行法院依职权启动执转破程序、反对依职权启动执转破程序的异议权等重要事项向当事人释明，将是否启动执转破程序的决定权赋予当事人。

（三）考量破产利益

执行程序中确定了无益拍卖，其背后蕴含的是执行利益考量，强调执行程序的必要性。同理，破产程序仍需要考量破产利益，需要满足行为之必要性这一前提。就像国家必须通过其执行机关考虑公共利益，[1] 破

① 参见［德］弗里茨·鲍尔、霍尔夫·施蒂尔纳、亚历山大·布伦斯：《德国强制执行法》，王洪亮、郝丽燕、李云琦译，法律出版社2019年版，第82页。

产亦应当将公共利益纳入考量。因此破产利益要求依职权启动破产程序不得超过必要限度。既要防止公权力与私权的不当干预，又要防止债务人由“执行不能”陷入“破产不能”。

1. 破产主体：排除适用与审慎适用

一是自然人不适用职权启动。虽然个人破产具有现实需要，[①] 然而自然人不会因为破产而退出市场和消灭，仅仅是债务得以免除，这与执转破程序实现特定市场主体出清的立法本意相悖。因此，本文不主张执行中自然人依职权启动破产程序。

二是公法人不适用职权启动。公法人具有政治地位、管理职能和服务职能的政府，[②] 若出现资不抵债且丧失破产能力，其无法通过破产程序将其人格消灭。此外，对公法人的执行中，公共利益的价值位阶与执转破程序的市场出清相比更胜一筹。因此，公法人并无强制破产之必要。

三是三类案件应审慎适用职权启动。第一类是涉嫌刑事犯罪案件。对于涉嫌非法吸收公众存款、集资诈骗、合同诈骗等刑事犯罪案件要审慎移送。第二类是涉众、涉稳案件。涉及职工人数多、职工债权数额大，具有群体性矛盾及不稳定因素。第三类牵涉刑事犯罪、资产权利瑕疵或者权属争议等原因导致资产存在处置障碍，且短期内障碍难以消减的案件。

2. 破产客体：具有优先债权的金钱执行排除适用

司法实践中，由于担保财产享有别除权，债权人对担保财产的执行不受破产程序约束。启动破产程序在一定程度上减缓了优先债权人的受偿速度；与此同时，破产程序中新增的破产费用成了债权人的额外负担。实际上使破产程序成了由全体债权人负担成本的担保债权个别清偿程序。[③]

3. 破产费用：以足以清偿为前提要件

从破产财产的清偿顺位来看，破产费用的清偿顺位高于职工债权、

---

① 个人破产制度侧重于让“诚实而不幸者”放下包袱，通过破产重整型程序让他们“东山再起”，重新获得生机。作为全国首部个人破产法规的《深圳经济特区个人破产条例》，已积累四年以上的实践经验。

② 赵泽君、林洋：《执转破程序启动模式的分解与重塑》，载《政法论丛》2018年第3期。

③ 参见童兆洪、章青山：《破产与执行：功能定位与制度调谐》，载《刑事司法论坛》2005年第1期。

社保和税款债权、普通破产债权等一般清偿顺位。因此，当破产财产尚不足以支付破产费用时，则无继续推进破产程序之必要。若对执转破程序依职权启动不加以限制，启动破产程序后的破产费用无法给付，破产程序无法推动，“执行不能”将可能演变为“破产不能”（见图3）。

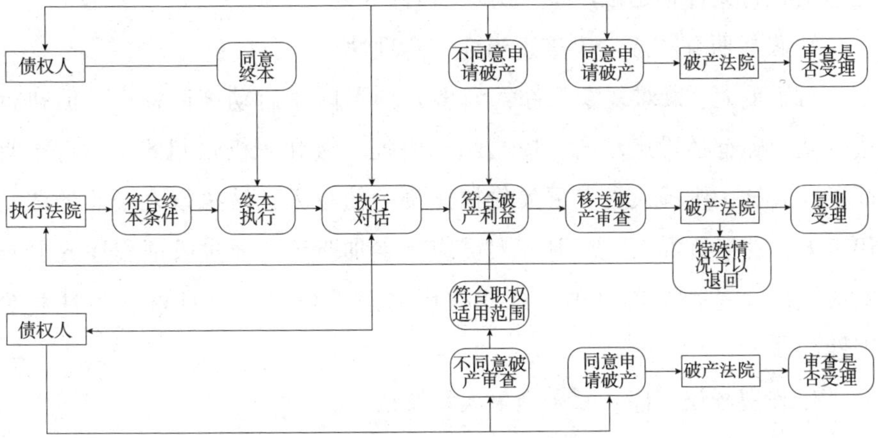

图3　执转破程序依职权启动限缩模式

四、自主与重塑：依职权启动破产的程序重构

通过启动破产程序可以对虚构债务、无偿或以不合理低价转移财产、偏颇清偿行为通过行使撤销权和效力否定权追回财产损失。在当事人启动破产程序失灵时，基于公共利益考量，依职权启动破产程序具有正当性和合理性。本文通过建立预审查程序、听证程序、异议程序的方式多角度识别破产原因，同时将衔接、激励、监督机制加以鼓励和约束，立足于畅通执行出口，激活执转破程序，实现司法的公正与效率，建立一个自主、谦抑、统一的有限职权启动模式。

（一）明晰流程：职权启动破产程序的流程设计

1. 设置预审查程序：识别破产原因

在完成终本程序和执行对话后，合议庭应当从是否明显缺乏清偿能力、符合资不抵债情形进行综合判断。甄别破产原因时，要审慎审查负债经营企业，综合考量行业运营习惯、公司结构和融资模式，重点考量企业持续盈利能力和后续清偿潜力，不可以采取“一刀切”式的简单粗暴的方式适用职权启动。合议庭审查、评议后，按照多数意见决定是否启动移送破产程序，对于决定启动移送破产的案件，应当向双方当事人送达《执行案件移送破产审查决定书》。

2. 设置听证程序：审查正当性与合理性

对于重大、疑难复杂案件，当事人均不同意启动破产程序，但执行法院认为确有必要启动时，应当组织听证，缓和职权强制效果。对于听证参与人员，执行人员、重大债权比例的债权人、被执行人企业的法定代表人、直接负责人员、财务人员应当参加听证。通过听证程序充分查实被执行人是否资不抵债、依职权启动破产程序是否具备正当性和合理性。

3. 设置异议程序：赋予当事人复议权

依职权启动破产属于司法职权的直接介入，为了防止公权力对私权的侵犯，应当赋予当事人享有复议权。为避免当事人拖延时间，应对异议期间予以限制，即在当事人收到《执行案件移送破产审查决定书》，十日内向执行法院的上级法院提出。异议期间，对于执行法院未掌握的被执行人企业的财产，债权人可以提供财产线索，被执行人企业可以及时申报财产证明其具有可供执行的财产，或者第三人愿意代为履行生效判决确定的给付义务。异议结果为二，一是异议成立的，中止依职权启动移送破产审查，裁定继续执行；二是异议不成立，执行法院将案件移送破产受理法院。

（二）配套支撑：依职权启动破产配套制度

1. 衔接机制：程序协调+资源共享+流程简化

执行程序与破产程序的功能定位差异决定了两个程序的价值导向不同。因此，在程序衔接的过程中，协调适用与有序衔接了执转破程序的关键环节。一是执行措施的延续。在执行法院依职权移送破产审查后至受理法院裁定受理破产前，为了防止被执行人财产出现“脱保”的情况，应当确保查封、扣押、冻结等执行措施具有连续性，对于在破产审查期间财产保全措施届满的，执行法院应当依当事人申请或者依职权续保。二是执行成果的沿用。为了避免重复劳动、提高程序效率，对于执行程序中的成果可在破产程序中予以沿用。如审计报告、财产查控结果、评估报告，在财产处置程序的衔接上，继续沿用拍卖、变卖结果，对于流拍、变卖不成的财产，管理人接管财产后继续组织拍卖、变卖；对于财产拍卖、变卖成交未交付的，管理人继续办理后续交付事宜并接管执行款项。三是保全措施解除的简化。进入破产程序后，可探索简化解除保全措施手续，取消管理人申请解除保全这一环节，即管理人直接依据受理案件破产裁定书到财产登记部门办理解封手续，无须原查封机关出具解封裁定并到财产登记部门进行解封。

2. 激励机制：分段考核+科学折算工作量

根据执转破案件办理的流程，可根据执行阶段和破产阶段分别设置考核标准,[①] 量化考核指标，科学折算实际工作量并予以单独绩效考核。一是建立分段考核机制。执行阶段建立移送破产案件考核机制，即将启动破产程序的案件，包括当事人申请启动和依职权启动的案件均纳入执行法官的绩效考核。破产阶段建立办理破产案件考核机制，将破产审查和破产案件均纳入破产法官的绩效考核。二是科学折算工作量。执行阶段将执行查控、现场调查、执行对话、预审查、案件的资料的收集和移送、移送后的协助等工作均纳入考核范畴，并结合移送案件数量、推动执行案件实结数进行综合评估并折算工作量。破产阶段办理破产审查案件数、受理破产案件数、推动执行案件实结数纳入考核范畴，并结合案件难易程度、社会效果进行综合评估并折算工作量。

3. 监督机制：内部监督+上级法院监督

司法责任制在对法官、检察官放权的同时，要求加强制约监督，做

① 参见李曙光：《执转破的难点与破解路径》，载《中国审判》2022 年第 13 期。

到放权不放任、有权不任性。[①]。对执转破程序依职权启动加以监督制约是“放权不放任”的应有之义。一是内部监督。在执转破案件数量较多的法院成立专门的执转破监督机构，由督查室、审管办、立案庭抽调人员组成；在执转破案件数量较少的法院确定执转破监督员。监督机构和监督员对执转破的各环节进行全面监督，对违规行为依法追究责任。二是上级法院监督。上级法院加强对下级法院的指导和督促，对于受移送法院无理由拒绝接收移送材料、退回移送材料，无理由不裁定受理的或者是未按规定期限作出是否受理的，上级法院应当及时纠正受理法院的不当行为，指令受移送法院限期接收移送材料或作出是否受理的裁定书（见图 4）。

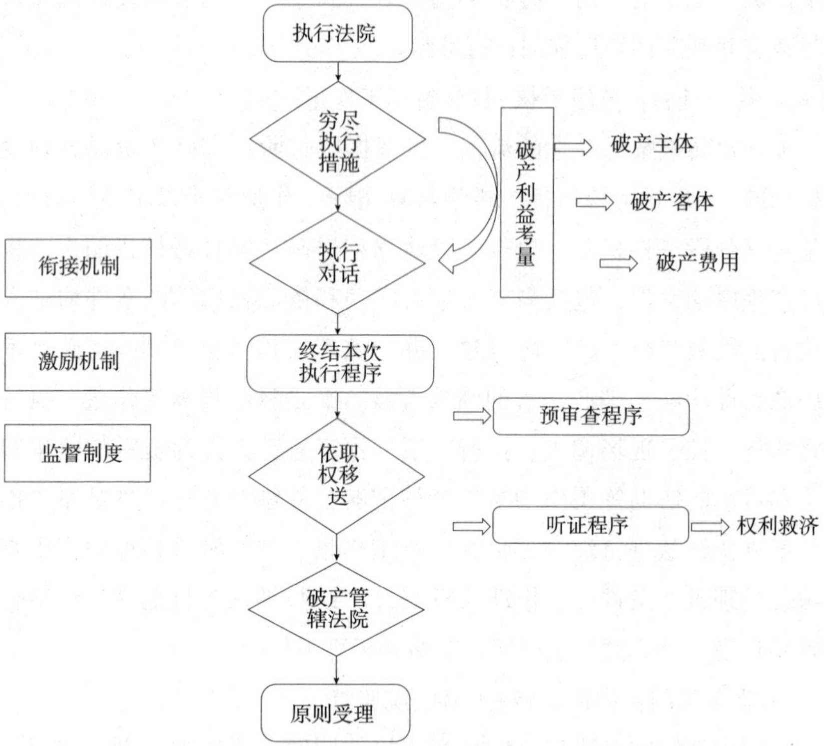

图 4　执转破程序依职权启动模式的流程设计

---

① 参见习近平：《论坚持全面依法治国》，中央文献出版社 2020 年版，第 234 页。

五、结语

执转破程序职权启动模式是“以人民为中心”的工作理念在审判执行程序中的新探索，打通了执转破程序的启动梗阻，助推了执破程序的有序衔接，拓宽了能动司法的实践场域。本文以执破融合为视角，通过“职权启动限缩—职权启动流程设计—职权启动配套制度设置”的前瞻探索，构建了执转破程序有限职权启动模式，以期为我国破解执转破程序启动失灵，畅通“执行不能”案件有序退出提供参考。

破产程序与执行程序一体化融合的思考与实践探索

江苏省徐州市中级人民法院课题组*

内容摘要：执转破制度对于畅通市场主体退出机制、促进市场经济有序发展、公平高效化解执行积案，具有重要的功能价值。当前司法实践中，执转破制度运行还存在程序启动难、启动晚、执行与破产处于分离状态、高度同质化工作造成司法资源浪费等困境。本文旨在探索“执破一体”改革，将涉企案件执行程序与破产程序合二为一，推进机构职能、办案力量、优势功能、程序衔接、组织保障一体化融合，从而实现案件源头化解、积案有序出清、市场出清及盘活经济秩序等功效。

破产制度一直是市场经济领域不可或缺的重要法律机制，破产程序具备执行程序所不具备的概括清偿、市场出清功能，加之破解执行难的现实需要，实践中催生了执转破制度。该制度要求法院在执行中通过一定程序，及时将资不抵债、确无清偿能力的企业被执行人移送破产部门，通过破产程序彻底化解债务问题。然而，在司法实践中，执转破制度在运行中出现了诸多现实困境及问题，功能价值并未有效彰显。执破一体改革是将执行程序的债权个别实现功能与破产程序的债权概括清偿功能一体融合，打通执行程序与破产程序衔接堵点，努力推动条块分离工作模式向一体互动工作模式转变。强化立案、保全、审判各程序与破产程

* 课题组成员：刘建功、袁长伟、王韧、杜林、楚鹏飞。

序紧密衔接，推进破产原因识别关口尽量前移，着力打造企业债务清理工作新格局。

一、执转破制度的设立与价值功能

执行转破产制度，通常简称为执转破，指执行法院将作为被执行人且符合破产条件的企业法人，通过一定的程序移送至破产审判部门接受审查，从而启动破产程序的制度。《最高人民法院关于适用〈中华人民共和国民事诉讼法〉的解释》（以下简称《民诉法解释》）第五百一十一条规定："在执行中，作为被执行人的企业法人符合企业破产法第二条第一款规定情形的，执行法院经申请执行人之一或者被执行人同意，应当裁定中止对该被执行人的执行，将执行案件相关材料移送被执行人住所地人民法院。"此条规定，正式确立了执行程序转破产程序的相应规则，奠定了两大程序衔接的制度基础。

2017 年 1 月，最高人民法院出台《最高人民法院关于执行案件移送破产审查若干问题的指导意见》（以下简称《破产审查指导意见》），共计 21 条，细化了立案管辖、移送审查等具体细则。2018 年 5 月，江苏省高级人民法院也出台相关规定，进一步明确了执行案件移送和衔接细节。至此，从顶层设计来看，执转破机制作为完善立审执破全司法流程的制度框架已经完成。该制度要求法院在执行中通过一定程序，及时将资不抵债、确无清偿能力的企业被执行人移送破产部门，通过破产程序彻底化解债务问题。2017 年 12 月，习近平总书记在中央经济工作会议上就明确提出，要大力破除无效供给，把处置"僵尸企业"作为重要抓手，推动化解过剩产能。[①] 执转破对于落实习近平总书记重要指示精神，贯彻中央供给侧结构性改革、健全市场主体退出机制、公平高效化解执行积案、促进市场经济有序发展，具有鲜明的实践价值，是一次重大的理论创新和有益的司法实践。

---

① 参见《中央经济工作会议在北京举行 习近平李强作重要讲话》，载《人民日报》2017 年 12 月 21 日第 1 版。

（一）完善市场主体救治和退出机制

以执行案件与破产案件数量对比为例，2015年、2016年全国法院执行案件分别为467.3万件、614.9万件，而其中涉及企业被执行人案件至少30%，而同期全国法院受理的破产案件分别为3.9万件、5.6万件。由此可以看出，破产案件办理数量极少，这也进一步反映出大量的涉企执行不能的案件无法通过破产程序实现自我救治或退出市场。而通过执转破制度，将执行不能且符合破产条件的企业法人转入破产程序，不仅可以防止被执行人背负的债务继续扩大，而且可以充分释放出大量闲置的人、财、物等生产要素和资源，盘活本就僵化的市场资源，促进并确保企业能够顺利退出市场，有助于完善市场主体退出和清欠机制，提高市场资源的配置效率，实现市场资源高效、合理利用。

（二）促进债权平等保护、公平受偿

执行程序贯彻“先到先得”的原则，通过申请先后和保全顺序确定清偿顺位。因此，当被执行人财产不足以实现全部债权时，各债权人之间必将存在权利和利益之间的冲突，由此引发抢夺清偿、个别清偿的现象。在这种情况下，执行程序就必然无法公平地对所有债权进行清偿，也就意味着总有一部分债权人的权益会遭受损害，不利于实质化解矛盾纠纷。而通过执转破制度，将执行案件移送破产审查，让所有债权人参与到破产程序中，打破执行程序“先到先得”的原则，将有限的、无法满足所有债权人债权的财产进行公平分配。虽然每个债权人可清偿的比例有限，但好处在于所有债权人之间都是平等的，从利益分配角度而言，破产程序中的公平受偿原则，有效协调了职工、债权人等不同主体之间的权利义务和利益实现。

（三）有利于化解执行积案

以江苏省为例，2016年受理首执案件48.03万件，终本结案20.86

万件；2017年受理首执案件54.82万件，终本结案19.92万件。无论是执行案件的总量还是终本案件的数量，都十分巨大，成为解决执行难的重要阻滞因素。通过执转破制度对于已经资不抵债、符合《企业破产法》规定的破产条件的被执行人，将执行程序转化为破产程序，终结执行程序，从而使得因无财产可供执行导致执行难的问题得到解决，有利于化解执行积案。

二、执转破制度运行的困境剖析

执转破制度打通了执行案件经当事人同意和法院移送进入破产程序的通道，推动企业债务由个别清偿向公平清偿转变。但在实践中，执转破制度更多地被当作执行不能案件的“出口”，其保障市场主体有效出清和救治以及债权公平受偿等作用一定程度上被弱化，运行效果并不理想，且有些法院还存在执行案件“移不出，破不掉”的现象。

（一）执转破程序启动难

1. 外部动力不足：债务人与债权人的利益衡量

根据《企业破产法》的规定，我国破产程序的启动采用当事人申请主义，没有当事人的申请，法院不得自行启动破产程序，[①] 故执转破程序的启动自然也须遵循这一立法规定。《破产审查指导意见》第二条第二款规定对此也给予了肯定。但在当事人申请主义模式下，破产申请对债务人或债权人等利害关系人而言仅是一种权利而非义务，实践中，上述当事人往往基于自身的利益衡量而不愿申请破产，导致诸多企业虽深陷经营僵局、资不抵债但仍无法不退出市场。[②]

一方面，债务人申请执转破的动力普遍匮乏。执转破程序的启动意味着债务人将要面临对全部债权人进行清偿的局面，这显然进一步加剧了债务人的偿债压力。同时，在破产程序中，企业未届履行期的认缴出

① 参见范健、王建文：《破产法》，法律出版社2009年版，第8页。

② 参见孙静波：《执行与破产程序相衔接立案实务研究》，载《人民司法》2013年第7期。

资和其他未到期的债权债务均会提前到期，这亦是部分债务人排斥执转破的重要制度诱因。而对于那些存在经营问题的债务人而言，破产管理人对企业的接管与调查，极有可能导致债务人此前存在的侵占资产、挪用资金、经营失范、违规担保等行为被发现，并被股东直索责任制度所追究，此类债务人显然更为排斥执转破的启动。此外，诸多债务人“谈破色变”，简单地将破产视为清算，认为执转破程序的启动就代表着企业经营的失败，而忽视了重整与和解亦是破产制度的重要组成部分，更不懂得通过多角度发挥破产制度的作用来化解企业债务危机，这是阻滞执转破顺利启动的重要思想根源。

另一方面，债权人也会出于维护私利的考量而缺乏申请执转破的动力。譬如，对于保全到财产的债权人而言，其在先起诉、积极查询债务人的财产线索并申请保全，目的就是通过执行程序优先受偿。而一旦进入破产程序，则其将与其他债权人共享被执行企业的有限财产，受偿比例必然降低，[①] 因此其当然希望法院对债务人采取执行措施。此外，债权人在执行程序中可能也会对债务人抱有经济状况逐渐好转的期待或侥幸心理，从而不愿主动申请执转破程序。[②]

2. 内部动力缺失：部门利益的维护与衔接机制不畅

执行部门不愿转、破产部门不愿接，一直是执转破推行过程中的重大内部阻碍，这与执行部门与破产部门的本位利益衡量有着莫大关联。一方面，执行部门与破产部门的工作流程并不相同，执行程序原本并不需要兜底调查债务人资产，但根据《破产审查指导意见》的规定，在破产程序启动前，执行程序必须对债务人的破产原因作出细致调查，然而，执行程序并未配置管理人的接管调查以及债权人向管理人进行债权申报等制度，故对债务人开展破产原因调查将显著加重执行部门的负担，执行部门主动开展执转破有关事宜的告知和征询工作的动力不足。另外，

① 参见李洁、闻远杰：《执转破实施困境怎么解》，载《人民法院报》2018 年 6 月 3 日第 7 版。

② 参见李建波、王长河：《执转破工作中的问题及对策》，载《人民法院报》2020 年 10 月 21 日第 7 版。

诸多执转破案件皆存在财务账册管理混乱、凭证缺失、应收账款追索困难等问题，甚至部分案件还牵涉群体性事件等维稳问题，由此导致破产案件审理周期长、难度大且专业性极高，这也导致破产部门通常不愿意接收执转破案件。

另一方面，由于执行部门与破产部门存在分工壁垒，导致两类程序缺乏顺畅有效的衔接机制，以至于执行部门与破产部门间信息沟通不充分，移转程序不规范，最终影响了执转破的效果，甚至还激化了执行部门与破产部门的矛盾。首先，信息共享不充分。实践中，执行查控平台仅限执行案件使用，并未对破产案件开放权限，也未建立专门的执破信息共享平台。破产审判法官难以直接获取执行法院的相关执行信息，被执行人处于破产审查阶段的信息也很难被执行法官掌握，只能被动等待管理人发函申请中止执行，还可能出现重复移送审查等情况。[①] 其次，执行部门与破产部门之间没有实现财产交接的无缝衔接，很多情况下执行部门没有积极配合被执行人财产移交工作，导致财产被解除保全措施后没有被及时移送破产部门，被执行人在财产脱保期间可能转移财产。

（二）执转破程序启动晚

企业破产法的立法目的是公平清理债权债务，即在法院的主持下对具有破产原因的债务人的财产进行清理分配，或者对其进行重整，或者由债务人与债权人就债务清偿达成和解，使全体债权人获得公平受偿的机会，合理地协调众多债权人之间就债务人的有限财产如何受偿的利益冲突。公平是破产应当实现的最为重要的目标，也是破产程序贯穿始终的基本原则。而当前，以江苏省徐州市法院为例，2020 年，全市法院执转破案件占新收破产案件比例为 80.73%，2021 年则为 83%。由此可见，大量的破产案件来源于执转破案件，经过调查分析可知，这些案件中绝大多数又来自执行终本案件，而终本案件中 30%的案件涉及企业法人。

---

① 参见陈琳：《完善执行转破产程序衔接中的信息双向沟通机制》，载《人民司法》2020 年第 28 期。

此时，债务人企业优势资产、核心资产已通过个案执行分配给个别或少数债权人，不可能实现全体债权人公平清偿，且丧失了破产重整的价值，不能挽救市场主体，违背企业破产法立法目的和基本原则。若任由执行程序将企业优势资产、核心资产处置分配完毕，那么企业破产的价值将不复存在，且破产程序只能沦为替企业开“死亡证明”的简单走过场，而无法成为“生病企业”的救治医院。

（三）执行与破产事实处于分离状态

实践中，目前的执转破大多是为了促进执行与破产程序有效衔接，但本质上仍是将执行与破产作为两个程序、两个领域、两个职能来看待。分而治之，必然带有各自的处理思路、效果驱动和利益考量，难以从根本上解决破产程序“入口”问题。其后果是：一方面，破产功能不彰，执行不能尾大不掉，企业僵而不死；另一方面，占据大量的市场资源、行政资源和司法资源，给源头治理等带来巨大挑战。以江苏省徐州市法院为例，2019 年，执转破案件受理率为 61. 2%，2020 年则为 69. 6%，执与破的分离状态导致执转破案件受理率偏低。

（四）高度同质化工作的重复浪费司法资源

执行程序基本要经过财产查控、评估变价、财产处置、案款分配发放等环节，破产程序则包括归集财产、债权申报、评估变价、财产分配等环节，破产与执行具有高度同质化的特征。在两个高度同质化的工作由两个部门承担的情况下，执转破案件要在不同程序阶段做两遍类似的工作，不仅导致重复劳动、浪费司法资源，还会出现衡量标准不一等问题。另外，执行与破产事实上的分离，会导致执行工作廉政风险不减，尤其是将优势资产处置给个别债权人，更会加剧廉政风险。

三、执破一体改革的实践与探索

在针对上述问题进行深入调研分析的基础上，2022 年起，江苏省徐州市中级人民法院结合实际，探索建立了执破一体改革机制，制定出台《徐州市中级人民法院关于深化“执破一体”改革 规范执破案件办理的工作指引》，为全市法院执破一体工作提供工作指南和操作手册。执破一体的核心要义就是坚持全局观念、系统思维，将执行程序的债权个别实现功能与破产程序的债权概括清偿功能一体融合，打通执行程序与破产程序衔接堵点，努力推动条块分离工作模式向一体互动工作模式转变。强化立案、保全、审判程序与破产程序紧密衔接，推进破产原因识别关口、重整和解启动关口尽量前移，确保债务人企业资产不因司法程序产生损耗，确保最大限度增加企业救治机会，通过打造企业债务清理工作新格局，实现涉企债务集中清理、公平受偿、有效救治，涉企矛盾纠纷终局性解决、源头性治理。

（一）执破一体改革的法理基础

1. 从制度属性上看，执行与破产程序具有共通性

执行与破产程序均具有非诉属性。破产程序中的诉讼程序主要体现为由破产程序衍生的需要法院对相关权利义务展开实体判断的纠纷，如债权确认之诉、取回权诉讼等。而与此同时，破产程序亦包含了大量与实体权利义务判断无关、不需要通过诉讼程序处理的事务，如债权人会议的成立、破产管理人的选定、重整方案的拟定和批准、破产财产经营管理方案的决定、达成破产和解后的事务性问题的处理等，这些事项显然无须采用民事诉讼的对抗式诉讼构造来进行，属于非讼程序。执行程序亦具有非诉属性，如执行过程中的财产调查、财产处置、案款分配等事项。非讼程序法理为执破一体改革提供了坚实的理论基础。执破一体模式恰好顺应了非讼程序规则的建构需求，有效区分了破产程序中的诉讼与非讼程序，并将其中的非讼程序即概括执行程序与一般的执行程序合并，形成处理涉企债务清理的“大执行”格局，而破产中的实体诉讼则交由各审判业务部门负责。

2. 从制度目的上看，执行与破产程序具有共通性

执行与破产的制度目的均是实现债务清理，只不过，因价值取向与

功能定位的差异，执行程序强调个别债权人的足额受偿，而破产程序则追求全体债权人的公平受偿。但从本质上看，全体债权人的公平受偿实际上就是一种概括执行。因之，执行与破产可谓模式相异但初衷相似，这种本源上的共性为执破一体的施行提供了理论证明和制度支撑。

3. 从制度内容上看，执行与破产程序具有共通性

执行与破产均涉及债务人的财产调查等工作内容，都属于强制债务人清偿其债务的法律程序，执行程序中的财产查控、评估变价、财产处置、案款分配等环节，与破产程序的归集财产、债权申报、评估变价、财产分配等环节内容高度一致，内含高度同质性。

总之，执行程序与破产程序内在逻辑一致，具有高度同质化特征，内含协同并进的切实可能，这决定了执破一体将打破执行程序个别清偿、破产程序概括清偿的程序壁垒或制度割裂，实现两种功能的有效统筹。

（二）执破一体改革的实践路径

执破一体模式的运转包括以破促执和以执助破两个层面。在执行程序中，承办人员将积极能动地运用破产的概括执行思维，主动对企业被执行人展开甄别，及时将符合破产条件的企业移送审查引入破产程序，尤其是准确识别出具备破产重整价值的企业并对之展开优先挽救，通过破产程序实现执行债权（也促使部分债务人积极主动履行义务），实现以破促执。在破产程序中，承办人员将得以直接运用其在执行阶段取得的成果，并利用查人找物、财产查控、控章控账、变价处置等执行措施优势，降低破产成本，提升破产效益，实现以执助破。推进执破一体改革，需要完备如下配套保障机制，进而实现破产案件与执行案件两翼一体。

1. 实现机构职能一体

机构整合是执破一体改革的前提。传统上，企业破产案件来源渠道多元、所涉部门众多，基于各自立场的效果考量造成处理思路冲突，导致破产程序启动难、运行难，破产制度作用不彰。为消解和平衡破产案件多种来源、多头办理的矛盾，解决尺度不统一、衔接成本过高以及处

理决策冲突等问题，应当从源头上打破这种隔阂和壁垒。江苏省徐州市两级法院统一将破产职能、机构、人员全部并入执行局，审判部门不再办理各类破产案件，设立与执行指挥中心所属的执行服务中心、执行事务中心、执行监管中心并列的执破一体办案中心，全面负责涉及企业债务人的执行案件和破产案件办理，简化衔接环节，提高决策效力，降低运行阻力，破解因条块隔阂导致的破产程序启动难、运行难问题，着力打造企业债务统一清理、公平清偿工作格局。截至目前，全市法院共有31名法官和法官助理被调整到执破一体办案中心工作，两级法院执破一体办案中心现有人员63名，已建立执破一体办案团队18个。

2. 实现办案力量一体

破产与执行具有高度同质化的特征，实现人员一体是深化执破一体改革的基础。在执破一体办案中心下设若干执破一体办案团队，专门负责涉企案件办理，同一企业的执行案件和破产案件由同一合议庭办理，执破一体办案团队内部人员不再分为执行法官与破产法官，同一人员既要办理执行案件也要处理破产案件，倒逼办案人员兼备执行思维与破产思维，从而助益其更加准确地研判破产程序的转换时机。具体而言，办理执行案件的法官发现债务人企业符合破产条件，案件进入破产程序后，原则上仍由办理执行案件的法官继续办理，如存在实质合并破产重整等复杂情形的，可移交给专业性更强的合议庭其他成员办理。

3. 实现优势功能一体

坚持以破促执，在执行程序中积极运用破产思维，及时识别破产原因，对有多个债权人的执行案件及时启动执转破程序，对具有救治价值的困境企业优先考虑重整挽救，实现主动服务、能动执行，聚力破解执行程序救治功能不足难题。具体而言，立案阶段做实“三个必须”，即必须进行关联案件查询、必须进行充分释明、必须进行全面核查。必须进行关联案件查询指的是立案审查时，应当及时进行关联案件查询，明确涉案企业作为被执行人（含被告）案件数量，初步判断被执行人企业资产及负债情况。必须进行充分释明指的是立案前初次与申请人谈话时，向申请执行人充分释明包括破产程序功能价值，进入破产程序以及不进入破产程序的受偿规则，并明确若符合条件是否同意转破产等（本次谈话作为执行转破产的条件，执行中不再征求意见）。必须进行全面核查指的是决定立案的同时，全面调查被执行人企业基本信息、资产情况、股东情况、职工情况等，进一步判断执行案件程序走向。

坚持以执促破，在破产程序中，共享执行程序既有成果，充分利用执行手段查人找物、控章控账、财产查控、变价处置等优势，降低执行成本，提升执行效益。具体而言，用好“五个联动”，即财产交接联动、财产调查联动、财产处置联动、信息共享联动、打击逃废债联动。财产交接联动指的是指定管理人后，执行人员应当及时将已扣划到账的银行存款、实际扣押的动产、有价证券、尚未分配给债权人的拍卖款等被执行人的财产移交管理人接管。财产调查联动指的是探索利用执行工作“总对总”“点对点”网络执行查控系统等对债务人财产进行查控，对于新发现的财产，根据管理人申请或者依职权采取查控措施。财产处置联动指的是执行程序中作出的评估、鉴定和审计报告，在破产案件受理后仍未超出有效期的，可以将其效力延续至破产程序中，实现共享既有成果。信息共享联动指的是建立执行程序与破产程序信息共享机制，借助信息化手段实现债务人财产状况、破产案件审理状况等信息的实时互通。打击逃废债联动指的是依法合理利用训诫、罚款、拘传、拘留、强制交付等强制措施，打击逃废债行为。

4. 实现程序衔接一体

执破一体改革并非强调集中权能，而是强化分工协作之下的程序一体。一方面，强化破产程序推进和实体判断的分工制约。破产程序本质上是非讼程序，重在程序推进、协商谈判，由执破一体办案中心负责；破产衍生诉讼本质上是讼争程序，重在实体权利判断，由各审判业务部门负责，如此，不仅能够大大降低破产案件办理难度，还可以实现权力制约，确保破产制度更好落实。另一方面，强化立案、保全、审判、执行、破产各程序的分工制约。对于一些债权债务关系清晰、债务人企业明显资不抵债的案件，在立案、保全、诉讼环节即进行关联案件查询，向当事人和利害关系人充分征询释明，将案件尽早导入破产程序，通过一个破产案件解决多个诉讼、执行案件，从根本上推动源头治理、执源治理、访源治理。

5. 实现组织保障一体

从法院内部来看，坚持把深化执破一体改革作为全局性、系统性工作抓紧抓实，强化责任落实，狠抓组织推动和督促检查。建立由院长为召集人的执破一体跨部门法官会议机制，负责协调破产程序衔接适用，指导破产案件程序推进，统筹破产衍生诉讼办理，确保同一法院不同部门之间及不同法院之间程序转换无缝衔接、流转顺畅。从外部联动来看，执破一体改革推动联动工作从形式转向实质、从分散转向整合，实现了有机统一。例如，在破产案件办理中，依托府院联动机制，充分发挥政府相关部门在破产企业职工安置、招引投资、破产财产处置等方面的优势，积极推动破产案件办理。

（三）执破一体改革的理念支撑

理念是行动的先导和前提，深入推进执破一体改革，最关键的是要更新工作理念，准确把握改革关键环节。

1. 强化能动司法理念

破产审判肩负着促进企业优胜劣汰、推动资源优化配置、防范化解重大风险、推进社会综合治理等职能作用，是展现司法对党委工作大局和经济社会发展贡献度的重要载体。新时代司法拓宽了人民法院服务大局、服务法治化营商环境、服务基层社会治理的空间。执行不能案件久积不决，企业僵而不死，占据了大量的市场资源、行政资源和司法资源，关键问题就在于没有及时启动破产程序，进行债务清理或企业救治。坚持以强化破产保护，充分发挥破产制度早期防护作用，发挥破产制度保全债务人财产和营业完整性、抑制债务膨胀的功能，引导陷入困境的市场主体尽早运用破产妥善化解债务危机，“要救早救”①。

2. 强化市场化、法治化理念

企业破产是市场经济优胜劣汰的必然产物，是资源优化再配置的必然要求，企业破产法不仅具有保障债务公平清偿、保护债权人债务人合法权益的功能追求，而且还具有保障市场经济优胜劣汰规则充分发挥效用的功能面向。要着力引导当事人接受和认可破产制度，跳出个案执行的局限，做实意见征询工作，充分向申请执行人、被执行企业以及权利顺位在后或者权利待决的权利人释明法律后果，引导被执行企业善于运用破产制度工具渡过难关，从而切实将具备破产原因的企业引导到依法破产的法治轨道上来。

3. 强化公正与效率理念

公正与效率是人民司法的本质要求和核心价值追求，是人民法院的永恒主题。要牢牢把握公正这个根本要求，注重各方主体利益平衡。一方面，要注重贯彻企业破产法上的程序保障原则，确保破产程序的严密性、合法性、正当性，并赋予各方当事人在权益受损时的救济途径。另一方面，要更准确理解和适用企业破产法上的实体规则，确保所有当事人合法权益得到依法妥善保护和公平对待，使破产案件处理结果符合人民群众对公平正义的期待。依法推进破产程序高效运行，坚持繁简分流工作思路，切实防止程序空转而忽视解决实际问题，人民法院要依法履职，加强对管理人履职的监督和指导。

4. 强化救治为主的保护理念

破产制度本质上是一个保护性质的法律制度，其不仅保护债权人债权平等受偿，也保护善良守法的债务人接受社会救治的权利。人民法院应当是“生病企业”或者“生病市场主体”的医院，破产拯救功能则表现为对“生病企业”或者“生病市场主体”进行救治，通过救治让这些企业重新获得新生，成为能够创造经济价值的市场主体。重整、和解制

① 参见最高人民法院审判委员会副部级专职委员刘贵祥在第十四届中国破产法论坛的主旨发言。

度是现代破产法保护功能的集中体现，应破除破产就是倒闭的定式思维，积极运用预重整、重整、和解等制度对具有挽救价值的企业精准识别，做到“早识别、早移送、早重生”。

四、执破一体改革的功能成效

2022年以来，江苏省徐州市两级法院积极探索推进执破一体改革，相关工作取得了初步成效，经验做法获最高人民法院领导、江苏省高级人民法院主要领导批示肯定，多篇案例获评典型案例。

（一）诉讼案件数量压降

在执破一体模式下，对于债权债务关系清晰、债务人企业明显资不抵债的案件，通过在立案、保全、审理等环节做实关联案件查询工作，加大对当事人和利害关系人的征询释明力度，将案件尽早导入破产程序，通过破产债权申报程序，对所有无争议的债权进行集中确认，可以有效减少进入诉讼案件数量。例如，江苏省邳州市人民法院在受理江苏某水业有限公司偿还安装费的供水合同纠纷时，通过立案环节转破产，成功避免1000余件纠纷进入诉讼程序，有效达到诉讼源头治理效果。2022年以来，通过纵深推进执破一体，江苏省徐州市法院成功避免10700余件纠纷进入诉讼程序。

（二）执行案件数量减少

执破一体改革强调执行程序与破产程序一体推进，通过机构、人员、程序、功能等一体整合，推动破产程序识别关口前移，利用破产程序的终局性特点一次性对企业法人债务进行集中、批量处理，避免已经生效的裁判文书进入执行程序，从而减少执行案件数量。例如，江苏省邳州市人民法院在办理江苏某食品公司案件中，因江苏某食品公司融资不畅致停产，100余名债权人起诉，其中一件案件进入执行程序，执行法院及时将破产原因识别关口前移，在其他案件进入执行程序前，决定进入破产审查，最终，不仅江苏某食品公司顺利重整，而且成功避免 100 余件诉讼案件进入执行程序。2024 年 1 月至 8 月，江苏省徐州市法院新收首执案件同比下降 8.9%。

（三）促进执行积案出清

在法院案多人少的矛盾下，数量庞大的终本案件不仅挤占了有限的执行资源，而且还会影响首执案件的办理质量。在执破一体模式下，执行程序与破产程序实现无缝衔接，通过破产程序实现大量终本案件有效出清的渠道更为顺畅，不仅能够有效减少终本案件数量，减轻终本库管理压力，而且还能集中更多执行资源用于首执案件的办理，实现降低终本率以及提升首执案件质量的效果。如江苏省徐州市中级人民法院在办理徐州某建设有限公司执转破案件中，通过引入破产程序，实现全国法院 1771 件执行终本案件有效出清，取得了“一案解千结”的良好效果。2022 年以来，通过纵深推进执破一体，江苏省徐州市法院共有 12816 件执行终本案件得以清理，占全部出清案件的 25.44%。

（四）优化法治化营商环境

经济社会的发展，离不开优良的营商环境，需要发挥法治固根本、稳预期、利长远的保障作用。破产质效作为营商环境考核的重要指标，其中，破产案件受理数量及破产重整成功数量是重中之重。执破一体机制，不仅可以畅通破产案件受理通道，而且可以最大限度确保债务人企业资产不因司法程序产生损耗、增加企业救治机会，破产程序中管理人还可以通过无效诉讼、撤销权、取回权、股东出资加速到期诉讼等方式最大化增加债务人财产，也有助于招募破产重整投资人，从根本上解决优化营商环境需求的破产和重整数量问题。例如，江苏省徐州经济技术开发区人民法院在办理某机械工业发展有限公司案件中，通过采用“共益债+兜底投资人”重整模式，不仅将债权本金清偿率从不足 50%提升至 65%，而且帮助企业实现涅槃重生。2022 年以来，江苏省徐州市法院新收破产案件1612件，审结1418件，有效化解不良债权1365亿元，盘活土地房产261万平方米，安置职工5366人，1140家僵尸企业有序出清，76家企业经和解、重整重获新生。

（五）防范执行廉政风险

在执行和破产相分离的情况下，存在机制上的廉洁风险。在执破一体的情况下，同一企业的执行案件和破产案件由同一合议庭甚至同一法官承办，从制度上根除了这类“巧合”发生的条件。2022年以来，江苏省徐州市法院新发的重点信访投诉和违法违纪情形同比明显下降。

（六）实质化解矛盾纠纷

实质化解纠纷是新时期对执行工作的要求，核心要义在于尽可能在一个民事程序中彻底解决纠纷，而破产这个非诉民事程序天然具有一案终局的程序优势。个案执行追求效率至上、清偿为要，而破产程序旨在实现债务人财产的公平分配，对清偿顺位在后的债权人来说，执转破程序有助于其获得公平受偿机会。破产程序中管理人可追索债务人财产，还可通过无效诉讼、撤销权、取回权、股东出资加速到期诉讼等方式最大化债务人财产，使债权人获得最大限度受偿，各类矛盾纠纷得到终局性解决。

五、执破一体改革的未来展望

《中共中央关于进一步全面深化改革、推进中国式现代化的决定》提出，“健全企业破产机制”。执破一体改革具有重要的功能价值和制度潜力，是推动破产与执行工作高质量发展的重要动力，也是实现“切实解决执行难”目标的重要保障。

从法院内部完善来看，一是树牢执破一体工作理念。当前形势下，做好法院执行工作，应当打破传统思维，秉持兼顾党委部署要求与法律法规规定、兼顾申请人诉请与被执行人利益、兼顾法院自我评价与社会对司法认知“三个兼顾”的价值取向，并以此为基础，牢牢把握筑牢党的执政根基、依法兑现胜诉权益、实质化解矛盾纠纷、监督评价执行依据、帮扶救助弱势群体、优化法治化营商环境六大功能定位。理念是行动的先导和前提，推进执破一体既是强化市场化、法治化、公正与效率理念、救治为主的保护理念，也是贯彻上述职能定位与价值取向的重要体现。

二是拓宽执破一体案件类型适用范围。探索将执破一体机制适用案件类型由普通民商事案件扩展到刑事案件。目前，江苏省徐州市两级法院已开展此项工作，即将财产刑执行纳入执破一体改革范围，针对涉众型犯罪资产处置难题创新刑破并行处置模式，并取得了初步成效。

三是完善执破一体相关工作机制。畅通破产与执行的信息交互机制，打通执行系统与破产办案系统的信息互动平台，实现案件信息及时共享、无缝衔接。畅通财产移交协调机制，建立全国性线上协调机制，解决债务人破产受理后执行查控财产的移交问题。

从外部作用彰显来看，一是压降诉讼和执行案件数量的重要路径。在执破一体模式下，强化立案、保全、审理、执行各阶段与破产程序衔接，实现破产识别关口尽量前移，尽早推动案件转入破产程序，通过破产程序化解矛盾纠纷，减少进入诉讼、执行案件数量，这与源头治理内在制度要求高度契合，是推动源头治理的重要路径。

二是深化执行体制改革的重要参考因素。党的二十届三中全会审议通过了《中共中央关于进一步全面深化改革、推进中国式现代化的决定》，提出“深化审判权和执行权分离改革，健全国家执行体制”。这为全面深化执行体制改革提供了行动指南。如何深化执行体制改革，需要考量的因素众多，而执破一体改革展现出来的强大功能价值和制度潜力必将成为推进深化审执分离改革的重要衡量因素。

三是优化法治化营商环境的重要制度支撑。“做实为大局服务、为人民司法”是新时代中国司法的重要职能。执破一体改革紧紧围绕服务党和国家发展大局履职尽责，通过助推破产制度的强力落实，实现市场资源的优化配置，进而为经济高质量发展提供公开、透明、可预期的司法环境。因此，执破一体改革是优化法治化营商环境的重要制度依托。

六、结语

破产制度潜能巨大，执破一体以高效且公平的概括清偿为目的，实现了挽救个体利益与维系社会秩序的双赢，是未来司法实践中解决企业债务清理工作值得运用的创新制度。但同时，执破一体作为新生事物，思想认识需要进一步统一，理论研究需要进一步深化，工作机制需要进一步完善，统筹协作需要进一步加强。执破一体改革任重道远，需持续发力、久久为功。

司法探索：个人债务清理机制的困境与突围

——以金融领域个人债务清理为视角

陈立峰*

内容摘要：受宏观经济放缓等各种因素的冲击，进入执行程序的金融案件数量呈现逐年上升现象，金融执行案件的实施困难成为金融领域的司法难题。在此背景下，为推动金融执行积案去库存的司法目的，在金融执行案件领域率先推行个人债务清理机制，是在当前《企业破产法》对个人破产规定不足的前提下，探索的金融领域个人债务清理新途径。司法实践中个人债务清理机制通常是在执行过程中，将执行程序直接转入个人破产程序，或经执前审查后直接进入个人破产程序的机制，有利于快速化解执行积案。因此，在金融领域探索个人债务清理机制，是推进完善涉金融领域执破融合工作的关键一步，真正在执破融合化解执行积案工作中开辟出一条新赛道。

近年来，随着经济增速下降对金融机构坏账产生的影响不断升级，因市场经济问题导致金融机构债权难以实现的现象频发，进而演变成执行案件。金融执行案件由于本身标的额大、执行种类多，给法院执行工作带来了很大的挑战。根据 2023 年《最高人民法院公报》发布的数据，

* 福建省宁德市蕉城区人民法院院长。

2023年全国法院系统累计受理金融民商事案件1037.7万件，此类案件已逐步流向执行领域。为了更好从源头上减少涉金融机构执行案件，促成金融领域债权债务双方和解，提高金融债权兑现率，有必要在涉金融执行工作开展过程中，研究分析个人债务清理机制在金融领域的可行性。

一、金融执行积案——个人债务清理机制的研究背景

随着我国《企业破产法》的实施，部分金融领域涉及企业的执行案件在司法实践中，已逐步从执行程序引流至破产程序，有效地化解了大面积不良企业的债务核销问题。随着企业破产法的逐步成熟，且在化债成效凸显的背景下，个人破产制度的探索研究应运而生。

目前，江苏省吴江市、睢宁县、浙江省台州市、丽水市、温州市及深圳市等地区作为全国试点城市，率先开展个人债务清理机制试点工作（见表1）。从江浙等地实行的个人债务清理试点来看，现有制度主要有以下特点：一是现有个人债务清理机制依附于强制执行程序的法律依据和执行模式；二是个人债务清理中的自由财产、失权和复权内容吸纳了破产制度的部分核心要素；三是个人债务清理吸收了执行和解的程序特点，在债务清理过程中债权人的同意具有决定地位。①

表1　江苏省、浙江省、深圳市个人债务清理机制试行工作

级别	名称
地方性法规	《深圳经济特区个人破产条例》
省高级人民法院	《浙江法院个人债务集中清理（类个人破产）工作指引（试行）》 《江苏省高级人民法院关于开展“与个人破产制度功能相当试点”工作中若干问题解答》
市中级人民法院	《台州市中级人民法院执行程序转个人债务清理程序审理规程（试行）》 《温州市中级人民法院关于个人债务集中清理的实施意见（试行）》 《丽水市中级人民法院关于个人债务重整程序的实施意见（试行）》

① 参见周璇：《我国个人破产制度研究》，江西财经大学2023年硕士学位论文。

在金融执行案件中率先推行个人债务清理机制的案件，可以大致分为以下两类：一是满足个人债务清理机制条件，进入个人债务清理程序的执行案件。该类案件顺利完成清理程序后，经双方确认原债权债务关系灭失。[①] 二是无法满足个人债务清理机制条件或满足条件后进入个人债务清理程序但无法按要求完成清理程序的案件。该类案件由任一债权人重新申请恢复执行。

在金融执行积案化解工作中研究个人债务清理制度主要有如下意义：第一，在个人破产制度尚未正式出台前，在现行的法律规则下，探索开展个人债务清理可以为我国推动建立个人破产制度提供有益的实践总结。第二，探索个人债务清理程序，以及完善执行不能案件有效退出机制，可以给予那些并非恶意拒不执行、想清偿债务却又实属无能为力的债务人获得新生的机会。[②] 第三，个人债务清理程序可以通过实际鲜活的司法案例，一方面“以案释法”教育引导普罗大众正视个人破产，一方面也有利于普通民众养成诚信意识，规避经济风险。

综上所述，个人债务清理机制的探索适用有利于推动“诚实而不幸”的债务人获得全新开始，从均衡原则和成本收益分析的角度来看，能够使得社会效用最大化而成本最小化。同时，也体现了对债务人的人文主义关怀，有利于增进社会整体福祉。将个人债务清理程序转变为法律概念还有利于在市场经济下培养个人的经济意识和法律意识，从而为预防破产提供一种积极的正向措施。

二、困局所在——金融执行积案化解瓶颈

虽然当前执行源头治理工作已取得初步成效，民商事诉讼案件收案数逐年下降，但诉前调解类金融案件呈现出逐年上升的趋势。综合来看，执行前端的案件数量仍呈现出只增不减的现象。尽管近年来我国生效裁判文书的自动履行率在逐渐上升，但未自动履行而进入执行程序的案件

① 参见山东省高级人民法院发布的 2021 年破产审判 10 大典型案例。

② 参见王亚：《我国个人债务清理制度研究》，重庆大学 2021 年硕士学位论文。

率仍超过40%，这些案件最后仍然需要执行部门“兜底”。随着经济的发展和消费观念的转变，我国金融领域负债人数和负债金额不断上升，2015年我国信用卡逾期半年未偿信贷总额为380.27亿元，2019年总额为742.66亿元，2022年总额为865.80亿元，增长十分迅速①（见图1）。鉴于当前社会经济形势，金融执行案件仍然在执行领域占据大半江山，其中普惠金融和信用贷款成了造成金融案件突增的领头羊，而此类案件往往涉及多位自然人债务人。如何快速地化解金融执行积案成为近年来金融机构和执行部门面临的主要难题。现笔者从以下三个方面分析金融执行积案化解存在的问题。

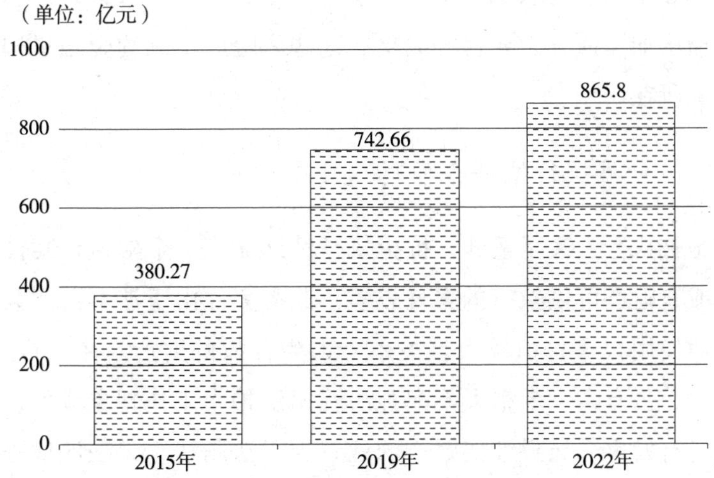

图1　信用卡逾期半年未偿还信贷总额

（一）金融执行案件执前调解程序缺失

一是金融机构代理人执前调解的主观意愿不强。基于金融执行案件主体的特殊性，其案件均需委托代理人（多为金融机构员工）办理，由于受到执前调解可能耗时长而无实际进展、金融案件调解率非金融机构

① 参见2023年3月28日发布的《中国人民银行支付体系运行总体情况》。

工作考核内容等因素影响，金融机构员工在代理金融案件时主观上更愿意直接申请执行。二是金融机构对执前调解认识不足，导致执前调解程序缺失。由于金融案件进入执行前基本已经过诉前调解、诉讼调解等多道调解程序，金融机构认为已不存在调解成功的可能性，为尽快完成应收账款的核销，其选择不再进行执前调解而申请执行。这种情况的发生原因更多是金融机构忽视了生效判决对债务人的威慑力。实际上，执前调解是基于法院生效判决开展的新一轮调解，债务人更多会忌惮生效判决的威慑力，积极促成调解。三是执前调解存在风险性，导致金融机构不敢调解。多数金融案件由于未进行诉讼保全，在进入执行程序前，债务人财产处于不可控状态，执前调解过程中，存在债务人财产转移、债务人新债增加、债务人死亡等风险。这些风险成了制约金融机构不敢调解的关键所在。

（二）金融执行案件案涉财产处置困难

一是被执行人甚至案外人抗拒执行情绪激烈。金融执行案件中涉及抵押物或有财产可供执行的案件较多，此类案件由于涉案财产大多为房产、土地使用权等价值较大且关系个人生存权的财产。在执行过程中，被执行人、占有人、承租人不配合法院司法拍卖工作现象频发，矛盾激化情况时有发生，导致涉案财产的处置因无法腾房、无法评估等原因难以继续推动司法拍卖，财产处置周期无限期延长问题难以解决。因此，为降低被执行人及案外人的抵触情绪，亟须探索债务人自行介入拍卖程序的处置方式。二是网络司法拍卖专业化程度不高。随着社会经济不断发展，金融工作模式不断演进，金融产品层出不穷，进入执行程序后，需要处置的财产类型已从原有单一的房产转变为涉及公司股权、债券、期货、股票、信托受益权等金融衍生品，此类财产价值高、处置难度大，对后续财产处置的专业化程度要求高，需要根据各财产的特性在其财产领域进行专业化处置，而网络司法拍卖受限于执行规范，其处置方式的单一性无法适应当前多变的财产处置需求，导致财产难以处置。因此，为提高财产处置的专业化程度，亟须探索在财产处置程序中引入专业化机构，合理利用外部力量提高财产处置效率。三是司法拍卖难以实现财产价值最大化。在司法实践中，司法拍卖工作虽已推行多年，但公众接受度仍不足，社会大众由于不完全了解司法拍卖规则且缺乏详尽的操作指引，难以适应线上的财产交易模式，加之司法拍卖的财产信息获取有限，导致参与竞买的人数较少，财产最后成交价往往低于市场价值，难以达到财产处置预期，因此，探索新型财产处置手段是当前财产处置价值最大化的现实需求。

（三）金融执行案件余债免责机制缺失

执行程序中无财产可供执行的执行不能案件仍占据多数，其中，大部分金融执行案件系债务人财产全部处置后剩余部分债务无法偿还导致的执行积案，此类案件根据《金融企业呆账核销管理办法（2017年版）》中金融企业核销呆账应当遵循“符合认定条件、提供有效证据、账销案存、权在力催”的基本原则。对于核销后的呆账，金融企业要继续尽职追偿，尽可能实现回收价值最大化，要反复通过申请恢复执行以实现催收目的，但这类金融执行积案的恢复执行，一方面，执行效果不明显，当债务人已穷尽全部财产后仍无法清偿全部债务时，往往会失去全部清偿希望，对待债务的态度是听之任之，消极对待执行工作，导致执行程序推进缓慢甚至无法执行，大量的金融余债滞留在执行程序；另一方面，社会影响较大，不断地恢复执行程序将严重阻碍债务人重新发展之路，使其丧失再次创业的信心，这部分人的社会劳动力得不到释放，势必不利于社会经济的良性发展。因此，探索金融执行案件余债免责机制的适用，不仅能提高个人债务人寻求破产的积极性，实现金融执行积案清理的效率，更对我国经济发展具有重要意义。

三、积案破局——适用个人债务清理机制化解金融执行积案

相较传统民商事案件，金融案件的审判执行存在特殊性。[①] 结合金融执行案件的特性，金融执行积案现有的化解方式主要有以下两种：一是物的处理，即多数金融案件进入强制执行阶段主要的出发点是为了解决抵押担保物的拍卖处置问题，以实现不良债权的资金回笼；二是债的消灭，即金融机构进行不良贷款核销。鉴于两种方式在化解金融执行积案方面均呈现出效率不高的特性，因此，探索适用个人债务清理机制化解金融执行积案具有现实意义，故笔者就适用个人债务清理机制化解金融执行积案提出以下三个建议。

（一）增设执前个人债务清理

长期以来，个人住房贷款是银行最优质的资产，但近年来个人住房贷款不良率也大幅上升。数据显示，截至 2022 年年末，六大国有商业银行个人住房不良贷款余额共计 1165 亿元，同比增长 59%。其中，工商银行、建设银行、中国银行个人住房不良贷款同比增幅超过 60%。[②] 金融机构大量的抵押物不仅不再是硬通货，甚至部分成了“烫手山芋”，金融机构一方面急于资产变现，一方面游走于漫长的执行程序。若能在执行程序前实现不良贷款的清收，可极大提高银行资金回笼效率，降低执行案件沉积风险。因此，如何引入执前个人债务清理便成为当务之急。

执前个人债务清理更多是引导当事人双方通过自行和解的方式，在无须司法执行力量介入的情况下，双方以各种和解措施达成意思表示的共识。在我国台湾地区，金融机构案件进入诉讼执行程序前，债权人、债务人必须通过债务协商程序，而前置的协商程序不同于进入执行后引入的个人债务清理程序，当事人双方可以根据案件的实际情况，选择最

---

① 参见沈伟：《法与金融理论视阈下的上海金融法院：逻辑起点和创新难点》，载《东方法学》2018 年第 5 期。

② 参见付英俊：《房企债务违约与银行相关风险观察》，载《中国银行业》2024 年第 1 期。

佳的还款方案，进一步提高金融债权的清偿率。这种广义上的执前个人债务清理有以下优势：首先，当事人双方可以根据个案的特殊性，从债务本息、还款期限、处置财产方式、提供担保等方面进行磋商，达成协商结果的共识。执前个人债务清理有利于在充分保障债权人、债务人双方权益的情况下，以最有利于解决双方矛盾的方案，实际解决债务问题。其次，不同于个人破产程序，债务人通过执前协商程序，其不仅可将自身财产和他人财产都纳入协商范围，甚至可以将预期收益纳入还款计划以此来延长自身偿还债务期限，真正实现双赢结果。我国香港特别行政区则大力推行法庭外债务纾缓计划，鼓励债务人根据自身状况提供债务清偿可行性方案，再由金融机构在四日内完成内部审批并作出接受方案与否的回应，此计划相比于诉讼执行阶段的个人债务清理程序需四个月以上的审核流程，极大提高了金融债权的清偿效率，有利于减少司法资源浪费、减少债务人利息支出。

在考察我国台湾地区、香港特别行政区的相似做法的基础上，笔者建议在增设执前个人债务清理时，一是考虑时间成本，通过限定执前调解程序的时间，避免债务人通过执前调解程序拖延履行时间，侵害金融机构合法权益；二是降低财产转移风险，通过发挥执前保全的强制性，在执行调解阶段，由法院依职权保全被执行人财产，以保障金融机构后续执行的可能性；三是提高金融机构对执前个人债务清理的正确认识，释明执前个人债务清理不同于诉讼阶段的调解，其在生效判决的威慑力下，调解成功率将大幅提升，更有利于提高不良债务清收效率，节约时间成本。

（二）探索个人债务清理程序中个人资产自行处置

对执行财产进行司法变价，是办理执行案件的关键环节，直接关系金融机构债权人胜诉权益的兑现。传统的财产变价模式不可避免地因为涉及面广、环节多而导致处理周期长、成交难度大。由于在市场经济调控的大背景下，抵押财产的价值变化不定，短时间内接手的买受人难寻。

此外，执行过程中的评估、拍卖程序时间跨度较长，甚至可能出现执行异议、虚假诉讼等法定因素的影响，严重阻碍了抵押物处置程序的进程。[①] 而在漫长的财产处置过程中，金融机构的债务利息仍然不断地滚动上升，从执行实践来看，多数抵押财产在处置后，勉强覆盖金融机构的债权本息，但仍有部分案件连抵押债权都不足以覆盖，而债务人剩余未偿还债务始终无法退出执行程序，案件始终在“终本”和“恢复”之间循环，导致大量案件在执行程序累积。[②]

2021 年，《最高人民法院关于进一步完善执行权制约机制、加强执行监督的意见》出台后，司法实践中便开始探索建立债务人财产自行处置机制，对涉及财产价值较大或财产处置难度大的，债务人可以向法院申请自行处置，人民法院经审查后，可以作出允许其利用司法网络平台自行公开拍卖；对已经明确交易对象的，在申请执行人同意的前提下或执行到位金额已足以覆盖债务的情况下，可以允许被执行人自行完成交易。根据上述文件精神，金融机构的抵押贷款协议发生纠纷后，可选择适用实现担保物权特别程序，从而加快抵押财产的变现用以实现债权。实现担保物权特别程序指的是享有担保物权的债权，可以在未经人民法院审判程序，仅向法院申请确认担保物权后，在确定保障物权法律事实存在的基础上实现某种实体权利。金融机构可以依据这一非诉讼程序快捷、高效地取得具有执行力的裁定，并依据此裁定开展拍卖、变卖担保财产工作，从而减少讼累，降低实现担保物权的成本，缩短贷款合同纠纷发生后进入财产执行的周期。

笔者认为，在进入个人债务清理程序后，探索尝试启动当事人双方自行处置财产机制，一方面，可以节约司法资源，缩短财产处置周期；另一方面，可在尽快兑现申请执行人债权的情况下减少被执行人利息扩大的经济损失，最终实现高效化解金融执行积案。

---

① 参见陈康：《涉金融债权案件执行现状研究》，载《北方经贸》2020 年第 1 期。

② 参见于跃：《我国商业银行不良资产处置中以物抵债法律问题研究》，兰州大学 2023 年硕士学位论文。

（三）探索个人债务清理程序中专业资产处置服务

金融行业具有极强的专业性，但一些金融机构由于前期自身管理不够规范，在没有核查清晰借贷人员和担保人员的资产信息的情况下发放贷款，而在后期贷款无法收回后，法院进入执行程序时，无法提供相关准确的资产信息及材料。同时，由于部分金融机构工作者缺乏法律知识、责任心不足、业务能力不强，导致其不能明晰法院工作要求，未能及时提供执行所需材料，给执行工作造成较大困扰。而法院在执行案件时，执行法官大部分精力经常用于对抵押物和其他资产进行拍卖变现，但是司法实务过程中流拍现象是不可避免的，实践中，变卖处置被执行人财产的成交率也极为低下，银行只能以拍卖流拍的价格接收被执行人的资产抵债，而这些抵债资产处理起来也比较困难，银行的债权也没有得到有效的保护。

资产处置的目的是实现资产价值最大化，而资产的价值需要通过市场交易手段得以实现。现有市场经济下，在确保市场交易活跃、市场价值公开透明的前提下，充分的市场竞价、更优的资源信息匹配等，才能真正使资产价值得以最大化体现。[①] 在市场经济中，中介组织是买卖双方沟通的桥梁与纽带，由中介组织居中开展的市场交易活动，相比与司法网络拍卖，其优势在于中介组织能够主动寻找合适竞买人、主动寻找与待处置资产相匹配的资源、资产所有人拥有资产处置的自主权等优势，从而能实现资产价值最大化。基于此，从效率方面考虑，在进入个人债务清理程序后，积极引入专业的资产处置机构，借助其专业化水平及信息资源，在确保债权人权益保障的前提下，给予债务人足够的自主权，有利于实现资产处置工作高效推进，更好地实现资源交换，财产价值变现。因此，在金融执行案件中，引入专业的资产处置方，利用专业化手段和已有客户群体，通过其已有的市场交易经验，解决传统财产处置前

① 参见郭瑞：《商事思维模式下司法拍卖之变革》，载《法律适用》2015 年第 10 期。

端遇到的难题（财产瑕疵认定、财产处置方案确定、拍卖公告公示、瑕疵风险释明、拍前咨询等），以及提高财产处置后税费缴纳、财产过户等程序效率，大幅提升拍卖成交率与财产变现率，以此实现债务人财产价值最大化，[①] 提高矛盾纠纷化解率。

四、破局之困——金融执行案件财产自行处置的可行性

回归金融案件的执行本质，多数在于财产的处置和债权债务的核销，无论是法院还是金融机构，都应充分认识到金融机构本身已存在系统的债务减免机制，例如，呆账核销、不良资产转让等。故而降低金融案件进入执行领域的最大抓手在于金融领域可不借助执行强制手段便可自行高效快捷地完成资产处置、资金回流，或者通过执行之外的措施有效地核销债务，这里当然不是指不良资产的转让方式，而是釜底抽薪式的完成类“个人破产”模式。因此，探索借用外部力量解决金融执行积案成为司法实践的一种新方式，其中财产自行处置的可行性值得研究分析。

（一）债务人自行处置财产程序的可行性

如前所述，基于司法实践中债权人对法院裁判文书确定的权利实现的渴望和被执行人对自身财产价值最大化的需求，财产处置的最终目的更多是实现价值的最大化和处置的高效化。在财产处置过程中，赋予被执行人主动掌握财产处置的权利，实际是执行过程中的一种司法探索，其可以将案件的财产处置区分为强制司法拍卖和被执行人自行处置两种模式。[②] 鉴于传统司法拍卖与自行处置在各方面的强烈对比，使得探索将自行处置财产程序引入个人债务清理更加具有现实意义，在个人债务清

① 参见栾奕：《数智化时代背景下破产财产拍卖机构的发展方向》，载《中国拍卖》2023 年第 7 期。

② 参见余德厚、黄源鑫、龙海燕：《何止网络司法拍卖：被执行人自主处置被查封财产的理论证成与制度构建——以“法拍房”为视角》，载刘贵祥主编：《人民法院服务中国特色社会主义法治体系建设与刑事法律适用问题研究——全国法院第 34 届学术讨论会获奖论文集》，人民法院出版社 2023 年版，第 536 页。

理程序，如果能够赋予被执行人自主选择是否自行处置财产的权利，债务人就能更好地利用合理资源作出理性判断，有效维护自身权益。而一旦将该项措施引入个人债务清理程序中，就必须履行前置的权利义务告知，确保债务人在权衡利弊之下作出正确选择，为此法院在执前阶段，可以将财产处置的选择权利在执前督促通知书中予以载明，明确告知债务人自主选择权利，并特别告知每种选择应当承担的责任义务，以期在确保债权人权益的基础上，实现案涉财产价值、处置效率最大化。

鉴于传统司法拍卖存在的财产价值打折和财产处置周期较长的缺点，选择适用债务人自行处置财产程序，可以看作是司法实践的一大进步。赋予债务人自行处置财产的权利，可有效避免其抗拒执行的消极情绪，构建“法院+债务人”的高效处置机制，畅通法院与债务人的沟通渠道，提高财产处置的成功率，有效解决有财产可供执行却执行不能的司法困局，最大限度实现债权人合法权益。

（二）金融机构自行处置财产程序可行性

金融执行案件执行到位率低的原因除了执行环节财产处置变现难度大以外，更多地是金融机构信贷人员法律意识淡薄和管理机制不完善。贷款前期调查工作不详细、贷款后跟踪不到位、诉权行使不及时等各种问题给法院执行工作开展造成了较大困境，致使大量金融执行案件有财产却难以执行。金融机构的传统思维模式是借助诉讼、仲裁、公证等模式确认债权，然后引入执行程序，借助法院力量处置变现财产。但从法院角度看，由于法院执行队伍案多人少问题日渐突出，执行人均办案数逐年递增，在笔者所在法院，执行法官年均办案数已上升至500余件，并且财产处置环节过程中烦冗的资产调查、评估、测绘、腾退、拍卖等环节事务不可避免，故而金融机构的案件在处置过程中周期长、效益低现象不可避免。反观现有市场交易中，财产处置变现的主要力量来源于评估拍卖中介，其已逐步发展为财产处置变现的最佳选择，因此，笔者认为，金融机构不同于一般的债权人，多数持有债务人或担保人资产的抵押权，若一味依靠执行法官兑现胜诉权益，则严重受限于司法资源的有限性。金融机构应当逐步摆脱传统思维，将财产处置的主动权重新收回，金融机构可在金融借款合同签订、仲裁、公证、诉讼的任一节点，与被执行人明确其享有独立拍卖处置抵押财产的权利，对于资产评估机构金融机构与被执行人可在前期协议过程中达成合意，选任引入专业的资产处置方径自处置抵押财产。金融机构对资产自行处置的权利前置既可以避免后期的争议，也可以减少金融执行案件的衍生和扩散。

（三）探索财产自行处置与强制执行措施的双轨并行

现有的执行财产处置方式属于单一的强制司法拍卖，待处置财产的测绘、评估、拍卖、抵债等流程，均由法院执行部门主导，虽然在部分流程中，执行部门会征询当事人意见或引入社会力量协助（评估、挂网拍卖等流程会适当引入拍卖辅助机构），但财产处置的启动、中止、实施、监管等均由法院决定，其产生的法律后果也均由法院承担，实际上应将其认定为一种单一的强制执行模式。[①] 实践中，上述执行中财产处置程序，呈现出财产低价成交、占据司法资源过多、债权人权益实现效率低下等特点，因此，优化财产处置程序是一项迫在眉睫的工作。虽然债权人、债务人自主处置财产程序能有效克服上述不足，但也存在弊端：一是债权人、债务人均缺乏法律意义上的执法权，无法完成对案涉财产的查封、强制过户等程序，这将严重影响债权人、债务人及买受人三方利益，使得交易前的财产安全性和财产处置后的过户的可靠性都无法得到保障；二是当债务人财产价值已明显超过债务和执行费总额，或全体债权人已明确表示同意由债务人或债权人自行财产处置的，债务人或债权人可自由处置财产。但在司法实践中，大多数被执行人的财产不足以覆盖全部债务，这种情况下若双方无法达成财产处置的合议，那么双方权益的矛盾关系将难以调和，利益平衡点也将无处可寻。而上述弊端均

---

① 参见熊进光、高洁：《执行财产处置复合型公力模式改革探讨——创新执行权运行机制的视角》，载《江西财经大学学报》2022 年第 2 期。

是传统执行处置财产程序可以轻松解决的，为此，将法院强制执行措施与债权人、债务人自行处置财产程序相结合的新型财产处置模式，可以使两种处置方式取长补短，保障财产处置的安全性、可靠性、高效性，在实现财产价值最大化的同时，化解当事人双方矛盾，实现真正意义上的化解执行积案。在司法资源日趋紧张和金融执行案件高速增长的背景下，现有的财产处置模式亟待优化，探索在一定条件下，赋予被执行人对于其自身财产处置的主导权，结合原有财产处置的强制措施，构建以被执行人主导财产处置程序为优先选项，网络司法拍卖为兜底措施的新型财产处置模式，有利于避免被执行人抗拒执行情绪、充实财产处置力量、节约司法资源、提高处置效率，进一步提升金融执行积案化解进程。

五、积案化解——个人余债免责助力个人债务清理机制目的实现

个人债务清理机制的目的在于彻底化解执行积案，由于多数执行案件无法真正做到债权的全覆盖，因此需要债权人在债务人财产全部处置完毕后，对剩余未实现债权彻底放弃或暂时性放弃，以实现执行积案的彻底化解。个人余债免除是确保个人债务清理机制实现其目的的关键所在。

古往今来，个人余债免责一直贯穿在历史长河中，例如，周朝时期，周武王推行的“复盘庚之政”，以“出拘救罪，分财弃责（债），以振（赈）穷困”① 的方式表现个人余债免除；又如，19 世纪中叶，部分地区推行以“兴隆票”② 或“摊帐”③ 的方式表现个人余债免除的做法。“摊帐”主要指的是：当债务人财产不足以清偿全部债务时，列明债务明细及债务人财产状况，由双方协商一致，对债务人财产进行按比例分配，并放弃剩余债权，实现两清的目的。“兴隆票”主要指的是：当债务人财

① 魏悦：《先秦时期借贷思想初探》，载《史学月刊》2005 年第 6 期。

② 卢学臣：《我国个人破产余债免除制度探析》，山东政法学院 2021 年硕士学位论文。

③ 许德风：《论个人破产免责制度》，载《中外法学》2011 年第 4 期。

产不足以清偿全部债务时，债务人书写“兴隆票”字据交给债权人，表明其若日后兴隆将偿还剩余债务之意。个人余债免除作为个人债务清理程序的关键环节，其更多是在个人债务清理程序走到最终环节时，根据个案情况予以适用，但一定程度上会侵害债权人利益。因此，对个人余债免除制度的适用应当加以限制，原则上只对“诚实而不幸”的债务人适用，这项制度的适用不仅能够保证债权人的利益得以实现，更能提升债务人还款意愿、降低社会负债率，最终实现三方利益的“共赢”。

如前所述，金融案件的债务人多数因资金周转困难，无能力继续履约，恶意违约的情况比较少见。[①] 虽受近年来经济下行和联保效应影响，大部分金融案件的债务人履债能力逐步下降，但总体而言，多数金融案件的债权人仍具有余债免除的条件。特别是财产处置完成后，为避免金融资产损失盲目扩大，通过余债免除方式也可以合理合规地对金融机构剩余不良债务进行核销。从当前我国已经开展个人债务清理的试点地区来看，其都发布了余债免除的规定。司法实践中已有多起这类案例，例如，浙江省平阳县人民法院办理的涉及蔡某的个人债务集中清理案件，广东地区试行的首例涉及王某、肖某某个人债务集中清理案件[②]，江苏地区试行的首例涉及周某债务集中清理案件等。

因此，面对大量金融执行积案停滞不前，笔者建议，可以分两种情况解决：一是针对有还款潜力或因当前资产不宜处置而无法清偿全部的债务的债务人，因其尚有还款能力，可以适用传统的协调和解方式，通过促成各方达成还债协议，实现对金融执行积案的清理，但此种方式化解积案能力仍有限；二是适用个人债务清理机制，对暂无财产可供执行或已查控财产尚不足清偿债务的债务人，经法院确认其对现有债务的产生不存在恶意的情况下，适用现行破产申报制度规则，对其债务进行分类整合，统一管理其名下现有财产后，由债务人向法院提出申请将执行

---

① 参见化剑霞、李筱：《对金融借款合同纠纷案件的问题研究》，载《科技与金融》2019 年第 8 期。

② 参见刘英团：《个人破产制度：债务人赖以重生的法律机制》，载《产权导刊》2021 年第 2 期。

案件和未进入执行案件的债务引入个人债务清理程序，并在全部财产处置、分配完毕后，对其适用个人余债免除，从而使其重新回归正常经济生活。推行该项机制，应理解为是执行程序和破产程序相结合的一种新形式，能为执行积案中基数最大的金融执行积案提供一个切实可行的化解方案，更能实现盘活市场经济，营造良好的营商环境的法律目的。与此同时，对个人适用余债免除并不意味着当即剩余债务全部免除，还需要在实践中对适用该项制度的债务人进行监督。一旦发现债务人存在违反制度规定的相关要求，或其适用该项制度是以欺诈手段获得的，为保障债权人的合法权益和维护法律权威，债权人有权向法院申请撤销对债务人适用余债免除，法院应当依职权予以核查，对经查属实的债务人，应当撤销适用余债免除的决定，并对其行为依法予以惩罚。①

由于当前我国金融执行积案中涉及个人债务的数量庞大，可以预见的是将余债免除机制融入个人债务清理机制中并适用于金融执行积案化解，申请适用个人债务清理机制的债务人数量也将不可估量，即使个人债务清理机制适用的前置条件严苛，可以剔除一部分金融执行积案进入个人债务清理程序，但最后能够适用该项制度的案件数也不容小觑。为此，为应对个人债务清理机制启动后的监管力量不足问题，设立专门的运行监管机构显得尤为必要。② 只有这样，才能保证适用该项制度的债务人，在享受余债免责带来的制度优惠后，仍会受到充分约束，使其不敢假借制度之便，行欺骗狡诈之实。如此一来，余债免除制度才能在发挥其应有作用的前提下，充分发挥对债务人的约束作用，使该项制度不被滥用。

六、结语

最高人民法院张军院长指出，“要围绕厚植党长期执政的政治根基，

① 参见石婷婷：《我国个人破产余债免除制度的设计及适用建议》，载《武汉公安干部学院学报》2021年第4期。

② 参见刘毅：《个人破产中余债免责制度研究》，江西财经大学2021年硕士学位论文。

坚持个案办理与诉源治理一体推进，把‘抓前端、治未病’贯穿于刑事、民事、行政审判和执行各领域全过程……”①。个人债务清理机制付诸司法实践不是一蹴而就的，其势必要经历一个过程。当前个人债务清理机制尚未形成全国统一的规范，率先探索将个人债务清理机制在金融执行积案化解领域的适用，需要结合金融执行积案化解的痛点、难点，不断在实践中探索、在探索中总结经验。通过完善执前调解、财产处置、余债免责等程序，为金融执行积案化解提供制度支持，实现对金融执行积案的有效化解。将执行工作与个人债务清理机制相结合，既是金融机构作为企业的责任担当，也是执行、破产融合工作助力执行积案化解的司法探索。

① 参见张军：《学深悟透做实习近平法治思想　以审判工作现代化服务保障中国式现代化》，载《法律适用》2023 年第 10 期。

企业债务纠纷执破协同治理路径研究

——以J市法院执行“输氧玻璃罩”机制探索为例证

陈晓欢*

内容摘要：在优化法治化营商环境的背景下，困境企业强烈的求生意识不容忽视。人民法院关注包括被执行企业在内的各类市场主体权益的平等保护，在如何保障申请执行人胜诉权益的情形下，充分发挥司法职能助力企业化解债务危机和风险、持续经营发展，对加快构建新发展格局、推动高质量发展具有重要意义。本文探究执行和破产跨越程序藩篱，从执转破走向执破协同的原因和实践探索，以J市法院构建的民事执行“输氧玻璃罩”机制架构为样本，从府院联动、精细执行、执破互通、数字赋能四方面提出构建完善企业债务执破协同治理体系进路。

强制执行作为司法程序末端，连接着债权人胜诉债权的兑现，牵动着社会经济发展大局。在优化法治化营商环境背景下，人民法院关注包括被执行企业在内各类市场主体权益的平等保护，执行职能不断延伸，与破产等程序衔接融合、协同互通，实现从单一清偿向能动执行、从末端强执向源头化解转变。本文以J市法院执行“输氧玻璃罩”机制探索实践为样本，深入观察执破协同民事执行机制改革对法治化营商环境提

* 浙江省金华市中级人民法院执行综合处副处长。

升路径，以期为我国高水平对外开放和高质量发展注入更强劲的司法动力。

一、探究：从执转破到执破协同

一般认为，执行程序和破产程序分别承担了债务个别清偿和概括清偿功能。但基于司法职能在社会治理层面的延伸，执行程序和破产程序都承担了一定纠纷化解和救治功能，例如，执行和解、破产和解、破产重整、预重整等机制，其目的都是通过企业自身努力或借助外部资源给予企业纾困“重生”的机会和空间。执转破程序设计主要目的之一在于化解执行程序中“债务人没有现存财产可供执行”情况，[①] 但执转破单向运行机制实际未达立法预期，为此部分地区从执行领域驱动，开启了执行程序与破产程序更进一步融合、协同互促的探索，以期充分发挥两个程序双重优势，实现解决执行难和破产难的双赢。

（一）执转破的实践困境与成因

2015年《最高人民法院关于适用〈中华人民共和国民事诉讼法〉的解释》（以下简称《民诉法解释》）首次确立了执行转破产程序。之后，全国开展用两到三年基本解决执行难工作，执转破制度作为终本退出机制，在《最高人民法院关于执行案件移送破产审查若干问题的指导意见》（以下简称《执转破意见》）、《全国法院破产审判工作会议纪要》以及《人民法院执行工作纲要（2019—2023）》等文件中不断完善。执转破虽然带来破产案件数量的增长，但实际未达化解执行积案的立法预期。以J市法院为例，近三年执转破受理案件数量逐年上升且年均达422件，但经该机制消化的执行积案仅占同期终本结案数的13.94%，对已沉淀且仍在不断增长的终本存量来说，仍是杯水车薪。其主要原因在于以下三点。

① 参见最高人民法院修改后民事诉讼法贯彻实施工作领导小组编著：《最高人民法院民事诉讼法司法解释理解与适用》，人民法院出版社2022年版，第1138~1142页。

1. 执转破启动程序设计具有局限性

执转破启动的主要条件有以下三个：一是债务人为企业法人；二是一方当事人书面同意；三是债务人具备破产原因。首先，意思表示要件沿袭破产程序的当事人申请主义，虽然根据《执转破意见》的规定有当事人申请、法院征询当事人同意两种方式，但仍以当事人意志为前提。而当事人申请主义本就是破产启动难的病根所在，① 也成为执转破启动难的制约因素。其次，破产原因要件在执行程序中难以识别。虽然无财产可供执行这一终本程序的存在，侧面反映企业一定时期的资产和履行能力，但是仅从个案微观层面进行的观察。企业是否资不抵债、是否明显缺乏清偿能力，需要结合企业整体资产负债、审计评估等综合判断，超出了执行法官的业务和能力范围。执行的高效要求也制约了执行法官执转破调查的广度和深度，将破产原因识别前置并由执行法官单独审查，加剧了执转破启动难题。②

2. 执转破未能充分发挥企业救治功能

如前所述，执行法官难以识别企业破产原因，再加之《执转破意见》明确规定符合终本条件的可以同时裁定终本，实践中就倾向于以执行程序中的终本结案作为移送审查标准。而依照最高人民法院的相关规定，终本结案的实质性标准包括可处置财产已穷尽拍卖、变卖、抵债、强制管理等所有处置措施，据此，执转破案件多为无产可破案件。企业经过漫长的执行程序后，往往失去了“重整”救治的先机和可能。

3. 执破程序资源共享与协调配合不足

虽然制度和功能价值不同，但执行程序和破产程序均属于清偿程序，都涉及资产调查、处置和债权债务核查、清偿。《企业破产法》要求解除

---

① 参见黄茂醌：《协同主义在执行转破产中的阐释与应用》，载《烟台大学学报（哲学社会科学版）》2023 年第 3 期。该文论述破产启动低迷的成因，包括审理“低收益性”打击债权人申请破产积极性、审理“高负面性”引发债务人对破产抵触心理、社会整体对破产有认识误区、破产积极价值被忽视等。

② 参见徐蓬勇、施国强：《检视与重塑：执破衔接的实践困境与完善进路》，载《北外法学》2021 年第 1 期。

保全措施和中止执行，《执转破意见》也明确规定“执行法院均应中止对被执行人的执行程序”，其主要目的在于避免个别清偿的执行程序对破产程序的公平受偿产生影响。但抛开执行程序中清偿程序和规则，其财产查控的信息化程度、财产处置的高效性、执行惩戒的强制性、执行和解的灵活性等，都相较于破产程序更具优势，一律中止执行也并非破产审判的最优解。

（二）执破协同可行性与实践

鉴于执转破机制的实践困境，面临不断增长的执行压力，理论和实务界开始反思和探索回归债务清偿本位的“执”与“破”双向协同、融合，以期集合两个程序的最大优势，实现企业纠纷前端治理和化解。典型如江苏省法院“执破融合”、福建省法院“执破直通”、浙江省温州市法院“执破双向互通”等。主要做法包括以下三种。

1. 破产审查前移，主要由执破团队甄别

福建省“执破直通”机制以“执破”团队为核心，执转破审查由执行人员和破产法官共同进行把关“会诊”[①]。温州市法院“执破双向互通”由立案、执行和破产审判部门人员共同组成执转破案件预审小组，共同预审执行部门移送的案件。[②] 江苏省“执破融合”的甄别时点则贯穿执行实施案件办理全过程，甄别主体可以是执行实施案件办理中不同团队、不同分工的执行人员，也包括执破融合团队。[③] 上述模式实质是在执转破中增设甄别程序，但甄别时点和主体不尽相同：福建省、温州市聚焦审查阶段的专业化，但未明确甄别程序如何启动；江苏省则着眼于多主体全流程启动、宽进甄别、引导分流以解决法院动力不足的问题。各

---

① 参见何晓慧、陈征：《福建“执破直通”优化法治化营商环境》，载《人民法院报》2020 年 10 月 19 日第 1 版。

② 参见浙江省温州市瓯海区人民法院课题组：《从执转破到“破涉执”——执破双向互通联动机制之司法探索》，载《法律适用》2019 年第 3 期。

③ 参见《“执破融合”案件如何甄别》，载微信公众号“苏州市中级人民法院”，于 2024 年 4 月 17 日上传。

模式的甄别机制虽然打破了执行和破产的部门藩篱，但仍限于法院内部，未能解决破产原因和重整价值识别机制不足问题。

2. 遵循当事人主义，出清和救治并重

福建省“执破直通”、温州市“执破双向互通”[①] 均要求严格落实执转破征询、释明义务。江苏省“执破融合”要求“根据被执行企业具体情况，引导当事人准确选择适用破产重整、和解、清算等程序，合理确定相关程序的启动时间”[②]，条件之一为“被执行人或者有关被执行人的任一执行案件的申请执行人同意移送破产程序”[③]。可见，各模式仍基本遵循现行破产程序的当事人主义。同时，各模式主要以出清为目的进行制度构建，江苏省“执破融合”虽强调提升出清与挽救效能，但偏重通过甄别引导分流后执转破宽进，借助破产重整、和解等制度优势实现企业救治，未对执行程序如何发挥自身救治功能进行充分探索。

3. 措施和方法互促，提升实际效果

温州省法院早在2015年就明确执行查控系统在破产中应用，执行阶段拍卖处置、评估报告等在破产中引用。[④] 江苏省在中止执行的原则下，明确以执助破的例外情形，包括查控暂不解除、破产清算与执行处置衔接、特定情形下限制消费延续等情形，同时构建“破产管理人+强制管理”[⑤] 机制，执行阶段引入破产管理人对财产进行强制管理，实现以破促执。但该机制仅适用于被执行企业不具备破产原因且其主要财产在执行程序中未能成功变价的情形，且需要经申请执行人同意，范围效果有限。同时，执行管理人报酬由当事人在执行监管前约定，并低于破产管理人

① 参见浙江省温州市瓯海区人民法院课题组：《从执转破到“破涉执”——执破双向互通联动机制之司法探索》，载《法律适用》2019年第3期。

② 《苏州市中级人民法院关于办理执破融合案件的工作指引（修订）》（苏中法〔2022〕112号）第八条第一款。

③ 《江苏省高级人民法院关于推进“执破融合”改革 规范执转破案件办理流程工作导则（试行）》（苏高法电〔2023〕115号）第二条第二款第一项。

④ 参见《温州市中级人民法院关于执行移送破产程序的会议纪要（二）》（温中法办〔2016〕16号）第四条、第五条。

⑤ 《苏州市中级人民法院关于办理执破融合案件的工作指引（修订）》（苏中法〔2022〕112号）第五条、第十二条。

报酬计算，[①] 一定程度上也限制了实际适用的可能性。

二、探索：J市法院执行“输氧玻璃罩”机制

（一）从局部探索到体系构建

J市地处浙江中部，民营经济活跃，中小微企业聚集。执行“输氧玻璃罩”机制萌芽于J市辖区一县级市的执行助企纾困探索实践。J市Y法院通过建立化解“两链”风险的“转贷通”业务、开展助企解封转贷的府院协作等工作，积累了良好的府院联动基础，并推动构建了“诚信经营企业信用正向激励”机制，由金融服务办公室、法院牵头府院联审，分类对被执行企业及同案法定代表人、股东、企业负责人、实际控制人个人适用解除失信、限制消费等强制措施，最大限度地减少因执行对企业生产经营的影响。该机制在精准甄别企业纾困价值方面有一定探索，但缺乏对纾困企业的有效监管，存在逃废债风险大、债权人顾虑多、纾困管理退出机制欠缺等问题。J市中级人民法院广泛调研后，争取党委政府支持，以助企纾困为切入口，推动构建民事执行领域“纾困+监管”的闭环体系。

2022年10月，推动J市稳进提质工作领导小组出台《关于深化府院协同优化执行工作推进助企纾困的若干意见（试行）》，成立执行助企纾困工作协调小组，法院、发展和改革委员会、市场监管、税务等16家政府单位参与，首创构建“准入—助企—监管—退出”的全流程规范，并形象地将其称为“执行‘输氧玻璃罩’机制”改革。随后，在第十一次府院联席会议上进行专项部署，锚定“机制建设、工作开展、数字化改革”三件大事，推动改革在全市落地见效。2023年9月，J市市级层面出台《关于推进府院协同执行助企工作的实施细则（试行）》《J市执行助企纾困第三方监管人管理办法（试行）》和《J市市级执行助企纾困

---

① 参见朱文峰、杨帆：《对被执行企业进行执行监管的实践和探索》，载《人民司法》2023年第8期。

监管资金管理和使用办法（试行）》，进一步细化规范了府院联审、“一揽子”和解、第三方监管等创新举措。在政府、法院联合推动下，执行“输氧玻璃罩”机制改革已形成体系并在J市有序运行。截至2024年6月底，J市9个县（市、区）已落实机制14件，府院联审准入被执行企业159家，实施执行松绑“输氧”措施352次，164件案件和解并在监管中兑现债权10.5亿余元，债务清偿率达81.03%[①]。101家企业脱困实现创收，2家通过“纾困+预重整、重整”实现“重生”。

（二）创新做法和机制成效

所谓执行“输氧玻璃罩”机制，是指J市府院协同构建的民事执行助企“纾困+监管”体系，对诚信且具有挽救价值的被执行企业，分类实施信用修复、资产解封、融资转贷等善意文明执行措施“输氧”，推动企业债务纠纷“一揽子”和解的同时，构建“玻璃罩”监管闭环体系严防逃废债风险，使企业脱困与债权受偿达到平衡，实现双赢局面。

1. 构建府院联审的准入体系，全面甄别纾困价值

一是组建内外联动甄别机制。建立“法院初审+政府联审”工作流程，法院内部组建执行团队或执破团队，对企业提交的材料，结合在司法程序中掌握的资产负债情况、信用和配合执行情况进行初步甄别，符合条件的，提交府院成立的工作协调小组，由16家政府单位按照各自职责分工进行联审。二是构建企业综合评价体系。将企业“诚信且具有纾困价值”这一条件细化为企业及经营者情况、企业信用、行业前景、资产投资、负债情况、税收外贸、履行社会责任等30项指标，建立正面清单和“禁止纾困”“可以不予纾困”的负面清单，并明确各成员单位审核职责、内容和时限。三是数字赋能联审甄别。开发“执行助企纾困智治应用”，构建府院联审子场景，依托浙江省数字化改革优势，重塑线上

① 债务清偿率=企业实际履行债务金额/企业应履行债务金额。因为，实践中企业作为被执行人之一，可能存在无须承担全案债务情形，现行执行指标系以案件衡量，无法精准评价同一企业多个债务清偿情况，故借鉴破产程序中的破产清偿率设置债务清偿率指标，定期跟踪执行助企纾困成效。

流转工作闭环，解决线下联审反馈慢、纾困企业甄别难等问题，府院联审通过率达96.9%。四是依债务人纾困申请启动。机制尚处于探索期间，程序启动未脱离当事人主义掣肘，但以债务人纾困申请为程序起点，相较于破产债务人更为积极、主动。且从原因上看，清偿本位执行助企主要考虑纾困价值，比需要符合“有明显丧失清偿能力可能的”条件的重整程序范围更广。在实践中也有所体现，例如，J市W法院执破团队审核某模具公司申请破产清算的过程中，发现该公司主营业务尚佳，主要债权人支持经营，经营者选择适用执行“输氧玻璃罩”机制，据此，法院推动5个债务达成执行和解，对其资产予以解封，保障经营的同时监督分期履行。①

2. 构建能动执行“输氧”体系，“一揽子”纾困支持经营

一是强化交叉执行解决差异化处置问题。企业向执行法院申请纾困，执行案件由J市两个或两个以上法院管辖的，原则上由住所地执行法院办理，其他法院做好案件移交、沟通联系债权人等工作，后续新增执行案件在立案阶段直接指定同一法院集中办理。执行案件由辖区以外法院管辖的，向上争取支持，通过关联案件集中执行②、交叉执行、执行协调等方式解决，确保执行措施统一。二是一次联审集中实施。将与被执行企业经营最相关的善意文明执行措施分为信用修复、资产松绑、融资增信③三大类。改变以往单一措施单独申请、单独审批的做法，通过府院联审认定企业是否“诚信且有潜在偿债能力”，即可根据纾困企业债务规模、经营需求集中实施。三是以“一揽子”和解为核心，分类采取“输氧”

---

① 《武义完善“执破融合机制”助力优化法治化营商环境》，载《法治日报》2023年12月26日第9版，该案获评浙江法院2023年度“十佳执行案例”。

② 浙江省高级人民法院出台《浙江省高级人民法院关于关联案件集中执行工作的指引（试行）》，推行立案阶段指定执行，在全省范围内同一被执行人的金钱给付类执行实施案件由不同法院受理的，按有利于执行原则，一般由正在办理关联案件中的最先受理法院或者主要财产所在地法院集中执行。

③ 《最高人民法院关于在执行工作中进一步强化善意文明执行理念的意见》《最高人民法院关于充分发挥司法职能作用助力中小微企业发展的指导意见》的规定，信用修复包括给予三个月宽限期，企业及其法定代表人、主要负责人、实际控制人修复信用，解除限制消费措施，解除限制出境等；资产松绑包括合理选择执行财产、灵活查封资产、解除基本账户等财产冻结；融资增信包括保全财产替换、协助解封转贷等。

措施。引入债权人听证，探索双重表决规则，[①] 推动多个案件达成减免债务、延期支付的“一揽子”和解，全面解决企业债务纠纷。依据债权人听证情况采取不同措施：听证通过企业债务清偿方案，即视为达成执行和解，可以采取所有纾困措施；听证未通过企业债务清偿方案但企业仍承诺履行的，属于“有积极履行生效法律文书确定义务或主动纠正失信”的态度和行为，可以采取信用修复类措施，对于资产解封、融资增信等措施，给予六个月期限调整方案以推动和解或取得债权人同意。融合当事人双方意愿，给予企业精准化、个性化的纾困措施，更有效发挥执行救治职能。例如，某股份有限公司借助“输氧玻璃罩”赢得时间和机遇，府院推动达成执行和解，通过暂缓执行、解除措施、修复信用等进行“输氧”，实控人履行债务 1.2 亿元后企业脱离困境，保障上市流程。[②]

3. 首创“玻璃罩”监管体系，保障企业诚信履行职责

借鉴执行中强制管理、破产中财产接管等制度，以债务履行为限构建多层级、相对透明的监管体系，及时发现防范处置风险，以监管为债权人利益再上一层“保险”，让其重拾对企业的信心，更有助于“一揽子”和解的达成和履行。一是多主体监管。政府、法院、债权人共同参与，政府部门依据职能对企业合规经营进行监管，法院对司法程序中企业资产、负债变化进行监管，债权人对企业履行和解协议情况进行监管。二是构建第三方监管机制。达成“一揽子”和解且有监管必要的，创新引入破产管理人等第三方[③]，建立债务履行进程监管、企业定期申报监管等机制，定期审

---

① 双重表决规则是指，先由全体债权人一致同意通过一项表决规则，再根据通过的表决规则对企业债务清偿方案等事项进行表决。参照破产重整、个人债务清理程序中的规定，企业债务清偿方案一经双重表决通过，视为各方当事人达成“一揽子”执行和解协议。

② 该案系全国十大能动司法（执行）典型案例，详见《人民法院能动司法（执行）典型案例》，载最高人民法院网站，https://www.court.gov.cn/zixun/xiangqing/400222.html，访问日期：2024 年 4 月 18 日。

③ 《J 市执行助企纾困第三方监管人管理办法》明确规定，第三方监管人原则上从列入破产管理人名册且自愿参与执行助企纾困工作的社会中介机构及其执业律师、执业注册会计师中选任，因执行监管需要，也可以从有关行政部门、行业协会的专业人员中选定。该办法明确规定了第三方监管人资格选任、任职回避、职责义务、履职管理、解聘更换等内容。

核评估纾困企业履约相关的经营状况和主要资产状况，确保企业以经营盈利有序偿债。在政府支持下，执行助企纾困经费纳入同级财政保障，明确履行监管职责的支出、报酬等费用从各地设立的专项资金中列支。例如，某门业公司因为他人提供担保陷入债务困境，J 市 Y 法院依托第三方监管打消申请执行人顾虑，协助解封转贷，并推动双方达成执行和解，企业在监管中有序经营，分期偿债，最终脱困。[①] 三是数字赋能监管闭环。"执行助企纾困智治应用"构建履行监管、风险预警两大子场景，在线实现企业信息汇集、智能监管预警，充分赋能"入口关—监管关—出口关"工作闭环。

4. 构建纾困终结闭环体系，执破协同优化治理

一是依申请或依职权终结。明确可以依申请终结程序，被执行企业申请的，一般应予准许，债权人、第三方监管人申请的，查证属实后准许。同时，明确人民法院依职权终结的情形，包括债务清偿完毕或执行程序整体终结、受理破产或预重整申请、严重违法失信或经营恶化不具备纾困可能等。二是恢复执行程序和失信联惩衔接。明确终结监管或入库考验期满，符合条件的，人民法院恢复强制执行措施，情况紧急可能损害债权人利益的，可以先行恢复执行措施再终结监管，同时，对失信企业采取司法惩戒和成员单位联惩。三是执破衔接。明确与企业破产预重整、重整等程序衔接，以"输氧+输血"的执破协同，推动企业债务纠纷治理。例如，J 市 J 区法院对某科技公司"输氧"纾困时，监管发现该公司新增债务持续增长，仅依靠执行难以纾困，府院联审研判后及时移送破产，该公司经重整程序引入资金后涅槃重生。[②]

执行"输氧玻璃罩"改革以助企纾困为切入口，体系化重塑了涉企纠纷执行流程，比破产程序更前端、更早发现企业风险，探索了一条执行中企业债务集中清理、执破协同治理的路径，理念和制度创新推动法

---

① 金峰、陈晓欢、戴华：《浙江金华："输氧玻璃罩"机制助企纾困"重生"》，载《人民法院报》2024 年 4 月 3 日第 6 版。

② 金峰、陈晓欢、戴华：《浙江金华："输氧玻璃罩"机制助企纾困"重生"》，载《人民法院报》2024 年 4 月 3 日第 6 版。

治化营商环境优化提升彰显优势。当然，J市法院的探索更多着眼于以破促执以有效发挥执行救治职能，虽然同步探索了执破团队初审、“执行+重整、预重整”等机制，但在以执助破、发挥破产出清功能等探索上仍有不足，有待进一步深化完善（见图1）。

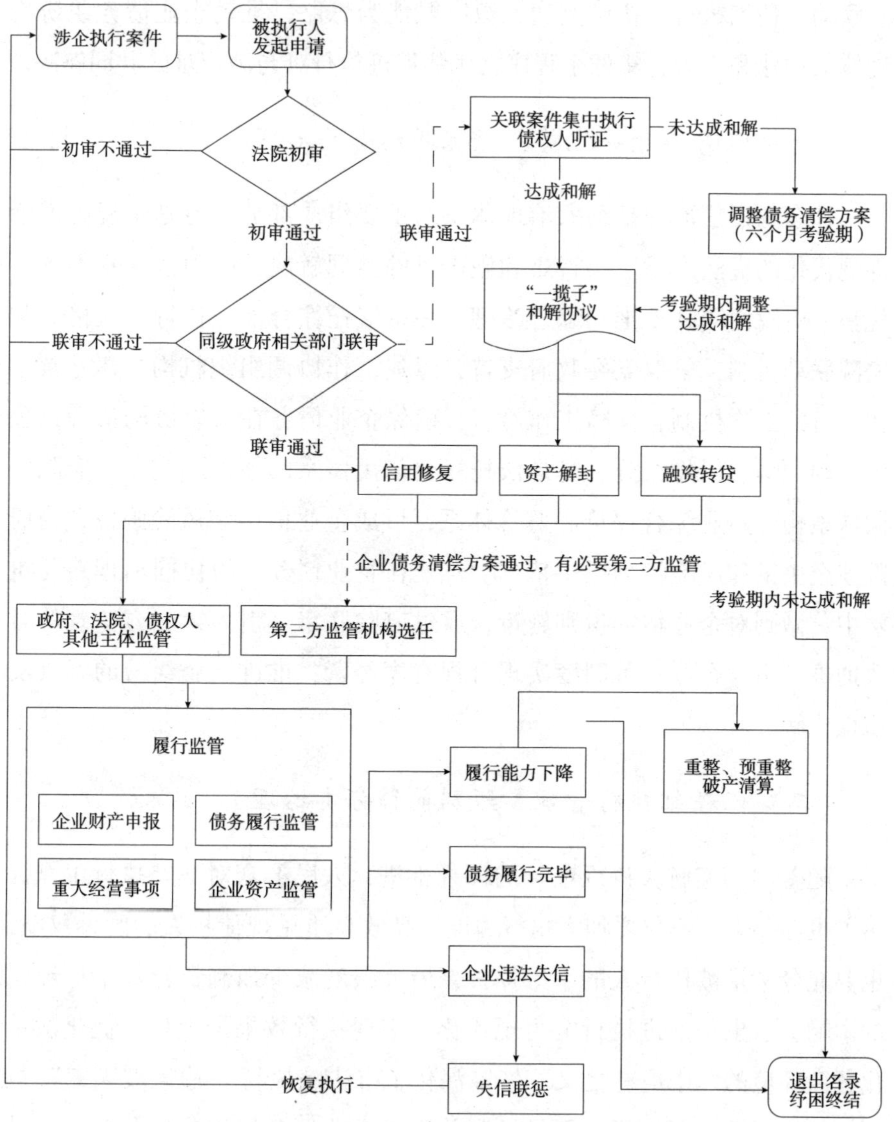

图1 浙江省J市法院执行“输氧玻璃罩”工作流程

三、进路：构建企业债务纠纷执破协同治理体系之设想

在优化法治化营商环境背景下，人民法院应充分发挥司法职能作用，加大对市场主体支持力度，“执”与“破”协同互促、衔接互融，以府院联动、精细执行、执破互通、数字赋能为思路，推动企业债务纠纷治理体系构建和完善，集两个程序之优势促进执行难与破产难的共同解决。

（一）以党委领导优势，府院联动源头治理

社会的司法治理是国家治理体系的重要组成部分，也是实现国家治理现代化的应然之举。执行难和破产难的共同解决，必须依靠党委领导优势，府院协同联动推动综合治理。一是依托综合治理执行难大格局和府院联动机制，争取党委政府支持，组建工作协调组织机构，建立常态化运行的工作机制，保障工作经费，确保企业债务在府院协同治理过程中联动顺畅、保障充分。二是依托社会信用体系的建设和完善，府院协同探索构建企业综合评价和监管体系，形成企业信用和风险画像，为府院涉企决策和风险治理提供依据。三是在企业债务纠纷协同治理路径重塑中，做到对企业精准识别施策，通过府院联审、引入第三方监管等方式助推、引导企业完善制度实现合规有序经营，推进涉企纠纷的源头实质性化解。

（二）以精细执行管理，甄别前移分类治理

随着“切实解决执行难”的深入推进，人民群众对法院执行工作提出了更高要求，不仅要加大执行力度，高效高质兑现债权人的胜诉权益，也要充分考量被执行人的平等保护，最大限度减少强制执行对生产经营的影响，这也是推进执行能力现代化、实现执行效果最大化、优化法治化营商环境的题中应有之义。借鉴深化J市法院执行“输氧玻璃罩”机制，从执行端重塑流程，更早发现并推进企业债务风险集中化解。一是构建内外联动甄别机制。法院内部探索组建执行团队或执破融合团队，

与府院联动构建的工作协调小组衔接，开展“法院初审+政府联审”甄别，更全面汇集涉企信息、数据，更精准识别纾困或重整价值，为企业债务纠纷协同治理夯实基础。二是构建精细化繁简分流体系。将甄别前置到法院执行立案第一次财产查控以后，改造实践中“有无财产”为主的执行案件繁简分流标准，增加信用标准和纾困价值标准，提升繁简分流精细度。对诚信且具备纾困价值的，准入“输氧玻璃罩”统一纾困，推动“一揽子”和解；对有财产但严重违法失信或不具备纾困价值的，交由执行实施团队推进财产处置，执行指挥中心统一跟踪监督办理进程；对具备破产原因的，简案团队或执破团队处理后与破产程序快速衔接，畅通市场主体退出渠道。三是强化交叉执行推动“一揽子”解决。强化立案阶段的关联案件指定、立案后的交叉执行，让同一被执行人的案件更多在同一法院集中处理。聚焦企业纾困需求，完善善意文明执行“输氧”体系，分类精准施策，更好地支持并帮助企业继续经营发展、偿债脱困。

（三）以执破互通为手段，“挽救+出清”协同治理

在企业债务纠纷治理体系构建中，要让执行和破产两种程序的优势交互叠加、充分释放，就要突破程序藩篱和界限，让执行程序和破产程序的手段和方法衔接互促，减少程序重复带来的消耗，让两个程序的市场主体挽救功能实现最大化，也要探索更有利于破产程序启动、推进的路径，充分发挥破产程序出清功能，实现执行难和破产难的同步解决。一是推动执行监管与破产预重整、重整衔接。让破产管理人等主体更早介入企业债务纠纷治理，以其破产管理经验和优势深化和解、强制管理、财产接管等制度的功能和作用，推动执行阶段企业债务集中清理和化解，并明确执行监管主体、监管措施在破产程序中的效力，让执行监管成效延续至破产程序，助力更多企业债务风险被更早识别、前端化解。二是推动以执助破。让执行信息化成果在破产财产查控、处置等方面发挥作用，执行程序中的查控、处置、惩戒等执行措施在不影响破产程序推进

的情况下，明确其效力可以延续至破产程序，借助执行程序实现破产财产交付的完善，完善简易破产程序，助推破产案件快速推进。同时，参考《民事强制执行法（草案）》第八十二条关于人民法院依职权启动执转破程序的规定，探索特定情形下依职权破产程序启动制度，以申请主义为原则，职权主义为例外，打通执行程序与破产程序衔接和转换的堵点，促使执行不能案件“能转则转、当破则破”，真正实现终本案件“出库清仓”。

（四）以数字赋能为抓手，提升效能闭环治理

要将数字赋能手段融入企业债务风险治理。一是打通府院涉企业务数据壁垒。用好 J 市开发的“执行助企纾困智治应用”等数字化手段，实现法院办公办案系统与公共信用信息平台、企业信用信息公示系统等数据对接，形成企业履行能力综合评价报告，实现企业经营和债务风险的精准画像、动态监管。二是做好数字赋能流程节点的精准管理和风险预警。明确涉企债务纠纷处理的办案节点、办理要求，实现时限管控。同时，运用科技赋能手段，在案件系统中对企业债务风险自动识别、及时预警，及时处置化解风险，数字赋能企业债务执破协同治理闭环，持续净化市场主体，优化法治化营商环境，助推社会治理体系和治理能力现代化的动力变革。

共识倡导与线型规制：执转破程序启动的职权主义进路研究

——以《民事强制执行法（草案）》第八十二条为规范契机

朱大亮*　刘柳明**

内容摘要：执转破程序启动经历了由单一申请主义到以《民事强制执行法（草案）》（以下简称《草案》）第八十二条为代表的完全职权主义规范的渐序演进，但实践中程序启动运行未达立法预期，其原因在于现行申请启动模式激励性不足，兼有法院角度的多重制约因素，主体认知与制度设计存在双向偏离。《草案》第八十二条所倡导的职权启动模式有其实践理性与正当基础，其共识性证成要素包括公平、公益、多元、效率及财产归拢优势。但规制缺失的职权主义亦存在正当性危机，具体包含不当损害当事人的破产启动权、过度挤压有限的审判供给以及滋生大量社会矛盾等三个方面，存在规制职权主义的必要性理由，其规制逻辑有外部的申请主义前置以及内部的启动条件框定两个逻辑维度。以该两个规制逻辑为基础，可以构建一条从申请到职权启动协同衔接的线性规制模型，并可细分为三个规制线段。一是在规制前段，通过精细化的释明对话、申请否认的举证义务及经营危机时债务人申请义务的添附设置，以消减申请主义的绝对主导性；二是在规制中段，构建破产利益与

* 江苏省南京市鼓楼区人民法院执行局局长。

** 江苏省南京市鼓楼区人民法院三级法官助理。

破产原因的双重核心审查规则，限定职权启动模式的条件范围；三是在规制后段，通过异议救济设置与审判配置优化实现移送后的案件疏导，防止破产审理反向消减职权启动的移送效果。

囿于执行退出与破产启动的两难悖论，作为一种纾解与破除现行法院执行与破产案件数量呈巨大悖逆反差现象的程序工具，执转破这一功能性程序有其独特的诸如营商环境建设、市场主体退出、终本出清等政策性使命，其是专为解决执行难问题而创设的，是法律为实现特定目的的工具性手段。[①] 自2015年《最高人民法院关于适用〈中华人民共和国民事诉讼法〉的解释》（以下简称《民诉法解释》）首次宽泛勾勒执转破制度雏形以来，经过各级、各地司法机关陆续出台的相关司法文件予以不断细化和完善，数年的司法实践经验表明执转破制度在部分地区产生了一定的成效，逐渐成为破产程序启动的重要途径，[②] 其被誉为重大的理论创新和必要有益的司法实践。[③] 然而，对比破产案件与企业注销的数量，大批经营不善且符合破产条件的企业未退出市场，[④] 同时，近年来运行统计数据也表明执转破案件占比执行案件百分比增幅较小，其中执行转破产案件占执行案件的百分比，六年间仅增幅1.2个百分点，[⑤] 执转破的运行实效未达立法预期。

导致执转破制度陷入后劲不足窘境的根本原因在于其制度设计沿袭了《企业破产法》关于破产案件申请主体严格遵循当事人主义的做法，出于对当事人程序处分权的尊重，在启动条件上将关键性的权利赋予当事人，法院对此没有任何强制力，造成启动机制途径单一，完全依赖当

---

① 参见廖丽环：《正当程序理念下的执行转破产机制：基于法理视角的反思》，载《法制与社会发展》2018年第3期。

② 参见陈小君：《吴江法院破产审判全景报告》，法律出版社2021年版，第46页。

③ 参见杜万华：《充分认识执行案件依法移送破产审查工作重要意义》，载《人民法院报》2016年12月10日第2版。

④ 参见刘效仁：《破产庭有助于“僵尸企业”依法退市》，载《人民法院报》2016年8月17日第2版。

⑤ 参见祝祎：《执转破程序“启动难”的解构与应对》，载《中州大学学报》2020年第1期。

事人的意志抉择。而破产案件审理具有低收益性和高负面性等特点,[①] 当事人基于自身利益于破产程序中实现的可能性衡量，往往怠于甚至拒绝启动执转破程序。而破产程序启动是各方利益主义多轮博弈的结果，只有进入破产程序的可期待利益大于执行程序的可期待利益时，当事人才会主动申请破产。

为弥补这一制度设计缺憾，学理上提出了增加执转破的职权启动方式，形成申请主义和职权主义并行的二元模式，认为可以通过法院依职权移送破产审查、加强府院联动等方式拓宽启动途径，以弥补市场秩序的不成熟所造成的程序弊端,[②] 但论证理由大多具有较强的政策动员性。尤其是2022年出台的《草案》第八十二条规定以执行案件终结本次执行程序后须依职权移送破产的立法表达为执转破职权启动方式提供了规范契机，提倡一种由申请主义直接且完全地转变为职权主义的立法态度。然而，职权主义于执转破启动程序的保留适用不应仅仅满足于政策动员上的理由，执行立法不应简单考虑合用性，更应论证其合法性与合理性，而现有研究成果对实施职权启动的法理基础鲜有论及。同时，职权主义的引入与提倡并非意味着对其僵化且无差别的适用，如果不加限制地普遍适用职权启动方式，必将导致当事人遭受超过必要限度的公权力干预，从而损害其正当性基础。那么作为一种共识性程序提倡，执转破依职权启动的国家公权干预正当法理基础何在？其干预的适当限度是什么？如何设计或安排一项法律规范予以规制或防范化解这种公权力干预风险并限缩其适用范围？这些问题关涉执转破程序的稳定性、安全性与正当性，是当前执转破程序启动探讨中所应保持理性思考的命题。

基于此，本文拟从现行执转破启动申请主义所遭遇的现实困境出发，证成提倡职权启动模式的正当法理基础，并阐明其现实危机与职权干预

① 参见黄茂醌:《协同主义在执行转破产中的阐释与应用》，载《烟台大学学报》2023年第3期。

② 参见廖丽环:《洛克同意论对执转破程序启动要件的端视与修正》，载《南海法学》2017年第1期。

的内在限度，进而以《草案》第八十二条规定为规范契机，尝试建构执转破职权启动方式的规制模型与程式设计，以期对执转破程序启动的教义研究及司法适用有所裨益。

一、启动规范的职权主义演进及运行困境

执转破程序启动经历了由单一申请主义向完全职权主义规范态度上的渐序演进，由于以《草案》为代表的完全职权主义尚未正式铺开施行，在现行的司法实践中，执转破程序启动仍局限于实质的申请主义，无法达致“应破尽破”之运行预期，并有多维障碍要因。

（一）从排斥到开放：规范态度的渐变色

1. 单一申请主义

单一申请主义最早可以追溯到 1998 年最高人民法院颁布的《最高人民法院关于人民法院执行工作若干问题的规定（试行）》中关于当事人可以依法申请被执行人破产的规定，但该规定过于简单，无法达到预期效果。因此，2015 年《民诉法解释》第五百一十三条至第五百一十六条规定搭建了执转破制度的初步模型，其中，第五百一十三条明确了执转破程序启动的申请同意规则，规定执转破须经申请人之一或被执行人同意方可启动，排除了法院的职权启动方式，由此定下了执转破程序启动申请主义的规范基调。

执转破启动申请主义的基本论调主要受具有特殊法位阶优势的企业破产法的影响，无法突破上位法之羁束。根据《企业破产法》第七条之规定，破产程序的启动采用当事人申请主义，绝对排斥法院依职权启动破产程序，划定了破产启动申请主义的绝对范围。而执转破程序作为衔接执行与破产程序的关键通道，应当确保在处理共同问题上的逻辑一致性。① 从功能性的视角而言，执转破程序是为了实现从执行向破产进行案

① 参见何欢：《债务清理上破产法与执行法的关系》，载《法学研究》2022 年第 3 期。

件导入的程序工具，是基于政策动员所尝试的破产申请于执行语境下的转换与创新，其产生的效果将直接启动破产程序，因此，必然受制于企业破产法申请主义原则的范围框定，破产申请主义将作为上位法原则始终贯穿于执转破制度并指导程序启动。

2. 半职权主义

单一申请主义在当事人基于债权损失顾虑等自利因素的衡量下，始终无法达到运行预期，因此，2017 年最高人民法院印发了《最高人民法院关于执行案件移送破产审查若干问题的指导意见》（以下简称《执转破指导意见》），从程序衔接等方面给出了具体的操作性意见。其中第四条规定了人民法院需主动对当事人进行破产启动相关的释明和征询工作，以引导当事人积极申请执转破，因此，执转破具有了职权主义的内涵与色彩，被称为半职权主义启动模式，① 法院成为两个程序转化的间接引力和推手，赋予了法院主动作为的规范空间，这与申请主义中法院只能被动接受通知存在巨大差别。但增设人民法院释明和征询的义务并未改变申请主义的本质，启动程序的决定权归属仍然固定不变，释明和征询工作的实质仅仅是消除和弥补当事人对于企业破产后的风险收益等信息劣势，以提高申请人的执转破申请积极性，但执转破程序的启动仍遵循当事人同意规则，法院最多也只能建议其申请破产，而不能施加任何强制力。在未改变破产利益分配机制的情况下，释明工作对于提高当事人申请执转破的作用是有限的，其实质关涉的是职权主义介入的程度与深度的问题。

证成半职权主义的另一规范理由来源于参与分配制度对于企业的取缔适用。传统观点认为破产启动难的原因在于参与分配制度与破产分配功能的重合，在执行程序中多数债权人就同一债务人财产事实可以申请法院平均受偿，即在执行程序中处理了破产问题，② 参与分配制度的扩张

① 参见王丹雪：《试论破产程序与执行程序的竞争与共生》，载《江西师范大学学报（哲学社会科学版）》2018 年第 5 期。

② 参见唐应茂：《为什么执行程序处理破产问题?》，载《北京大学学报（哲学社会科学版）》2008 年第 6 期。

适用加剧了执行积案和破产程序启动难的困境。[①] 因此，《民诉法解释》明确对企业法人限制适用参与分配制度，据此以倒逼申请执行在后的债权人主动申请破产，通过立法限制查封顺位在后债权人于执行程序中的平等受偿权，提升执转破申请启动的概率，但仅将希望寄托于有太多不可控因素的案外债权人，显然不太现实。虽然半职权主义未改变申请主义的实质，但其体现了公权干预启动方式的规范倾向。

3. 完全职权主义

《草案》第八十二条规定标志着执转破程序启动完全职权主义的兴起，直接将申请主义调整为终结本次执行程序前提下的法院依职权强制启动，并且叠加规定破产法院原则上必须受理，由此构建了一条由执行法院依职权调查被执行人财产状况，在作出终本程序裁定的同时，依职权移送破产的程序路径，体现了程序启动完全职权主义的规范色彩。

仔细考究《草案》第八十二条的规定，其有两层含义。一是法院依职权启动移送破产是执行案件终本程序的必要后续工作，扩大了终本程序效力的外延范围，终本程序和破产启动具有了整体的连贯价值，不再具有程序阻隔，其本质是从规范上明确了终本案件的出清路径即移送破产程序。同时，规定对依职权移送的破产案件原则上必须受理，增加了依职权移送的强制受理效力。二是《草案》在终本程序时仍保留了债权人同意的程序设计，即债权人对于终本案件的同意将被视为对移送破产以及破产启动的同意，申请人同意的概念内涵被前置到了终本案件同意的程序环节，同意具有了整体的概括性概念。虽然完全职权主义从理论上能够有效避免申请主义的缺陷和不足，但是不加规制的职权主义势必会侵蚀当事人的程序处分权。

① 参见曹守晔、杨悦：《执行程序与破产程序的衔接与协调》，载《人民司法》2015年第21期。

（二）程序启动的运行现状及其障碍原因

1. 程序启动的运行现状

由于《民事强制执行法》尚未正式实施，现行执转破的程序启动仍建立在当事人同意规则之下，尽管《执转破指导意见》所规定的主动告知、释明及征询以及形成的对后顺位查封债权人的倒逼等有半职权主义启动模式色彩，但由于职权主义介入程度不足，未触及执转破程序中的地方保护主义和部门保护主义，未解决破产程序启动的源动力，破产启动难的病根仍未从根本上祛除。[①] 从数据上看，全国法院执行案件受理数每年在600万件左右，其中有30%至40%的执行案件因丧失履行能力属于执行不能案件，企业法人占比约30%，[②] 每年约有54万至72万企业法人案件执行不能，并因此终本需要出清，而2018年至2022年全国法院审结的破产案件数量分别为1.6万件、0.46万件、1.01万件、1.3万件、4.7万件，[③] 两组数据进行对比，可以发现执行程序与破产程序存在严重的错位失衡，执转破程序的桥梁作用并不凸显。以N市G区法院2023年执转破移送数据为例，全年涉企业终本案件数1925件，涉及企业法人数量1343个，移送破产企业85个，涉及案件数639件，约占全年终本案件数的33.2%，该数据还囊括了以前年度终本结案但尚未移送破产的案件数，因此，实际情况比统计的上述数据更为严峻。

2. 原因溯源：主体认知与制度设计的双向偏离

当前执转破程序启动低迷的成因是多元的，其中主要表现为当事人主体认知与制度设计的双向偏离，引发包括法院在内的各方参与主体对破产程序启动的抵触心理，具体原因如下。

一是债权人向度的申请激励不足。债权人申请意愿的强烈程度受执

① 参见王丹雪：《试论破产程序与执行程序的竞争与共生》，载《江西师范大学学报（哲学社会科学版）》2018年第5期。

② 参见王欢、李忠正：《“执行转破产”启动机制的检视优化——以有限职权主义为视角》，载《审判研究》2023年第12期。

③ 数据来源于2019—2023年《最高人民法院工作报告》。

行程序和破产程序债权实现可能性的影响，破产程序具有先天性的吸引力不足，而与之相反的是执行程序却有难以割舍的程序优势，共同导致债权人的申请激励不足。一方面，破产案件的审理具有低收益性，[①] 主要表现为破产程序将对债务人的财产进行概括性清偿，其他债权人将参与债务人的财产分配，进而降低和稀释自身债权的受偿比例，同时，债权人一旦宣告破产，未受偿债权因义务主体消灭而被免除，永久丧失追偿可能性；另一方面，执行程序遵循个别清偿、先到先得的优先主义原则，债权人之间将进行财产寻找的"勤勉竞赛"，率先查封债务人财产的优先债权人将获得全额清偿，而迟到的劣后普通债权人很可能一无所得，故后者提出破产申请的意愿最强，但即使是查封顺位在后的债权人也寄希望于凭借自身积极努力所找到的财产线索而实现超前性的整体受偿，同时，执行程序因其效率高、手段强烈而更具有法律威慑力，相当部分债权人希望在执行程序中通过搜查、拘留等破产程序不具有的强制优势来逼迫债务人履行债务。

二是债务人视角的破产启动抵触。债务人破产决策受其损失厌恶效应影响，在作出是否申请破产决策时，相对于"逃离"债务这一隐性"获利"，以及经和解或重整获得企业"重生"的小概率希望而言，清算并剥夺资产、补缴抽逃的出资或加速到期认缴出资、得到经营失败的名声和损害商业信誉等损失更令其难以承受。[②] 因此造就了在司法实践中，许多企业在发现自身资不抵债时，出现人去楼空的自然离场之景象，但企业并未尽清算之义务，更不会主动申请破产。另外，同意执转破不仅意味着远期的可能收益即期归零，所有的投入和付出均转变为沉没成本，且基于决策主体对公司财产具有朴素的私人化控制观念，[③] 在濒临破产之

---

① 参见黄茂醌：《协同主义在执行转破产中的阐释与应用》，载《烟台大学学报（哲学社会科学报）》2023 年第 3 期。

② 参见周圣：《执行案件移送破产审查制度的法经济学探索——基于上海法院执转破运行态势之实证考察》，载巢志雄主编：《中山大学法律评论》2023 年第 2 卷，法律出版社 2024 年版，第 78 页。

③ 参见蔡雄强、缪心豪：《从执转破到"破涉执"——执破双向互通联动机制之司法探索》，载《法律适用》2019 年第 3 期。

际，出于可能遭受损失时的风险偏好心理，刺激公司股东更加趋向于谷底投机，在有限责任制度的庇护下，纵然公司已经不堪重负，但出资人仍不愿公司轻易结束商业生命，反而可能制造虚假财务账册大肆融资，甚至是实施隐匿会计凭证、转移投资、妨碍清算等违法行为。例如，在巨某企业破产清算案件中，实际控制人以委托加工、租赁经营的方式将公司的盈利业务转移至新某公司，以此转移和保留公司核心业务，逃避破产清算，规避执行。[①]

三是法院审理角度的多重制约。破产案件的审理具有争议焦点社会化、审判复杂化及长期化等诸多与传统诉讼不同的特征，[②] 现行法院面临多维度的审判制约。其一，破产案件本身都会出现财务账册不清、凭证丢失、应收账款追索困难等问题，同时涉及财会、审计等专业领域，为法院审核企业的债权债务情况带来巨大困难，审判周期较长，审判负担较重，容易使法官产生较大的畏难情绪。其二，信访、维稳压力导致法院对于部分企业决定破产采取更加谨慎的态度，企业破产伴随共生的是职工下岗、劳动报酬追索等涉民生问题，可能引发群体性的信访等维稳问题，法院在考虑该类企业的破产决策时不得不面临其伴随的社会公益维护及社会秩序稳定的问题，从而尽量避免该类企业破产或对其破产予以严格的限制。例如，在房地产市场下行阶段，批量的涉房地产开发企业案件因为涉及保交楼等政策任务而被按下破产清算暂停键。其三，受制于有限的审判供给。目前，基层法院大都缺乏专业的破产审理团队，破产审判团队专业素养和经验有所不足，难以承担大量破产案件的审判工作，[③] 而破产案件的审理又具有较强的专业性，同时对于业务分散且被其他法院查封的大型企业，诸如房地产开发企业和集团性企业，协调集中能力也是制约基层法院审理的重要因素。

---

① 参见陈晓君主编：《吴江法院破产审判全景报告》，法律出版社 2021 年版，第 201~207 页。

② 参见段文波：《日美现代型诉讼比较》，载《社会科学研究》2007 年第 1 期。

③ 参见王富博：《关于〈最高人民法院关于执行案件移送破产审查若干问题的指导意见〉的解读》，载《法律适用》2017 年第 11 期。

二、职权启动模式的共识性倡导与规制逻辑

如前所述，破产原生性的吸引不足与执行内生的程序优势所形成的自利反差决定了执转破程序启动受制于当事人主观层面的桎梏与束缚，申请主义无法实现制度预期，就进一步改变执转破现状的目标设计来看，应允许对执行法官赋权，职权启动模式的引入有其正当性基础。然而，对于职权启动模式的共识性倡导因其自身随附的内生危机具有规制理由，单一的职权主义抑或是缺乏体系思考的职权主义同样不具有实质的程序价值，其体系的融通逻辑应区分内外两个层次进行思考。

（一）正当基础：倡导职权启动主义的要素证成

倡导职权介入的证成理由具有要素多元的特点，具体可细分为五个层面进行观察。

1. 公平——基于债权平等的整体受偿

执行程序通过对利益分配采取先到先得的方式鼓励当事人之间对债务人财产进行率先争夺的“勤勉竞赛”，这种方式的程序价值趋向于个案的快速清偿，追求效率至上，无法兼顾债权人整体上的实质公平，致使债权到期较晚者面临非因自身过失的债权执行不能风险，有违公平原则以及债权的平等性。① 而公司资本制的本质价值在于当债务无法实现完整清偿时，注册资本则给全体债权人提供公平受偿的机会。② 破产程序与执行程序所强调的个别清偿不同，其实行的是一次性、终局性的公平清偿，所达致和替代的是执行程序中概括执行的效果，当企业财产不足以清偿全部债务时，破产制度保障各债权人结果意义上的平等受偿，具有内生的制度优势。

执转破作为执行不能向破产实现概括性的平等受偿的衔接桥梁，其

---

① 参见赵晋山、葛洪涛：《〈民事诉讼法〉司法解释执行程序若干问题解读》，载《法律适用》2015年第4期。

② 参见何波：《公司注册资本认缴带来的法律问题——公司纠纷诉讼的一个难点》，载《人民司法》2020年第8期。

定位应具有全局性的特点，其功能应为促进总体利益的公平实现，但该制度的启动钥匙为自利追求的债权人所独有，即使法院通过释明、征询工作“穿透”了诸如财产调查情况等信息障碍，但出于对债权损失规避的心理，单独的债权人不会站在理性公正的角度理解破产制度的公平价值，更不会以牺牲自身利益来追求整体的公平，实质公平在现有的程序启动模式下无法得到真正的体现。而引入职权主义启动模式，则是在上述公平价值实现阙如的情况下作为一种重要补充，不仅在形式上增设了启动方式的种类，更在实质内容上体现了基于尊重当事人意思自治情况下公平失灵的职权干预与辅正，职权主义基于申请主义失范情况下的必要公权干预具有正当基础。

2. 公益——基于社会利益的公权参与

反对引入职权启动执转破程序的论据在于破产法之私法属性，其认为应当遵循市场主体的商事意思自治原则，① 该原则源起于市场贸易对商事交易效率的追求，要求市场主体的日常经营活动不应受到政府的过度干预。但随着破产法法律属性的多元化发展，其体现的经济法理念注重通过国家公权的介入以维护社会公共利益，对于那些需要体现国家意志的社会关系与经济关系，因为其含有公益因素，国家可以介入干预，以体现对社会公共利益的考虑。因此，有学者主张职权启动应当限定在事实清楚且类型简单、涉公共利益具有群体性、涉僵尸企业、涉职工讨薪四类关乎社会公共利益的案件。②

商事意思自治原则所代表的私法属性并非破产法唯一属性，其也要求对经营主体资格进行公法审查，该资格审查则包含市场主体的准入与退出，从公司的前端设立开始，就需要审查机关进行商事资格的登记与确认，体现出浓烈的公法属性，以保证商事交易自由的效率与安全，对于市场主体的退出也同样需要秩序保障，公权应当对其经营的可持续性

① 参见王丹雪：《试论破产程序与执行程序的竞争与共生》，载《江西师范大学学报（哲学社会科学版）》2018 年第 5 期。

② 参见廖丽环：《正当程序理念下的执行转破产机制：基于法理视角的反思》，载《法制与社会发展》2018 年第 3 期。

进行主动审查，而非完全交由主体自身的意思自治。该种主体准入与退出的资格审查，应超出了商事主体的日常经营活动范畴，属于社会公共利益中的市场秩序价值，此时，破产法应充分认识破产企业所牵扯利益的复杂性，必须突破仅仅关涉债权人、债务人的狭隘立场，经济秩序、公共利益必须被纳入法律调整的视野。[①] 同时，商事主体的逐利性要求符合退出条件的企业及时退出市场，以为存续的市场主体释放机遇和资源，否则，将掠夺其他正常经营企业的发展资源，因此，破产程序的启动需要公权力的适当介入，这为执转破程序启动引入职权主义提供了法理上的合理性理由。

就执转破制度而言，其实现宗旨便是强化对市场退出秩序的维护，所要解决的问题正是破产退出机制失灵的问题。法院作为公权力的代表，得益于执行案件前置机制，对企业债权债务以及资产状况形成全面的掌握和了解，其具有判断破产条件是否成就的专业能力，主动依据职权将企业移送破产审查，价值目标指向了明确的社会公共利益。一方面，执行端能够清退大量的僵尸企业，节约和解放大量的司法资源，将司法供给投放到更加复杂的经济纠纷之中，加快解纷效率；另一方面，在破产端能够实现优化市场环境，释放市场发展空间，优化产业结构的效果。这种依据职权主动干预的表现，体现的是公权力机关在察觉市场失灵的情况下主动采取干预措施排除市场隐患的能力，所强调的社会经济整体的效率和实质公平，体现的是社会公共利益。在当下申请主义难以高效集中解决日益积累的执行案件，尤其是无法表达申请意愿的三无企业，引入职权主义作为申请主义的改进措施，使得国家公权力能够介入执破衔接工作，从而使执转破制度真正成为解决执行难的有效措施。

3. 多元——重整拯救价值的配置期待

破产程序具备市场主体的出清功能，但并不意味着适用破产程序的企业仅仅面临清退市场的唯一结局，破产法不应仅仅关注债权人利益的

---

① 参见张世君：《我国破产法上行政责任的衰微与再造》，载《法商研究》2015年第9期。

保全，同时，也要为债务人铺平“重生”的道路。[①] 破产程序在对债务人的资产状况进行分类配置的基础上提供了多元化的解决路径，其中，破产重整程序和和解程序则具备对债务人企业进行必要挽救与救济的功能。当企业因财务困难已具有破产原因或有破产之虞而又有复兴的可能时，为防止其破产，由利害关系人申请，经法院裁定，对其实施强制治理，使其得以维持和再生。[②] 破产重整制度所蕴含的拯救企业的理念使其弥补了破产清算制度与破产和解制度的不足，具有极大的法律价值，其通过对债务人企业进行生产经营上的整顿，对其债权债务关系进行集中梳理，为企业法人的资源重置架构空间或者提供重整投资，实现企业的拯救与重生，重新回到市场中从事商事交易。

破产程序基于其重整和解的拯救再生功能，理论上，债务人对此具有浓烈的程序期待，但债务人仅具有重整申请的权利能力，实质的表决权仍然掌握在存有自利顾虑的债权人手中，这种自利顾虑在重整和解的程序语境下更多体现在对债务人资产状况以及存续价值信息的闭塞上。然而法院基于其对重整申请的实质性审查功能，不仅能审查债务人是否已经具备形式上的破产原因，更能基于其前期的执行财产调查情况了解和判断债务人是否具有继续经营的价值，重整成功的概率有多大，换言之，法院具有重整判断的实质能力。基于上述对于重新判断信息上的不对称性，法院实际上相较于债权人启动转入破产重整审查具有便捷性和安全性，从信息掌握的角度来说，法院依职权启动破产进而导入重整程序无疑更加具有合理性。

4. 优势——财产实质穷尽的归拢功能

执行程序对于金钱债权的执行主要集中在债务人的全部责任财产上，但其财产调查的形式化原则决定了其调查结果的有限性，执行法官仅能根据财产公示原则进行权属调查，例如，通过“总对总”“点对点”系统查询和控制公示在债务人名下的财产，而对于缺乏公示方法的财产则

① 参见齐明：《论破产法中债务人财产保值增值原则》，载《清华法学》2018年第3期。

② 参见张世君：《破产重整制度的理论基础研究》，载《西部法学评论》2010年第1期。

需要进一步的权属调查判断，主要结合权属人陈述以及异议程序进行判定，但也仅是进行形式判断，而非实质判断。[①] 然而，现代社会的财产存在形式的流动化、隐私化、分散化特征，[②] 形式化的财产调查显然不能满足司法实践的需要。

与此相反，破产程序的重心是解决如何增加或最大价值实现债务人财产的问题，所实行的是债务人财产最大化的实质调查原则，破产程序通过管理人制度先行解决其权利义务主体资格的问题，在管理人的运作下，通过对股东未缴纳出资的追缴和对高级管理人员非正常收入和侵占企业财产的追回，以及通过撤销权、追索股东出资、抵销权之禁止等制度功能来最大限度地增加债务人的责任财产，实现债务人财产的实质归拢效果。显然立足于执行程序和破产程序对于财产调查的形式原则与实质原则，两者之间的调查结果存在一定的区别，破产对债务人财产的实质见底导致其归拢的资金池范围更大，但两者也具有实质的关联性。执行程序中的财产调查结果可以作为破产程序中对于财产状况的初步确定，并具有提供相应调查线索之功能。换言之，执转破中财产调查的情况具有一定范围的同质性，使得执行法上无财产可供执行的概念与破产法上的明显缺乏清偿能力的概念得以无缝衔接，为执转破职权启动提供了充分的衔接可能性。

5. 高效——程序启动与实体结果的效率价值

效率是法的现象的重要价值目标，没有效率的法律不能被认为是良好的法律。[③] 执转破职权启动模式具有极大的效率优势。首先，立足于信息掌握的程序职权启动效率更高。申请主义的弊端不仅仅受制于当事人的主观束缚从而怠于提出执转破申请，而且还需要法院通过主动征询和释明工作消除其中的信息隔阂以提高申请人的意愿，避免延误程序进程，

① 参见朱福勇、仇金：《执转破启动职权主义的普适危机与程序应对》，载《法学研究》2023 年第 2 期。

② 参见史明洲：《执行财产调查程序的模式选择：为职权主义辩护》，载《华东政法大学学报》2021 年 2 期。

③ 参见公丕祥主编：《法理学》，复旦大学出版社 2010 年版，第 71 页。

而执行法官基于其执行前端的财产调查信息优势，能够充分判断是否具备转入破产的一般条件，依据职权进行破产移送具有极大的效率优势。其次，破产程序具有结果意义上的实质高效。破产程序一揽子解决所有债务纠纷，终结所有关联的执行不能的案件，充分解放执行司法资源，用集中清偿来代替个别清偿，同时消灭义务主体资格，批量集中清理执行案件，具有结果处理意义上的实质高效。最后，破产程序的工作模式决定了其高效的工作特质。依职权启动执转破程序后，可以引入市场机制下的管理人制度，由管理人对债务人企业的财产进行管理、变价以及分配，极大地节省司法资源，降低法官的工作难度，采用法院和社会第三方机构联动解纷的工作模式，更能高效地化解矛盾。

（二）规制理由：职权启动的随附危机

诚然，职权主义启动模式的引入有其必要性和合理性，但其同时作为公权干预私法自治有其固有缺陷，其价值目标仅指向社会公共利益，超越公共利益的目标范围，则存在正当性危机。

1. 不当损及当事人破产启动权

当事人基于理性经济人的决策保有执行个别清偿期待有其合理性，且公权一般不应主动干涉，其本质上是出于对于当事人程序处分权的尊重，同时也关涉当事人的切身利益。以破产程序的启动为例，破产启动基于其独有的程序特性，能够引发中止执行的法律效果，程序中的分配方式将由执行参与分配变为公益性的破产分配，不再具有个别清偿的正当基础，然而，该种法律效力对于启动前已经生效的执行行为不具有溯及力。因此，何时决定、由何人决定破产启动，对于债务人的财产归属及分配方式具有重要影响，破产启动权在一定程度上属于市场主体的理性判断，且其应对自身的启动选择所带来的随附效果自我答责。

但职权主义的启动模式引入后，特别是在其规制缺省的情况下，首当其冲的便是申请主义的排挤与虚置风险，从而损及当事人基于辩论主义法则衍生的破产程序启动权。在执转破程序启动的问题上，职权主义的引入将形成与申请主义并行不悖的通行模式，执行法院在获得执转破程序启动赋权后，能够自主选择启动方式，相对于法院需要所做的征询、释明等繁杂而又具有结果不确定性的工作，将会直接依据职权启动移送破产程序，导致申请启动模式的适用率大大降低，伴随的则是申请人对于债务人的财产信息的了解更为闭塞。另外，基于业务判断、审理难度以及办案绩效等情况，法院可能忽视部分应当移送破产的案件，造成案件启动的不公正，进一步加剧执转破程序启动问题的失范。在司法实践中，已经有部分法院受制于上级考核压力，为了降低执行终本率，降低执行天数等考核要求，在执行案件作出移送决定后破产尚未受理前就径行终结程序，将执转破程序作为实现考核的技术性工具，现受制于申请主义尚未铺开实行，倘若法院可以随意依职权移送，那么可以预见该种异化现象必将泛滥。

2. 过度挤压有限的审判供给

公权干预存在固有的资源供给难题，公权资源的供给并非无穷无尽，规则的运行、政策的执行都需要消耗运行成本，导致公权资源必须有所侧重和倾斜。[①] 破产案件作为一种专业性较强的案件，复杂程序比一般的民商事案件更高，涉及诸如会计、审计等专业领域，需要法官具有较高的专业能力和综合能力。随着目前民事审判重心全面下沉至中基层法院，人案矛盾尤其突出，大多数法院因为人力物力的制约，审判供给有限。一方面，在审判人员的组建配置上，基层法院的破产审判工作一般由民事审判第二庭进行审理，其无足够的审判资源组建配置专门的破产法庭，仅能交由民事审判庭的少数法官进行审理。以 N 市 G 区法院为例，民事审判第二庭仅有 3 名法官附带审理破产案件，仅 2023 年共计审结破产案件 90 件，审判负担明显较重。另一方面，在审理难度上，近年来，由于经济处于下行周期，加之疫情影响，多数集团公司、房地产建设公司等批量破产，而这些公司运营项目众多，财产较为分散，案件遍布全国，

① 参见甘强：《经济法中的国家干预——基于法律文本的实证考察》，载《现代法学》2013 年第 5 期。

且需要处置大量的资产，基层法院审理该种类型的案件难免产生畏难情绪。执转破程序引入职权启动模式后，大量执行前端终本案件将涌入后端的破产审理，引起破产案件的爆炸式增长，使原本供给不足的破产审理资源更加捉襟见肘。

3. 滋生大量无益破产及社会矛盾

当事人基于自身的利益衡量在申请激励不足时具有对职权主义启动模式的排斥心理，自利观念促使申请人无法观测到破产法诸如重整和公平受偿等目标价值，换言之，申请人决定案件继续适用执行程序予以追偿时，其主观上反对法院依职权移送破产，理由是执转破击碎了其个别清偿的主观期待。从主观心理态度角度而言，申请主义实际上与职权主义具有对抗关系。当法院基于其对依职权移送破产的自由选择性，规避征询、释明等信息沟通工作时，申请人有可能因为信息异差阻碍法院的依职权移送行为，并在个案中引发信访投诉，激发社会矛盾。尤其是法院依职权移送破产并进行实质审理后，申请人并未实现受偿而又不得不面对债权消灭的法律后果，此时，申请人主观上无法接受这一结果，认为是法院违反其意志并随意移送破产导致其债权不能实现，引发激烈的申诉信访。另外，该种信访维稳的压力不仅来自案件的申请人，还来自债务人企业的职工、供应商、合作商、消费者等利益全体，因法院依职权移送破产而致使其权利实现不能时，职工下岗失业等社会问题可能接踵而至，滋生大量的社会矛盾。

（三）规制逻辑：内外层次的双重规制

《草案》第八十二条所引入的不加规制的扩张式职权主义，叠加原则上应该受理的规定，导致此种职权主义启动模式在理论上不可避免出现制度兼容性问题，存在正当性危机。仔细考究职权主义启动模式的引入危机，其本质问题在于从外部如何协调安排申请主义下债权人的自利性对抗，一方面要充分保障申请处分权，另一方面要解决职权主义与申请主义的启动冲突。同时，在内部还要防止职权主义滥用挤压审判供给，导致职权主义启动模式程序失范的问题。基于上述危机理由的实质内涵，可以区分内外两个逻辑层次对职权主义予以必要规制。

1. 外部限制：申请主义的顺位前置

传统理论认为，防止国家权力侵害个人权利，需要通过处分原则与辩论原则，界定出当事人与法院各自的权限边界，抵制公权力对私人事务的过度干预。[①] 申请主义作为辩论原则的衍生物在规制职权主义扩张趋势上具有先天的位次优势。从《草案》第八十二条的规范文义来看，仅将职权主义启动模式作为终本程序效力范围的外延予以规范确立，并未提及和留足申请主义的规范空间，也并未具体阐明申请启动和职权启动两者之间的可能性关系。在该种适用顺位的关系上，有学者提出从形式逻辑上分析，申请启动和职权启动模式的适用关系具有四种相互交叉的情形。[②] 但结合《草案》第八十条关于终结本次执行程序"经申请人同意或人民法院审查，人民法院可以裁定终结本次执行程序"的立法表达，似乎"同意"概念具有了体系性的内涵，其效力涵括了终本后移送破产程序的同意内涵，意味着申请人同意执行案件终结本次执行的，推定其同意移送破产审理。而依据《草案》第八十条之规定，终本程序的启动方式呈现申请主义与职权主义的二元并列模式，基于终本程序中同意概念的体系解释，《草案》所秉持的关于执转破程序启动中申请主义和职权主义的位置关系应与终本程序中的两者关系保持体系的一致，也即并列的择一关系。

但上述基于《草案》申请阙如的情况下援引同意概念体系解释的理由所做的关于申请启动和职权启动的适用顺位分析，代表的是一种与申请主义并列的平行立场，意味着为了达到将案件移送破产的目的，特别是在政策动员的相关命令下，法院可以将案件移送破产，存在损害当事人的破产启动权的风险，形式上的择一关系不具有理论上的合理性。实

---

① 参见冯珂：《从权利保障到权力制约：论我国民事诉讼模式转换的趋向》，载《当代法学》2016年第3期。

② 参见赵泽君、林洋：《执转破程序启动模式的分解与重塑》，载《政法论丛》2018年第3期。

际上，从申请人的自利角度出发，申请主义启动模式和职权主义启动模式具有对立性，申请人持有职权主义应顺从申请主义的主观态度，认为法院的依职权启动会损害其个别清偿的债权期待。然而，职权主义的适度引入有其正当基础，所要达到的是一种申请主义和职权主义调和与平衡的关系，其根本症结在于如何在职权启动模式下充分保障申请人的处分权，这也正是职权主义外部限制的核心内涵。

从保障申请处分权的角度而言，两者的适用关系应遵从由申请到职权的顺位关系，该种顺位关系为职权启动模式设置了申请前置的前提条件，以规制职权启动的随意性。在职权启动的前端，法院应询问申请人的意见，并注重提高申请人的参与度，保障其对企业财产信息充分了解的知情权，消除双方之间的信息差，由申请人决定是否移送破产审查，只有在申请阙如的情况下，法院才可以依据职权将案件移送破产。该种申请前置的适用顺位关系，不同于有学者倡导的职权主义辅助启动模式，① 虽然其在形式顺位上近似于补充适用的关系，但在申请人表达拒绝移送破产的主观意愿时，要求申请人尽到一定的说明义务，并以此作为法院审查是否进入执转破的形式要件，其倡导的是申请主义和职权主义的协同运行，通过对绝对申请主义的义务限制以消减申请主义的绝对主导性，并以消减后的申请主义作为职权主义的前置条件，实现申请主义和职权主义的适用协同，协同的目的是解决执破衔接不畅的现实问题，如此，既能够防止申请主义被规避和虚置的风险，充分保障申请人的程序处分权，又能够防止申请主义对于职权启动模式的非理性的主观排斥。

2. 内部规制：职权启动的条件框定

职权主义于执转破程序启动中还要受自身职权启动标准的内部限制。主要体现在三方面。

其一，必须达到具备破产原因的前提条件。法院依职权启动执转破程序的最终目的是将执行案件导入破产程序，作为破产程序启动的一种

---

① 参见刘旭东：《执破衔接视阈下执转破要点透视及规范路径》，载《河北法学》2019 年第 4 期。

政策性创新方式，其必须受《企业破产法》第二条关于破产原因规定的限制。换言之，依职权启动执转破程序要以破产案件的受理标准为基准，即债务人存在破产原因。从破产理论看，大陆法系国家主要采取概括主义的破产原因立法模式，通常以资不抵债、停止支付和不能清偿等概念界定破产原因，① 只有法院判定被执行人具备上述破产原因时，才具有依职权启动的先决条件。

其二，严格限定终结本次执行程序的解释范围。一般认为，终结本次执行程序是法院穷尽债务人财产的充分条件，经过法院终本结案的执行案件说明债务人确无能力履行，但近年来受制于结案天数等考核要求，技术性终本的现象较为突出，在司法实践中存在因财产处置时间影响考核指标而暂作终本处理的情况，该种类型的终本案件不应作为法院依职权移送破产程序的案件基础，只有经过法院财产调查，确实属于无财产可供执行或者资不抵债等情形时，才能够作为破产审查的移送对象。

其三，职权启动应侧重无法通过当事人申请启动的案件。从比较法的视野看，首先，对于陷入经营状态异常而失去市场竞争能力但无法表达破产意愿的企业，尤其是已经解散但未依法清算的企业以及被吊销营业执照但未注销的企业，应由法院依职权移送破产。其次，对于债务人资产尚不足以承担破产费用以及三无的僵尸企业，必须及时由法院启动执转破程序。最后，对于负债经营的企业，应充分考虑其负债率的高低、是否损害市场信用以及是否符合行业习惯，充分尊重当事人的意见，审慎适用职权启动模式。

三、职权启动的线型规制模型与程式设计

如前所述，职权启动的限定具有申请前置与自身条件框定两个规制逻辑，以该两个规制逻辑为基础，结合申请主义和职权主义的顺位适用关系，可以构建一条从申请到依职权启动的线性规制模型，并在该模型

---

① 参见王欣新：《破产法》，中国人民大学出版社2011年版，第35页。

上设计添附具体的规制要素，形成职权启动模式的规制程式。其核心要义在于：在外部申请主义的顺位前置规制的逻辑路径中，一方面，应通过义务设置消减申请主义的绝对主导；另一方面，应以精细化的执行释明对话缓和职权主义的强制效果，实现两者的协同对接。在职权主义主观的条件框定逻辑路径上，应设置以破产原因和破产利益审查为核心的职权启动标准，作为框定职权启动模式的实体要素，同时赋予当事人必要的程序救济，并对审判供给实现分流配置，畅通职权启动模式的案件消化出口。

（一）规制前段：前置申请主义的主导性消减

以执行案件终结本次执行的程序样态为起点，以当事人是否作出移送破产申请意思表示为终点，这一线型距离空间为职权启动模式的规制前端。在该段空间中，由于申请主义的前置影响，规制要素主要为协同沟通申请主义，并通过义务设置消减其绝对的主导性。

1. 精细化的执行互动对话

职权启动模式因其难以消解的职权烙印始终被认为侵蚀当事人的程序及实体权利，在传统的职权干预型执行构造中，往往因程序式推定执行进展，缺乏与当事人之间的释明对话。而执行对话可以作为法院表达程序正义的有效手段，其通过分享信息、保障知情权、提升参与度等方式，可以缓和职权主义的过度强势。在执转破的职权主义启动模式中，法院基于对财产信息的充分掌握，应保留关于《执转破指导意见》第四条所规定的征询、释明等对话方式，即对执转破程序中释明告知义务予以法定化，并进一步予以精细化。一是告知当事人双方关于执转破的相关法律规定，明晰执行与破产程序之间的功能界分，以及执转破程序启动后给双方带来的可能法律后果。二是法院立足于执行程序所做的财产调查，充分告知当事人调查情况，包括通过财产查控系统反馈的财产情况，以及查询的关联案件的财产执行情况和结案情况。三是积极询问申请人和被执行企业是否同意启动执转破程序，并释明同意与否的所随附的法律效果。

2. 申请否认时的举证义务设置

如前所述，申请人基于其自利衡量因素基本对执转破启动持否定态度，且该种申请否定具有绝对的主导性，现行司法规范仅赋予了申请执行人程序启动的决定权，但并未规定其相应义务，当事人可以基于不符合其债权实现预期考量单方否认执转破的启动申请，义务的设置缺陷直接导致司法实践中申请否认的随意适用，法院即使通过释明对话也不能消减其绝对主导性，这无疑会浪费大量的司法资源，其以一种绝对主导的姿态阻碍司法实践中执转破的程序启动。但对程序处分的尊重不代表申请权利可以被滥用，应通过设置相应的必要程序对其绝对主导性予以适度消减，当法院基于其执行财产调查情况得出企业存在资不抵债或明显缺乏清偿能力的结论，向申请人出示相关证据证明并释明询问其是否同意申请启动执转破程序时，持有否定意见的当事人应举证证明执行企业尚有偿还债务能力的事实，否则，应当承担举证不能的法律后果，该种举证不能在规制模型中成为法院进行职权启动审查的程序入口。

3. 经营危机时债务人的破产申请义务设置

公司运营遵循所有权和经营权相分离的制度设计，公司破产意志基本体现为股东尤其是控股股东的决策意志，企业高级管理人员基于其经营管理具有信息收集和分析职能，并对股东负责。当企业发生经营危机时，负责日常管理的企业高级管理人员能在第一时间获知该企业的运营情况，具有判断企业是否陷入资不抵债的能力。但一旦破产启动，管理层不仅将失去经营管理权，而且还要承受丧失三年内任高级管理人员资格的不利益，具有较大的主观破产抵触。基于高管及股东对于公司经营状况的熟悉与了解，应赋予债务人在企业经营危机时的诚信义务，规定债务人在具备破产原因时具有法定的破产申请义务，并同时设置怠于申请的不利法律后果，以此倒逼债务人在经营危机时主动提起破产审查。该种义务设置可以建立在相应的激励机制上，即对高级管理人员的勤勉、忠实义务作出限制解释，在管理人监督下可以继续负责企业管理和事务运营，并取消其就业限制，[①] 以此提高债务人中相关利益主体的积极性。

（二）规制中段：破产利益与破产原因的核心审查

按照构建的线型规制模型，以当事人申请否认的意思表示为起点，到法院依职权作出移送破产决定止，这一段逻辑距离可称之职权主义的规制中段，其重点任务是基于自我条件框定的逻辑，解决职权主义移送的条件标准问题，规制的核心要素可分为破产利益和破产原因的双重审查。

1. 破产原因的审查

如前所述，执转破启动的条件标准应与《企业破产法》第二条所规定的破产原因保持一致，通常以资不抵债和明显无履行能力的财产要素为判断标准，就财产要素的判断而言，执行程序中的财产调查状况可以作为破产原因审查的形式推定，法院可以综合财产查控系统诸如“总对总”“点对点”系统查询财产控制情况、关联案件情况、执行案件财产执行情况以及当事人的财产线索申报情况，梳理债务人的现存资产明细及债务总额，对比得出是否存在资不抵债等破产原因的初步判断。只有在得出具备破产原因的肯定性结论时，才可以依职权移送破产。

2. 破产利益的审查

破产利益能够为职权启动破产程序提供正当理由，要求法院审查移送破产的案件具有破产利益。破产利益的主要内涵为债权人实现债权的可能性，以及债务人是否具有重整再生的拯救可能性期待。就前者而言，由于破产法中关于破产费用具有清偿顺位的优先性，因此，应注重提前审查债务人财产是否能够支付清偿破产费用，当债务人财产不足以支付破产费用抑或支付破产费用后并无剩余款项时，应认定无破产利益，该类案件在无法解决破产费用的来源问题时不具有批量移送破产的现实基础。就后者而言，基于执行中对于债务人财产的调查，如发现债务人具

---

① 参见黄茂醌：《协同主义在执行转破产中的阐释与应用》，载《烟台大学学报》2023 年第 3 期。

有重整价值，那么基于社会公益应移送破产重整程序。

（三）规制后段：异议救济设置与审判配置优化

在构建的线型模型中，法院作出移送破产决定后的逻辑空间可称为职权主义规制后段，其规制要素集中体现在对当事人的权利救济，同时，为了防止破产审判对职权移送的反向影响，应优化审判配置以疏导破产案件的审理。

1. 申请权利的异议救济

从申请启动到职权启动的线型规制模型体现的是申请主义与职权主义的协同对接，其目标是实现执转破程序启动的平和性，消解申请主义对职权启动模式对抗的主观不满，尽可能维持社会秩序的稳定。因此，在法院依职权作出移送破产决定后，仍需对申请主义给予充分的程序保障，赋予当事人向法院提出异议的权利，异议具有中止执转破的效力。如被法院裁定驳回异议，当事人可向上级法院提出复议。同时，为了尽可能降低不稳定因素，可在异议审查期间引入听证程序，鼓励对话与互动，有效消除信息差，在司法实践中已有将听证程序引入破产审查的实践案例。①

2. 审判资源的优化配置

优化执转破程序的审判配置，提高审判效率，疏导破产审判案件的出口，防止形成对职权移送的反向影响，主要体现在两个方面：一方面，对移送案件实行繁简分流，对于三无企业、财产较少、关联案件、影响范围较小的案件标识为简单破产要件，并尽量简化审判程序，提高审判效率，对于疑难复杂、涉及案件较多、资产情况较为繁杂的案件标识为繁案，可以适当配置足够的审判资源，通过繁简分流，最大限度地节约司法审判资源；另一方面，应明确重大疑难复杂、涉及范围较广、涉民生等可能影响社会稳定的案件，应建立中级人民法院集中管辖制度。中

① 参见胡志光、白田甜、景晓晶：《执行案件移送破产审查的路径规范》，载《人民司法（应用）》2017年第19期。

级人民法院拥有较强的审判资源和能力，同时能够协调跨区域案件，能够起到较好的审判破产效果。

四、代结语——兼评《草案》第八十二条

执转破的启动机制作为执行与破产程序衔接的关键环节，关涉其制度运行的实效。实践表明，申请主义启动机制不符合实践逻辑，职权主义的引入与倡导有其正当性基础，《草案》第八十二条所规定的执转破职权启动模式具备现实的适当性。但规制缺省的职权主义亦存在正当性危机，同时，《草案》中并未明确提及申请主义，依据《草案》第八十条关于终结本次执行程序中同意概念的体系解释规则，能够勉强将申请启动和职权启动两种模式的适用关系解释为平行的择一模式，但该种模式是将职权主义作为申请启动的替代模式，忽视了当事人基于其自利衡量所衍生的两者主观上的排斥与对抗，极易导致申请主义的虚置风险，存在公权过度干预私权的正当性危机。为了缓和申请主义和职权主义的冲突和对抗，从职权启动模式的内外双层规制逻辑出发，可以构建一条从申请启动到职权启动的职权主义规制的线型模型。依托该模型，应对《草案》第八十二条予以补充和修正。首先，保留释明、征询条款，并进行更精细化的执行对话内容立法，赋予申请人申请否认时的举证义务和企业经营危机时的破产申请义务，并以该举证不能和申请阙如作为职权主义启动模式的准入条件。其次，规定以破产原因和破产利益审查为核心的审查条款，并作为职权主义启动模式的核心标准。最后，还要另行设置程序规范，优化审判资源配置，一方面赋予当事人异议救济权，另一方面实行破产案件审理的繁简分流和更加科学的管辖制度，防止破产审判形成对职权移送的反向消极影响。

执破融合语境下企业出清甄别机制的检视与完善

黄雨萱*

内容摘要： 近年来“终本出清”执破融合实践在各地实践中逐渐升温，但同时，对于执行进入破产程序的案件存在甄别标准不一、适用条件模糊等问题。本文通过对执转破受理裁定以及各地执破融合模式下案件甄别标准的梳理，发现部分地区认为终本即视为满足破产原因，而部分地区则将条件限制得更为严格。为完善企业出清甄别机制，本文借鉴比例原则并借用成本—收益分析方法，通过目的正当性、手段必要性、实质平衡三要素对于甄别标准进行拆解分析，进而从融合团队的程序规制、清偿能力的初步确定、破产利益的实体审查、职权对抗的权利救济四个层面构建企业出清甄别的完善机制，从程序和实体上共同构建合理的执破融合启动机制。

“办理破产”作为法治化营商环境的一项重要指标，对法院立足司法职能推动构建高水平社会主义市场经济体制具有重要意义。近年来，各地针对执转破执破融合产生了诸多创新做法。但在司法实践中，以企业为被执行主体的终本案件数量居高不下，同时执转破案件受理数量有限，大量案件困于终本僵局，执破融合机制未能真正实现“融合”，其显著原因在于认定标准多局限于个案审查，缺乏统一有效的甄别标准。通过查

* 浙江省台州市路桥区人民法院审管办法官助理。

询部分执转破受理裁定以及各地法院对破产案件甄别标准上的不同意见，存在受理条件和甄别范围标准不一、适用模糊等问题。本文着眼于执破融合改革视角，结合各地创新举措，探究当前案件甄别机制是否切实解决当下企业终本困局，进而探寻企业出清甄别机制的优化路径。

一、实践检视：法规范与司法认定现状之离合

（一）法规范视角：从“依申请”向“依职权”延伸

我国司法实践中长期存在执行不能案件退出难和破产程序启动难之困境。《企业破产法》对于执转破启动程序仍适用意思表示要件，即执转破应当经由被债务人、债权人、负有清算责任的人等书面申请。由于无法突破法律的限制，《最高人民法院关于执行案件移送破产审查若干问题的指导意见》（以下简称《指导意见》）采取了一种“半妥协”的方式，即在无当事人主动提出申请的情况下，经人民法院询问告知，如当事人表示同意，也表明其具有启动破产程序的意愿。《民事强制执行法（草案）》第八十二条将执转破启动模式调整为执行法院依职权启动，但目前仍停留在草案阶段且已暂停审议，仅可看出立法确实存在从“依申请”向“依职权”转变的趋势。

《企业破产法》对于破产原因需同时满足不能清偿到期债务和资产不足以清偿全部债务或明显缺乏清偿能力这两条并列标准。针对第一个条件，在诸多地区司法实践中被认定为存在终本裁定即视为满足到期债务不能清偿条件。针对第二个条件，“资不抵债”往往通过企业资产负债表、审计报告等其他形式辅佐判断，而“明显缺乏清偿能力”之要件在《最高人民法院关于适用〈中华人民共和国企业破产法〉若干问题的规定（一）》（以下简称《破产法司法解释（一）》）中列举了部分具体情形，如法定代表人下落不明、长期亏损且经营扭亏无法清偿债务等。但在实践中，大量中小微企业尚未建立规范的企业财务制度，账册不齐、账目不全或财务记载不真实等情况屡屡发生，为法院判断“资不抵债”

带来阻碍。同时，“明显缺乏清偿能力”中的部分情形亦与终本条件存在雷同，因而即使综合两项条件，亦存在法院直接依照终本裁定认定具备破产原因。

（二）司法实践视角：以执转破受理文书为样本

通过在中国裁判文书网上检索执转破文书，[①] 可以看出各地法院对企业由执行进入破产程序的甄别标准上，存在由宽松到审慎的不一态度。

1. 存在终本案件即视为具有破产原因

最为宽松的态度仅要求企业所涉执行案件以终本方式结案即视为满足破产原因，无须要求申请人另行提供其他材料对被执行企业的财产情况和清偿能力予以佐证。执行案件移送破产审查，除满足主体要件及意思要件外，[②] 仅须满足：当执行法院穷尽财产调查措施，并对财产线索及申报财产核实、控制后，被执行人财产的处分价值明显不足以清偿全部债务，或者执行法院已依法裁定终结本次执行程序。[③]

另外，对于带财终本的认定问题，不同法院亦存在不同观点。例如，在上海永某物流有限公司申请破产清算一案中，法院认为，公司名下登记不动产价值较大，通过变现或其他方式盘活该资产尚存清偿全部外债的可能性，故现有情况不足以确定已具备破产原因。[④] 而在浙江披某食品股份有限公司申请破产清算一案中，法院认为，被执行人名下房产及土地设有抵押权而因该院轮候查封无处置权，名下车辆因下落不明暂无法处置。现被申请人不能清偿到期债务，且其资产不足以清偿全部债务，申请人提出的破产清算申请符合法律规定。[⑤]

---

① 选择案件类型为“强制清算与破产案件”，关键词为执转破进行检索。

② 主体要件指被执行人为企业法人，意思要件指执行人或者有关被执行人的任何一个执行案件的申请执行人向执行法院申请或经执行法院征询意见后同意启动执行案件移送破产审查程序。

③ 参见湖南省岳阳市中级人民法院（2018）湘 06 破申 5 号民事裁定书。

④ 参见上海市松江区人民法院（2018）沪 0117 破申 33 号民事裁定书。

⑤ 参见浙江省丽水市中级人民法院（2022）浙 11 破申 5 号民事裁定书。

2. 除终本案件外仍需提供其他证据材料

部分法院对于破产程序的启动持审慎的态度。破产案件的立案将直接影响相关主体的权利义务甚至信誉，最终可能带来商主体的灭失结果，因此，较之普通民事案件，破产案件的立案审查应当更为谨慎严格，不仅需对申请人资格、申请材料、法院管辖权等进行形式审查，还应对债权性质、破产能力、破产原因等进行初步的实质审查。因此，法院一方面应当审查债权人所拥有的债权是否确定和有效，另一方面应审查申请人是否提交了必要的材料，主要包括债权发生的事实和依据、债权种类和数额、有无财产担保的情况、债务人不能偿还到期债务的详细证据、身份证明以及债务人资产情况等。①

3. 考量其他因素

部分文书在考量是否应纳入破产程序时对其他因素进行考量，最终综合判断是否具备进行破产的可行性或必要性。从破产可行性角度，在广东恩某医疗科技有限公司申请破产重整一案中，法院认为，该公司属于高新企业，配备有一系列工程研发中心，生产能力较强，正常利润可观，且案外公司具有投资意向，从有利于衡平利害关系人各方利益的角度出发，法院认为对于重整申请时的股东会决议的条件不应过于严苛。②从破产必要性角度，在浙江宏某实业有限责任公司申请破产清算一案中，法院认为，该案所涉债权经生效判决确认已近二十年，并已经过强制执行程序。因此，在债务人早已下落不明，亦无新的债务人的财产线索的情况下，时隔近二十年后再对债务人进行破产清算既缺乏可行性也缺乏必要性。③

---

① 参见湖南省株洲市中级人民法院（2019）湘02破终4号民事裁定书。

② 参见广东省江门市中级人民法院（2017）粤07破终3号民事裁定书。

③ 参见浙江省杭州市中级人民法院（2019）浙01破终3号民事裁定书。

二、现实借鉴：各地执破融合创新模式的比较

（一）执行向破产延伸

1. 执转破模式

《最高人民法院关于适用〈中华人民共和国民事诉讼法〉的解释》（以下简称《民诉法解释》）及《指导意见》对于执行案件移送破产审查的条件要求必须符合《企业破产法》第二条的规定，即债务人不能清偿到期债务并且资产不足以清偿全部债务或明显缺乏清偿能力。就如何判断是否符合破产法上的破产原因，不同地区采用不同的具体标准。

温州模式强调对时间因素和财产因素的考量，即优先解决正在执行程序中的案件以及执行终结较晚的案件。其中，浙江省温州市瓯海区人民法院对于执转破规定的启动条件包括程序性要求和实体性要求。程序性要求包括：一是在执行阶段穷尽一切必要手段后认定被执行人确无财产可供执行，即满足终本结案条件。二是在履行解释告知义务后，当事人均不提出申请，即不符合“依申请”启动之意思要件。实体性要求包括：一是类型简单、基本事实与争议清楚。二是人数众多、涉及公共利益的群体性案件。三是涉僵尸企业。同时，瓯海区人民法院还确立了“先易后难”的思路，前期选择移送的案件需具备以下条件：从移送效果上要求债务人的执行案件数量较多，从移送必要性上要求经执行未发现财产或有财产但难以在执行程序中妥善处置，并且仅有债务人作为被执行人，无其他共同被执行人。[①]

而深圳模式则要求，被执行人财产的处分价值明显不足以清偿全部债务，或者执行法院已依法裁定终结本次执行程序。并且，在作出终结本次执行裁定前，执行法院应征询执行双方是否同意启动执转破程序，双方均不同意时方可以终本方式结案。在终本结案后，法院应于每六个

① 参见浙江省温州市瓯海区人民法院课题组、蔡雄强：《从执转破到“破涉执”——执破双向互通联动机制之司法探索》，载《法律适用》2019 年第 3 期。

月对被执行人财产进行查询，查询后认为不符合恢复执行条件的，均需要询问双方是否启动执转破程序。①

对比而言，深圳对于执转破启动的案件甄别标准相对较宽，基本上认为只要存在终本方式结案的执行案件，即可认定满足《企业破产法》第二条所规定的破产原因。另外，该操作指引也从程序角度强化了上述立场，要求执行法院在执行结案前亦需要再次征询当事人意见，确保满足破产实体条件的案件在取得程序意思要件后均可移送。

2. 预重整

诸多法院均针对预重整制定了制度规范指引，不同地区在具体规范上存在程序上的区别。具体而言，在申请条件的规范模式上，主要存在以下三种模式。

表1　各地预重整企业甄别标准

模式	地区	企业甄别标准
列举式	淄博	明确列举了4种可以适用的债务人主体类型：债权人人数众多，债权债务关系复杂，或职工安置数量较大，影响社会稳定的大型企业；产业规模庞大，占据行业龙头或重要地位，对地区经济发展和金融环境稳定有重大影响的大型企业；上市公司或对上市公司影响较大的关联企业；其他直接受理重整申请可能对债务人生产经营产生负面影响或产生重大社会不稳定因素的企业②
	深圳	具有重整原因+4种列举的企业主体（需要安置的职工超过500人、债权人200人以上、涉及超过100家上下游产业链企业、直接受理重整申请可能对债务人生产经营产生负面影响或者产生重大社会不稳定因素）③

① 参见《深圳市中级人民法院关于执行案件移送破产审查的操作指引（试行）》，载 https：//www. zexiaolaw. com/static/upload/file/20230505/1683268560948967. pdf，2024年6月18日访问。

② 参见《淄博市中级人民法院关于审理预重整案件的工作指引（试行）》，载 https：//www. thepaper. cn/newsDetail_ forward_ 10057933，2024年6月18日访问。

③ 参见《深圳市中级人民法院审理企业重整案件的工作指引（试行）》，载 https：//www. faxin. cn/lib/dffl/dfflContent. aspx？ gid = B1062844&libid = 010203&userinput =% 25e9% 2587% 258d%25e6%2595%25b4，2024年6月18日访问。

续表

模式	地区	企业甄别标准
概括式	温州	概括式规定，符合国家产业政策，行业前景较好，具有挽救价值的核心优质企业①
	重庆	具有挽救可能且有能力与主要债权人开展自主谈判的企业法人②
设置程序终结情形	北京	法院决定预重整前并没有专门对适用主体进行规定，但受理后，发现债务人不具有重整原因、重整价值或重整可能的，或存在可能严重损害债权人利益情形、拒不履行债务人相关义务、无法支付预重整必要费用且无人垫付的，经临时管理人申请可终结程序③

从上述地方规范来看，启动预重整程序基本上都要求具有重整原因。部分地方规范对于具体的企业类型进行列举，大多通过企业规模、职工数量、债权人人数、当地影响力等因素来判断是否具备重整价值。实际上，无论采取概括式、列举式抑或从终结条件反推受理条件，均是从重整原因、重整可能、重整价值三个层面予以考量。

（二）破产向执行融合：执行监管模式

破产向执行融合仍局限于执行程序，只不过借助破产的审理模式通过介入执行监管以达成执行和解。在苏州地区的某案例中，被执行企业系个体工商户，不具备破产能力，执行法院在征得双方当事人同意后，借鉴破产程序并参照破产管理人遴选程序指定执行管理人，对其经营情况进行监管，确保经营利润能够用于债务清偿。

对于执行管理人的适用条件，主要包含以下几方面：一是尊重当事

① 参见《温州市政府企业金融风险处置工作府院联席会议纪要》（温政办函 41 号），载 https://www.zjaba.cn/zjaba/web/news? id=AT_ 83527b68dc654f21810f258e7983389，2024 年 6 月 18 日访问。

② 参见《重庆市第五中级人民法院预重整工作指引（试行）》，载 http://cq5zy.cqfygzfw.gov.cn/article/detail/2022/10/id/6947772.shtml，2024 年 6 月 18 日访问。

③ 参见《北京破产法庭破产重整案件办理规范（试行）》，载 https://www.beijing.gov.cn/zhengce/zhengcefagui/202003/t20200311_ 1690104.html，2024 年 6 月 18 日访问。

人的意思自治是程序得以启动的前提，执行和解的性质决定了其权责范围源于当事人的授权。二是企业经营状况良好是能够借鉴重整方式的根本，重整的前提是企业目前具备重整的可能性，要求企业具备一定的生产经营能力，在形式要件上需要被执行企业财务制度、经营制度等较为健全完善，在实质要件上需要被执行企业经营条件良好且负债规模较低，即企业具备持续、稳定的生产经营条件且具有监管介入的可能性。三是被执行企业无法适用破产程序，包括主体条件不适用和实体条件不适用。①

（三）双向互动：执破融合模式

执破融合机制最为典型的是苏州模式。苏州执破融合模式是在执转破基础上的再升级，该模式将案件甄别的时间点从常规的执转破向执行全过程延伸，从更有利于化解矛盾纠纷、助力企业重生的角度启动破产程序。执破融合的案件甄别标准主要分为以下三方面内容。

表 2　苏州执破融合模式甄别标准

苏州模式	具备亟须出清的紧迫性	已有三件以上终本案件的
		债权人众多且诉求多元，强制执行可能引发群体性事件，需要借助破产程序妥善化解矛盾纠纷的
		存在隐匿、转移、无偿或以明显不合理低价转让财产、偏颇性清偿等行为造成责任财产较大幅度减少，通过执行程序无法解决，但通过破产程序相关制度可以解决的
	具备予以挽救的可能性	系“专精特新”中小微企业或主营业务属于前沿科技、高新技术领域，强制执行不利于落实相关产业保护政策的
		仍在生产经营且具有持续营运价值，通过执行程序难以妥善处置，通过破产重整、和解制度可能实现事业延续的
	执行与破产程序成本收益衡量	主要财产已完成变价，在执行程序中分配案款不利于保护和平衡各债权人合法权益的
		主要财产通过执行程序难以变价或完成变价需要消耗较高的时间、人力、物力成本的

① 参见朱文峰、杨航：《对被执行企业进行执行监管的实践和探索》，载《人民司法》2023年第8期。

苏州模式对于案件甄别提供了较为明确的标准。根据其规范要求，只要企业满足破产原因并同时满足其中一项条件，原则上即应纳入执破融合案件范围。换言之，苏州模式实则将案件范围从以终本案件出清为目的拓展至以优化法治化营商环境为目的，通过比较执行程序与破产程序优劣，为企业定制更为合适的程序，实际上将视角从法院单方向法院、债权人团体、债务人企业总体利益衡平转移。

三、反思透视：比例原则视野下执行转入破产的原因规范

比例原则的本质是约束公权力、保障基本人权、权衡各方当事人的利益，最终达到一种适度、均衡的理念和思想。而执破融合是对执转破的更进一步，无论是节点前移还是“依职权”启动，都是司法权对于意思自治的干预。因此，本文借鉴比例原则，通过比例原则的三要件分析执行转入破产的原因规范。

（一）目的正当性

执破融合本质上是国家净化市场的职权干预方案，从而实现特定主体的快速出清，因而职权介入首先需要满足目的上的正当性。破产法具备公私法交融的属性，正常经营状态下的企业，在立法者眼中所扮演的角色是市场经济的积极参加者，是追求私人利益的组织，因而需要在市场规则的指引下实现资源配置，此时更应尊重商主体的意思自治。但在判断企业是否进入破产程序时，其制度设计的对象是濒临破产倒闭的企业，此时立法者的思考变得更加立体多维，由于破产企业所牵扯利益的复杂性，经济秩序、公共利益被纳入法律调整的视野。[①]

因此，职权介入的目的应当从维护经济秩序、公共利益的正当性和必要性出发，对于破产启动的适用条件不应过于宽松。有观点认为，终本结案的案件，原则上均经过了多次财产查控，结案时无任何财产可供

① 参见张世君、李雨芊：《“执破衔接”实施的困境反思与制度改进——以破产启动职权主义为视角》，载《河南财经政法大学学报》2020 年第 3 期。

执行，且终本案件实际并非执行程序的彻底终结，具备这种情形的被执行人，绝大多数均符合破产条件。[①] 但实践中，终本案件是否确为无财产可供执行案件存在应然与实然之间的隔阂。

（二）手段必要性

职权介入必要性要求对执行转入破产案件甄别标准也应当予以必要的限制，执转破职权启动应当从程序上减轻执行退出和破产启动对当事人的消极作用，才能满足职权干预的必要性和适当性要求。[②] 破产程序的启动是债权人与债务人在经过多方利益衡量后的博弈选择，应分别探讨破产程序启动对可能涉及的主体带来的消极作用。

1. 债权人

对于债权人而言，需根据案件所处状态予以区分对待。对于已经进入执行程序的债权人，在执行程序中按照企业主体执行分配规则即根据采取强制措施顺序予以分配；而进入破产程序则意味着全部申报债权人进入财产分配程序，此时更为优势的选择自然是停留在执行而非启动破产程序。对于正在审判阶段或尚未进入法院视野的债权人，破产程序的启动意味着正在进行的诉讼停止，待管理人确定后再行决定，债权将进入债权申报程序。因此，除非作为优先债权或依照法律优先保留份额债权，否则对于普通债权，即便进入执行亦只能享有劣后顺位的分配权，不如进入破产程序公平受偿。另外，对于特殊债权的债权人而言，其面临的困境有别于一般债权人。对于担保债权人而言，担保债权的优先性确保其在清算程序中可以依据担保物权直接实现债权，但在重整程序中，其权利受到一定的限制。由于破产期限较长且担保物将被列入破产财产而置于法院和管理人的监管之下，抵押财产的价值可能存在减损的风险。

因此，法院在考量是否纳入破产程序时，应将债权人视作团体利益

---

① 参见秦权、赵栋梁：《强化执行案件移送破产审查机制的实践运用》，载《人民司法》2023年第31期。

② 参见朱福勇、仇金：《执转破启动职权主义的普适危机与程序应对》，载《重庆大学学报（社会科学版）》2023年第2期。

进行考量，即考量何种程序能够实现团体利益的最大化。对于债权人而言，启动破产带来的消极影响能否为破产程序带来的利益所消弭，实质上在于破产重整结果能够带来的长期性可持续收益。尤其是当被执行企业与债权人直接之间为上下游产业，存在产业链上的紧密联系时，债权人不仅更愿意启动破产程序，甚至可能成为被引入的新投资人，以助力该企业实现经济重生。

2. 被执行企业

对于被执行企业而言，尤其是“三无”的僵尸企业，其进入破产程序的意愿并非十分强烈。企业主体决策实际为人的决策的集合，对于股东而言，进入破产程序对于其股权价值的影响可能存在不同的趋势。对于无法通过破产重整实现重生的企业而言，其股东的权益将会随着企业清算而彻底灭失。而当企业仍具有重整的可能性时，其享有的股权价值存在损失减少的可能性，例如，重整时引入新的投资人将会直接稀释原股东的股权价值，但企业重生能够让股权本身存续时间尽可能延长。但重整本身只是一种可能性，出于“损失厌恶”理论的考量，① 相较于缥缈的重整可能性，失去股权价值、加速到期认缴出资、清算并剥夺财产、损害商业信誉对于商人可能更加难以接受，② 故更倾向于长期停留在执行僵局。

（三）实质平衡

在法经济学视野下，为实现稀缺性资源的均衡效果，通过边际增量分析方法抽象自变量与因变量并建立模型，进而预测趋势走向并判断最优节点。在此，我们借鉴边际效用分析模型，以债权人加入数量为自变量，构建破产成本与收益模型，借以分析破产实践效益最大化。

---

① “损失厌恶”理论，是指人们在面对未来决策时赋予一单位财富所产生的痛苦的绝对值要远大于未来决策时赋予获得一单位财富所带来的满足的绝对值，即多数人对损失比对收益更为敏感。

② 参见周圣：《执行案件移送破产审查制度的法经济学探索——基于上海法院执转破运行态势之实证考察》，载《中山大学法律评论》2022 年第 2 期。

1. 成本曲线

随着债权人加入，由于成本分摊人数增加，边际成本将呈现下降趋势。而当债权人数量增加至某一极点后，在破产程序中，无论重整还是清算分配方案的通过，均需经由债权人会议达成多数决决议，因而人员分摊的破产成本将被合意成本所消弭，此时边际成本反而呈现上升趋势。

2. 收益曲线

就单一债权人取得收益而言，假设该企业的财产在某一时间点为恒定的（暂不考虑后续重整可能带来的增加收益），当债权人数量增加时，对于广泛意义的债权人而言，在排除具备最高优先级的债权之外，边际收益将随着参与主体的增加而呈现下降趋势。即便考虑后续重整可能带来债权受偿的增加，收益的上升也将是小范围的，大范围内债权人主体的增长仍会带来“分蛋糕”的人数增多，导致边际收益减少。

3. 成本—收益曲线

当该被执行企业全部财产相对债权微不足道时，收益曲线将始终低于成本曲线，此时，普通债权人能够收益的金额趋向于零。换言之，在优先债权和管理人费用之外，可能并无财产剩余，此时债权人更倾向于在终本僵局中等待有朝一日可能受偿的金额。但更多时候，被执行企业仍有部分财产，只是目前暂时存在资金周转困难，此时成本曲线与收益曲线存在相交点，在这部分范围内，债权人能够经由破产程序获取更大的收益，那么债权人参与数量既不应过少，也不宜过多，否则，个别债权人消极表决或一票否决的钳制作用将大幅提升表决通过难度。

同时，为扩大收益成本差值，需要实现“开源节流”。一方面，需要扩大收益，对于仍有可拯救空间的企业，引导通过重整实现经济再生，而对于年限久远的僵尸企业，则应综合考量其出清必要性；另一方面，需要减少成本，通过执破融合方式，借鉴执行优势，如在执行阶段先行处置财产，或者将破产节点前移，通过提前介入提高破产效率。

四、进路探索：企业出清甄别机制的完善路径

（一）融合团队的程序规制

执破融合改革需要打造由执行法官与破产法官共同组成的融合团队。当案件进入执行视野，执行法官应借由执行财产查控便利性的优势，对被执行企业清偿能力予以确定。被执行企业需满足以下条件。一是初步判断：通过执行查控系统查询到的资产状况与其涉及执行案件的债务总额相比，其财产不足以清偿全部债务。二是证据调取：调取资产负债表，或在执行程序中作出的资产评估报告等材料。[①] 该识别贯穿执行实施全过程，在初步判断后交由破产法官进行实质审查。

根据涉案企业是否存在执行老案适用不同的审查模式。

1. 对于新案，执行法官在执行案件立案后完成财产全面调查，确认企业清偿能力（见图 1）。

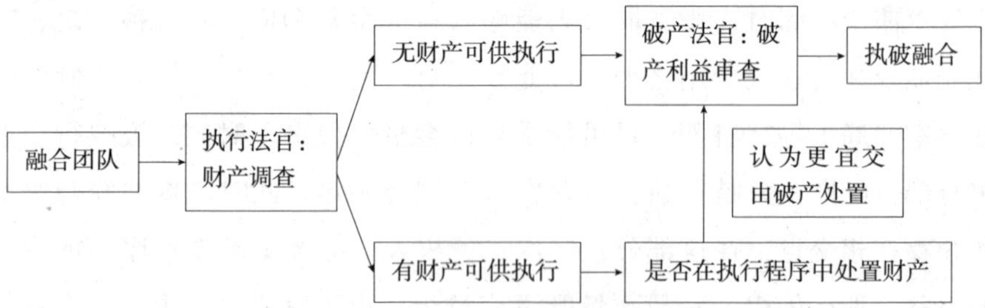

图 1　执破融合团队审查模式（新案）

第一，确无任何财产可供执行的，交由破产法官进行破产利益审查。对于确需出清终结的，启动破产程序；对于存在拯救可能的，交由执行监管或参照预重整等形式引入临时管理人。

第二，对于存在可执行财产的，执行法官需要综合考虑变价成本、

① 参见黄茂醌：《协同主义在执行转破产中的阐释与应用》，载《烟台大学学报（哲学社会科学版）》2023 年第 3 期。

变价成功可能性、债权人利益等因素，判断是否在执行程序中进行财产变价或分配。执行法官认为交由破产或“预破产”程序处置更为合适的，交由破产法官审查破产利益。

2. 对于关联案件有旧存老案的被执行企业，当老案以终本方式结案时，执行法官通过检索关联案件确认已存在终本案件并明确目前债权债务情况，经由初步财产查控后确认依旧无可执行财产的，交由破产法官审查破产利益。对于查控后发现存在新出现可执行财产的，需综合考虑企业情况，如关联案件终本年限、是否长期处于僵尸空壳状态等，判断是否有纳入破产的必要性。对破产法官审查后认为有必要纳入执破融合程序的，应当根据破产利益的不同，区分适宜采取的不同程序。对于亟需出清的企业，适宜按照执转破程序尽快进入破产清算程序；对于仍有挽救可能性的企业，适宜适用预重整、临时管理人等制度助力企业重生（见图 2）。

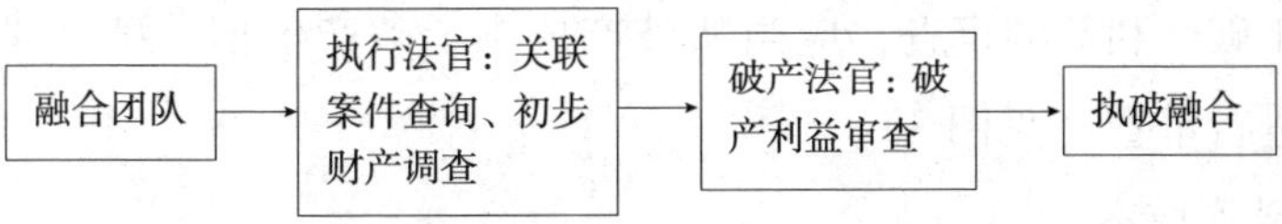

图 2　执破融合团队审查模式（老案）

（二）清偿能力的初步确定

执破融合模式在团队组建上融合了执行法官与破产法官，需要在执行阶段对清偿能力进行初步确定，再交由破产法官对破产利益予以审查，从而确认程序启动的必要性。清偿能力的确定包括财产、信用、劳力三个要素，[①] 通过三个要素的综合判断考量是否具备清偿能力。

对于财产，执行法官在对被执行企业名下财产进行查控和审查时，符合终本结案条件的应区分以下两种情形：一是财产价值明确且不足以

① 参见朱福勇、仇金：《执转破启动职权主义的普适危机与程序应对》，载《重庆大学学报（社会科学版）》2023 年第 2 期。

清偿的，此时能够明确具备破产原因。二是财产价值不明确的，此时则需要进一步调查被执行企业的经营情况，进而判断其是否确实丧失清偿能力。该阶段不能仅依赖执行阶段的财产查控，应参考企业资产负债表、审计报告等进行综合判断。

对于清偿能力是否丧失，还需审查企业的信用和劳力因素，通过其经营状态综合判断。从信用角度，被执行企业被吊销营业执照或非法处置财产，实质上已经不具备清偿的信用能力，相当于以其实际行为表明无法履行到期债务。从劳力角度，企业经营情况发生严重困难已陷入实质僵局，如企业因债务僵局已无法作出任何有效决策，或相关负责人下落不明且该企业处于无人负责状态，则从劳力角度该企业已不具备持续经营的可能性，可认定为丧失清偿能力。

（三）破产利益的实体审查

对于破产利益的审查，应当从破产成本、破产价值、破产必要性三个维度进行审查（见图 3）。

1. 破产成本

破产成本包含合意成本与财产变价成本。对于合意成本，一方面，需要考量职工数量与债权人数量。一般来说，债权人数量越多，达成有效合意的成本越高。另一方面，也需通过采纳合理的强制批准重整标准及时结束无效决议期限。例如，设立免责考察期，债务人提前完成较高清偿比例，可提前获得免责。① 对于财产变价成本，将财产处置程序前移，通过“预重整”“预破产”多元协调，提前采取网拍形式挂拍财产，同时“预表决”财产变价方案，将债权人在预先程序中的同意表示原则上视为对该变价方案的同意，若出现新的反对意见则及时撤拍。

2. 破产价值

破产价值包含经济价值和民生价值。就经济价值而言，企业在当地

---

① 参见“共同富裕背景下浙江中小企业破产重整模式探索”课题组、叶向阳、徐峻峰：《中小企业破产重整模式探索》，载《法律适用》2024 年第 1 期。

或行业内具有良好的口碑或享有较高的商誉和信誉，或所属行业享有某特许经营资质，使其品牌具备值得挽救的经济价值，在引入重整时更易将紧密关联的上下游供应商列为投资人，提高重整成功率。同时，企业所处行业具备可预期的市场前景，例如国家大力扶持的战略新兴产业、核心技术产业等，对于整体行业和社会而言企业存续更能带来长远的经济效益。就民生价值而言，企业具备一定体量的规模，大量员工安置不当易引发社会性不稳定事件，因而更宜通过重整等方式而非强制执行以实现良好社会效应。

3. 破产必要性

破产必要性包括纠纷化解必要性和价值保护必要性。从纠纷化解必要性角度，应考虑涉众纠纷治理问题，对于矛盾纠纷较为激烈难以通过执行程序化解的，应及时考虑破产介入的可能性。从价值保护必要性角度，对于债务人可能存在损害责任财产行为，应当及时引入破产程序由管理人追回。

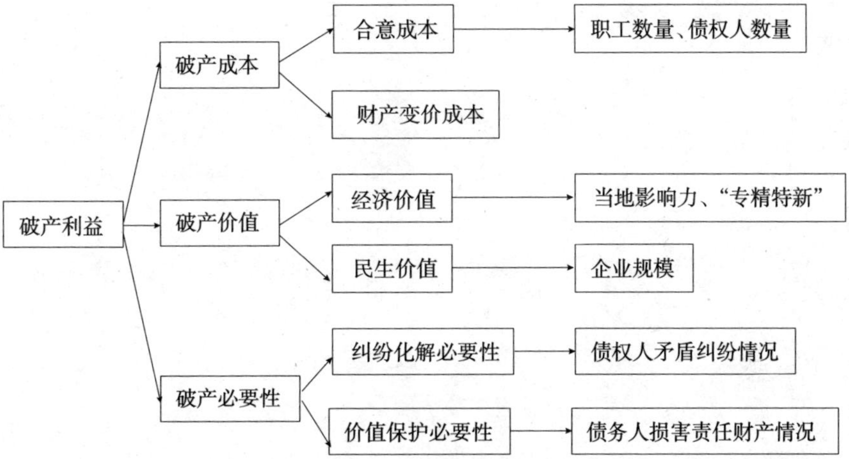

图 3　破产利益实体审查标准

（四）职权对抗的权利救济

在程序启动时，经由法院审查破产利益后认为适宜纳入破产程序或

“预破产”程序的，应当积极询问当事人（包括申请执行人、被执行人）是否同意启动程序，并向双方出示法院已掌握的被执行企业符合破产原因的证明。如双方无异议，或提出异议但举证不足以推翻法院已掌握事实，则法院可依职权启动破产程序。

当事人及利害关系主体对于法院启动破产程序享有异议权，异议产生的后果包括执行法院中止启动破产程序或驳回异议。异议被驳回后，当事人可向上一级法院提出复议。[①] 另外，对于提前介入的预先计划，如预重整计划等，对在先表决意见应采取“禁反言”原则，同时，也应充分保障债权人与出资人的合法权益，例如当存在计划草案内容不完全、认定债权有误、信息披露不充分时，应允许再次表决。[②]

---

① 参见张世君、李雨芊：《“执破衔接”实施的困境反思与制度改进——以破产启动职权主义为视角》，载《河南财经政法大学学报》2020年第3期。

② 参见钮贵玲：《我国预重整程序中司法介入的路径优化》，载《西南政法大学学报》2024年第2期。

【执行热点前沿】

执行参与分配制度若干问题的思考

刘红兵* 赵 琛**

内容摘要：参与分配制度是民事执行程序的有机组成部分，旨在确定多个金钱债权人在同一债务人之责任财产的变价款中的受偿顺序。目前，我国民事执行参与分配制度的法律依据尚处于司法解释的层级，制度供给不足的问题依然存在，诸如申请参与分配主体不明确、债权受偿范围难认定、参与分配时点不固定、程序异议与实体异议难区分等问题尚未得到统一认识。参与分配制度作为自然人破产制度之外的执行债务清理程序，具有相对独立的价值、结构和功能，在我国自然人破产制度尚未建立的情况下，参与分配制度的重构应贯彻相对平等主义或单一群团主义原则，如此才能更加契合我国具体国情、人民群众感受和以职权主义为中心的强制执行体制。

若债务人被某一债权人申请强制执行其财产，无法满足全部债权人的债权时，其他债权人利用执行债权人的同一强制执行程序，参与分享债权清偿，这就是民事执行中的参与分配。① 参与分配是通过使多个债权人共同利用强制执行程序实现各自债权，从而在整体上提高执行效率的

* 江苏省南京市中级人民法院审判委员会专职委员。

** 江苏省南京市中级人民法院速裁庭法官助理。

① 参见江必新主编：《强制执行法理论与实务》，中国法制出版社2014年版，第687页。

制度安排。我国《民事诉讼法》未规定参与分配制度，该制度首先出现在《最高人民法院关于适用〈中华人民共和国民事诉讼法〉若干问题的意见》（以下简称《民诉法意见》，已废止）第二百九十七条，之后，由《最高人民法院关于人民法院执行工作若干问题的规定（试行）》（以下简称《执行工作规定》）第八十八条至第九十六条（2020年修正后的第五十五条、第五十六条）丰富、细化，再由《最高人民法院关于适用〈中华人民共和国民事诉讼法〉执行程序若干问题的解释》（以下简称《民诉法执行程序解释》）第二十五条、第二十六条（2020年修正后的第十七条、第十八条）加以补充，最后由《最高人民法院关于适用〈中华人民共和国民事诉讼法〉的解释》（以下简称《民诉法解释》）第五百零八条至第五百一十二条（2022年修正后的第五百零六条至第五百一十条）进一步修正、完善，已具备一定的可操作性。随着我国立法逐步从有限破产主义向一般破产主义迈进，如何实现债权公平受偿与执行效率兼顾，建立更加公平、高效的执行参与分配规则体系显得越发重要。目前，该项制度在理论上仍有不少困惑，并引发执行实务中诸多争议。本文试就其中几个争议较大的问题展开讨论。

一、执行参与分配制度的界定及其特点

目前，学理上对参与分配的定义，根据两种不同的分类标准，存在广义说和狭义说。其中，以企业法人能否适用参与分配制度为标准，将仅适用于被执行人为自然人或者其他非法人组织的分配称为狭义上的参与分配制度，将也适用于被执行人为法人的分配称为广义上的参与分配制度。以优先债权能否适用参与分配制度为标准，将普通债权人申请参与分配称为狭义上的参与分配制度。在执行分配中既要优先清偿享有优先权的债权，又要公平清偿普通债权的，则称为广义上的参与分配制度。①

---

① 参见张永泉：《民事执行程序中“参与分配”的理论与制度构建》，载《苏州大学学报法学版》2017年第4期。

笔者认为，要准确界定执行参与分配制度，首先需要区分参与分配程序与需要制作财产分配方案程序这两个概念。《民诉法执行程序解释》第十七条规定："多个债权人对同一被执行人申请执行或者对执行财产申请参与分配的，执行法院应当制作财产分配方案，并送达各债权人和被执行人。"依据该条规定，执行法院在以下两种情形下应当制作财产分配方案：一是多个债权人对执行财产申请参与分配；二是多个债权人对同一被执行人申请执行。后者根据《执行工作规定》第五十五条又可细分为两种情形：一是经多份生效法律文书确定金钱给付内容的多个债权人分别对同一被执行人申请执行；二是一份生效法律文书确定金钱债权给付内容的多个债权人对同一被执行人申请执行。由于现行法律对不同被执行人主体参与分配的条件、清偿顺序等的规定存在一定差异，执行程序中均需要对各债权的性质、数额以及清偿顺序进行审查确认后，再按照法定规则进行分配。因此，无论上述何种情形均有制作财产分配方案的需要，如对分配方案有异议均可按照法定途径寻求相应的司法救济。

适用需要制作财产分配方案程序一般需要具备以下条件：系金钱债权执行、有多个债权人、各债权人的强制执行程序均已启动。而适用"参与分配程序"，则还需满足以下条件：一是被执行人财产不足以清偿全部债权人的债权；二是被执行人为自然人或非法人组织；三是被执行人的其他已经取得执行依据的债权人向人民法院申请参与分配，或者对人民法院查控财产有优先权、担保物权的债权人直接申请参与分配。由此可见，只有参与分配程序，才能允许其他尚未进入执行程序的普通债权人，利用已进入执行程序的其他债权人的同一强制执行程序，按其债权性质或者债权数额，按比例共享债权受偿。这是参与分配程序与需要制作财产分配方案程序最本质的区别。因此，我国现行法律制度中的参与分配是指《民诉法解释》第五百零六条所规定的内容。

从有关参与分配司法解释演变过程来看，我国参与分配制度并未局限于有限破产主义补充的单一定位，相反逐渐形成了具有独立性的制度特点，主要表现在：一是参与分配制度的适用对象为自然人和非法人组织，不同于现行破产程序只以企业法人为适用对象；二是普通债权人只有取得执行依据才能申请参与分配，有别于破产程序中全体债权人均可申报债权；三是普通债权人“发现”并说明债务人的财产不足以清偿全部债务即可申请参与分配，有别于提出破产申请须提供证据且由法院对破产原因进行实质审查；四是普通债权人只能在特定财产执行终结前提出参与分配申请，有别于破产公告期届满前的债权申报；五是债务人对于分配后的剩余债务应当继续清偿，有别于破产清算发生债务免除效力。上述区别性特征表明，尽管参与分配制度常被称为“小破产”，但这仅是功能意义上的类比而已，除了都按债权比例分配变价财产外，两者实属不同的法律制度。

二、执行参与分配制度的价值模式选择

参与分配是通过使多个债权人共同利用强制执行程序来实现债权，从而提高执行效率的制度。作为一项民事执行制度，参与分配制度的价值模式选择，往往决定参与分配主体、范围、时点、顺位及救济程序的配置。

（一）参与分配模式的域外考察

在实现金钱债权的执行过程中，域外参与分配制度存在优先主义、平等主义和群团主义三种立法例。优先主义，是指首先对债务人财产申请强制执行的债权人，可以优先于后来对同一财产为强制执行的债权人受偿，即以债权人申请查封或参与分配之时间先后，决定债权人间分配之优劣次序。德国民事诉讼法即采优先主义，追求彻底的执行效率优先，但各债权人因存在信息差导致债权没有得到平等对待而备受质疑。

平等主义，是指普通债权人无论申请执行或者采取执行措施与否，均以其债权额占全部申请参与分配债权总额的比例获得清偿。法国即典型的采平等主义的国家。在后取得执行依据的债权人可以随时申请加入在先债权人所在的执行程序中参与分配，会导致执行法院反复制作分配

方案。为提升执行效率，法国近年在贯彻平等主义的同时设立了诸多限制性规定，仅保留动产执行的平等主义，对于不动产和债权的执行，则实行不彻底的平等主义。[①] 日本也采平等主义，但对于动产执行的参与分配，限于卖得金在执行官接受其交付之前，对于扣押的现金在进行扣押之前，对于票据等支付金在接受其支付之前提出分配要求的债权人。这实际上限制了申请参与分配的时间条件，实际效果与优先主义差别不大。[②]

群团主义（也称折中主义），是指按一定的时间标准将普通债权人划分为不同团体，前一期间内申请参与分配的债权人优先于后一期间内申请参与分配的债权人，同一期间内申请参与分配的债权人，按照债权额比例平等受偿。折中主义一方面规定参与分配的失权期限，另一方面又准许债权人参与分配，一定程度上缓和了利益冲突和执行矛盾，瑞士采此种立法例。

（二）我国参与分配制度二元模式下的平等主义

从《民诉法意见》到《民诉法解释》，我国执行参与分配程序的二元模式已经基本形成。换言之，对于多个债权人申请执行同一被执行人，若执行财产足以清偿全部债务，则依采取执行措施的先后顺序清偿。若执行财产不足以清偿全部债务，被执行人为自然人或非法人组织的，普通金钱债权人按债权额比例受偿；被执行人为法人的，普通债权人应通过破产程序受偿，拒不移送破产的，按采取执行措施的先后顺序受偿。执行分配中的平等主义已不仅定位于有限破产主义的补充或破产清算原则在执行程序的“投影”，取得执行依据的普通债权人申请参与分配，对外优先于未参与分配的债权人，对内按债权额比例受偿。因此，现行执行参与分配制度是“一种附严格条件的平等主义，相当于优先受偿时点

① 参见江必新主编：《强制执行法理论与实务》，中国法制出版社2014年版，第691页。
② 参见江必新主编：《强制执行法理论与实务》，中国法制出版社2014年版，第701页。

从‘查封’后移至‘特定财产执行终结’而形成的单一群团优先主义”。①

笔者认为，参与分配制度替代破产程序发挥平等清偿职能，达不到全面清理债务的效果。平等主义下，执行机构大概率要频繁调整分配方案，导致参与分配债权人基于其权利考量提出异议的可能性增加。从实践中针对参与分配截止时点产生的争议来看，除对查封、扣押、冻结财产享有优先权、担保物权的债权人可直接申请参与分配且先行获得受偿外，对其他普通债权人而言，参与分配程序的平等清偿功能与执行程序效率优先的价值取向并不契合。在被执行人为自然人和非法人组织的情况下，如普通债权人之间无差别平等获得清偿，对于享有处置权的法院而言并无效率而言，制作分配方案、通知参与分配债权人等一系列操作既耗时耗力，也易引发分配方案异议和异议之诉，其结果是分配程序迁延日久，执行案件长期无法结案。

《民事强制执行法（草案）》（以下简称《草案》）公布后，其立法思路又从相对平等主义为中心的二元模式转向统一的绝对优先主义。换言之，参与分配程序将恢复其案款分配职能，即个别清偿，先到先得，而执行不能属于当事人应当承担的风险，应通过破产、社会救助等机制予以解决，不属于申请执行的范围，不再进入执行程序。② 对此，有观点认为，当前，市场经济快速发展带来的地方和部门利益格局多元化，国家公权力介入基层社会治理方式的重新调整，导致民事执行权“侦查化”的倾向愈加明显，当事人在财产发现过程中的角色虚化③，再加上执转破制度运行不畅，以上因素共同决定了现行法律制度没有采优先主义的立

---

① 陈杭平：《执行价款分配模式转型之辨》，载《中国法学》2023 年第 5 期。

② 参见周强：《关于〈中华人民共和国民事强制执行法（草案）〉的说明》：“为增进本法与破产法的协调互补，突出执行效率理念，在破产法正在修订和自然人破产制度即将建立的背景下，规定分配程序适用于所有民事主体（草案第一百七十五条），普通民事债权按照查封先后顺序受偿（草案第一百七十九条）”，载最高人民法院官网，https：//www. court. gov. cn/zixun/xiangqing/363381. html，2023 年 10 月 18 日访问。

③ 参见刘君博：《民事执行权“侦查化”的内在逻辑与制度重塑》，载《法律科学》2022 年第 6 期。

法土壤。“从二元主义转向统一的优先主义的时机和条件尚不成熟。现阶段应当对相对平等主义加以完善，形成更好地平衡公平与效率的执行价款分配模式。”①

（三）对《草案》确立的优先主义规则的反思

当下参与分配制度变革的关键不在于分配程序本身的修补，而在于通过建立个人破产制度承担平等清偿的功能，将参与分配程序从替代个人破产制度的角色中解放出来，复归其作为执行程序的价值追求。目前，《草案》第一百七十九条已完全改变《民诉法解释》第五百零六条至第五百零八条确立的参与分配规则，但在个人破产制度尚未建立，又没有明确查封优先效力的情况下，作出此种改变的时机尚不成熟。主要理由如下。

第一，《草案》并未赋予查封债权优先效力。理论上，查封优先效力常与法定担保物权效力相同。德国民事诉讼法通过赋予动产、不动产以查封质权、强制抵押权，从而在执行程序中优先受偿。美国法、英国法在执行程序中也有判决担保权的规定，与德国法强制抵押权类似，基本上属于司法担保权，反映了先到先得的立法取向。② 我国现行法律并未赋予查封债权优先效力，查封债权仍属于普通债权，但明确了查封债权人的顺位利益。1994年民事诉讼法第九十四条③设立了禁止重复查封原则，确认一个执行财产上只能有一个查封，从而否定执行竞合的存在，压缩了《执行工作规定》第五十五条第一款的适用范围。《最高人民法院关于人民法院民事执行中查封、扣押、冻结财产的规定》确立了轮候查封制度，最高人民法院指导案例122号④以及《最高人民法院关于正确处理轮

---

① 陈杭平：《执行价款分配模式转型之辨》，载《中国法学》2023年第5期。

② 参见李潇洋：《债权平等与查封的优先效力》，载《清华法学》2023年第3期。

③ 现为民事诉讼法第一百零六条第二款，即财产已被查封、冻结的，不得重复查封、冻结。

④ 《最高人民法院关于发布第23批指导性案例的通知》（法〔2019〕294号）指导案例122号的裁判要点为：执行法院将同一被执行人的几个案件合并执行的，应当按照申请执行人的各个债权的受偿顺序进行清偿，避免侵害顺位在先的其他债权人的利益。

候查封效力相关问题的通知》明确了轮候查封生效要件以及对剩余执行财产的查封效力,[①] 这与重复查封的效果并无不同，但仍然没有明确首查封相对于轮候查封的优先受偿效力。《草案》也仅确认了案款分配顺序，对于相同顺位的债权人而言并无实际意义，早分、晚分没有太大区别。

第二，传统文化影响和公众接受度不足以直接适用优先主义。在我国，债权平等保护深入人心，善意文明执行理念得以贯彻。债权人因对寻找财产线索，实现个别清偿存在迫切期待，也一般不愿申请被执行人破产，这也是执转破程序遇冷的重要原因之一。《草案》在执行参与分配模式上骤然转向优先主义，极有可能在短时间内导致执行案件终本率上升。此外，优先主义对于经济社会运行的关系巨大，直接影响当事人之间的交易方式并可能短时间内影响交易量，增加买方调查注意义务，使信息获取能力较弱的债权人无法及时取得执行依据，限缩参与分配债权人的范围。

笔者认为，在一般破产主义有望建立的大背景下，为了降低参与分配制度对执行效率的负面影响，可以采取对现行相对平等主义或单一群团优先主义进行改良的方式，在《草案》中对执行参与分配模式作进一步调整和完善，例如严格限制参与分配的主体范围及参与分配期限，提高对财产查封作出实质贡献的债权人的分配比例等，既限制参与分配规模，又保障群团内部平等，从而更好地平衡执行程序的公平与效率。

三、参与分配执行实务中的争议问题

笔者通过对所在辖区法院近年来办理的执行分配异议及异议之诉案件进行类型化分析和调研后认为，目前，实践中存在申请参与分配主体不明确、债权受偿范围难认定、参与分配时点不固定、异议性质难区分等问题。

① 《最高人民法院关于正确处理轮候查封效力相关问题的通知》（法〔2022〕107 号）第一条。

（一）参与分配主体资格的确定及其权利救济

《民诉法解释》第五百零六条规定了参与分配主体资格条件，从该条规定的立法沿革看，已从“已经起诉的债权人”限缩为“已经取得执行依据的债权人”，并增加对查扣冻财产享有优先权和担保物权的债权人，同时例外地扩大到“无执行依据但首先申请查封的保全债权人”。[①] 依法确定可参与分配的主体，是制订分配方案的前提，但这一过程并不会影响分配方案中所记载的各债权人的分配数额和分配顺序，因而并不会导致分配方案的变更。因此，对于参与分配资格的争议，属于执行程序性异议，应当参照《民事诉讼法》第二百三十六条规定的执行异议、复议程序解决。

需要注意的是，执行实践中对于已被纳入执行分配方案的债权人，对其他债权人的分配资格有异议，认为其不应当参与分配，应通过何种程序解决，有两种不同意见：一种观点认为，分配方案中的债权人对其他债权人的分配资格有异议，因分配方案已赋予各债权人参与分配资格，故该异议实质是认为其他债权人可分得的数额为零，应当通过分配方案异议之诉解决。另一种观点认为，分配资格应当在分配方案制定之前由执行法院依法审查认定，进入分配方案内的债权人均具备参与分配资格，其救济途径为异议、复议程序。笔者认为，现行执行规范未对分配方案异议与执行行为异议进行合理界分，导致大量程序性异议进入分配方案异议之诉。被执行人以及已经准予参与分配的债权人，对已进入分配程序的其他债权人的分配资格提出的异议，不同于执行分配方案异议之诉对债权数额、受偿顺序、受偿比例等实体争议的审查，现行司法解释已对参与分配资格（包括确定债权是否已过申请执行时效、申请参与分配是否逾期）作出了明确规定，将该类审查导入诉讼程序有违分配效率原则。

---

① 参见《最高人民法院关于首先查封法院与优先债权执行法院处分查封财产有关问题的批复》第三条第三款。

（二）被执行人财产不能清偿所有债权的认定

被执行人的财产不能清偿所有债权系参与分配程序的启动要件之一，但实践中对该要件的审查标准存在不同认识。有观点认为，我国目前实行的是“总财产参与分配”模式，只有当被执行人的总财产，也即所有财产均不足以清偿全部债务时，其他债权人才可申请加入在先的执行程序，参与对该执行程序所得价款（而非特定财产价款）的分配。[①] 但要求执行中对被执行人全部责任财产进行清算显然并不容易。《民诉法解释》关于参与分配的规定，既没有强制要求清算被执行人全部责任财产，也没有个别清偿撤销等类似破产的制度设计，更没有赋予执行法官以清算职权，加之不同地区法院之间的信息互通和协作有其现实困难，故待分配财产虽名为“总财产分配”，但仍然是对特定执行财产的简单叠加。[②]

对于该要件审查过程中的举证责任分配，有三种不同观点：一是主观标准，即由债权人说明，法院进行形式审查；二是客观标准，即债权人初步证明，法院依职权调查；三是由申请参与分配的债权人承担证明责任。[③] 显然，由申请参与分配的债权人承担证明责任会过分加重其义务，也不符合参与分配制度“债权平等受偿”的立法目的。若仅凭债权人说明，以及形式审查即准许参与分配，也有架空“被执行人的财产不能清偿所有债权”这一法定要件的嫌疑。笔者认为，减轻债权人举证责任和审查被执行人的财产不能清偿所有债权并不矛盾，人民法院有义务依职权调查认定参与分配申请是否符合该要件，否则属于事实认定不清。[④] 在债权人提供初步证据对被执行人的财产不能清偿所有债权予以合理说明的情况下，法院应结合现有查控财产状况以及其他预期收益等可持续性财产等进行综合考量，判断现有资产不能清偿的可能性是否大于

---

① 参见陈杭平：《中国民事强制执行法重点讲义》，法律出版社 2023 年版，第 182 页。

② 参见李潇洋：《债权平等与查封的优先效力》，载《清华法学》2023 年第 3 期。

③ 参见董少谋：《民事强制执行法学》，法律出版社 2016 年版，第 173 页。

④ 参见最高人民法院（2021）最高法执监 476 号执行裁定书。

可以清偿的可能性。[①] 在债权人申请执行的案件因被执行人无财产可供执行而终结本次执行程序的情况下，可以认定债权人符合申请参与分配的程序要求。[②]

（三）申请参与分配的截止时点

待分配财产为货币类财产[③]的，申请参与分配的截止日期是各债权人利益冲突的关键点。对此，各地法院意见不同，甚至各地法院内部观点也有变化。例如，2013年12月发布的《江苏省高级人民法院关于执行疑难若干问题的解答》第十二条第一款第一项规定：“拍卖、变卖被执行人财产的，时点为拍卖、变卖成交之日的前一日，不因以后因买受人不缴价款而再拍卖或变卖而变动。”2020年3月公布的《江苏省高级人民法院关于正确理解和适用参与分配制度的指导意见》第八条第一款第一项则规定，分配方案已制作完成且当次分配方案已发送任一相关当事人的前一日为申请参与分配截止日期。已改变之前将拍卖、变卖成交之日的前一日作为参与分配时点的观点。不同观点归纳起来主要有：分配方案作出后，案款到达主持分配法院的账户之日，[④] 或者主持分配法院制作的分配方案首次送达任一当事人前一日[⑤]，执行款项尚未向债权人支付前。[⑥] 截止时间越靠前，则参与分配的债权人越少，越有利于提升执行效率。反之，参与分配的债权人越多，平等清偿的价值越能体现。

《民诉法解释》第五百零七条第二款规定，参与分配申请应当在执行

---

① 参见《江苏省高级人民法院关于正确理解和适用参与分配制度的指导意见》第五条。

② 参见最高人民法院（2021）最高法执监470号执行裁定书。

③ 待分配财产分货币类和非货币类，此处仅讨论货币类财产，对于非货币财产流拍或者拍卖不成后以物抵债产生的抵押权人与普通债权人的争议，此处不展开讨论。

④ 参见《北京市高、中级法院执行局（庭）长座谈会（第五次会议）纪要——关于案款分配及参与分配若干问题的意见》第十条。

⑤ 参见《江苏省高级人民法院关于正确理解和适用参与分配制度的指导意见》第八条第一款第一项。

⑥ 参见最高人民法院（2020）最高法执监105号执行裁定书。

程序开始后，被执行人的财产终结前提出。[①] 通说认为，债权人参与分配的目的就是从价款中受偿，而非争取特定财产的所有权归属。不动产所有权转移不代表执行必然终结，只要作为财产最终形态的执行价款尚未拨付，执行程序即并未终结，债权人仍可申请参与分配。对申请参与分配截止日期的不同理解，根本原因在于各国立法所采执行分配原则以及破产立法体例不同。参考域外立法体例，对参与分配截止时间的限制和区分，采群团优先更符合当下执行实践和效率原则。群团优先原则以某一时间节点将普通债权人划分为不同的团队，群团之间距离（时间节点差距）越大，就越倾向于平等主义，反之，则倾向于优先主义。2019 年 9 月《草案》（征求意见稿）第二百零四条规定，参与分配的申请，应当在拍卖、变卖成交裁定或者抵债裁定送达买受人、承受人之日前提出；未经变价的，应当在本次分配方案作出之日前提出。执行标的物被查封之日起六十日内申请参与分配的普通债权人，优先于其后申请参与分配的普通债权人受偿。群团主义原则提高了分配效率，但又没有完全摒弃替代个人破产制度发挥平等清偿作用，更符合当下实践需要。

（四）待分配财产的范围

对可供分配的被执行人的财产，实践中存在不同理解和做法。有观点认为，所有被执行人财产均应在分配方案中列明，分配方案应作为概括清偿的方案处理，亦即“总财产分配”。还有观点认为，属于被执行人责任财产范畴的已变价财产才是分配方案中的待分配财产（不含预留租金、生活费以及与他人共有的非被执行人责任财产部分）。

执行程序中，被执行人名下财产与案外人财产混同、共有的情况并不少见，此外，还存在划定被执行人豁免财产的问题，由于强制执行仅能对债务人的责任财产进行限制和处分，因此，在分配中需要对不同财产的性质予以甄别区分，并对出现的争议赋予不同的救济途径。例如，

---

① 关于参与分配的申请截止时间，《民诉法意见》《执行工作规定》《民诉法解释》先后表述为财产清偿前、执行完毕前和执行终结前。

对是否预留租金的异议，即不属于对分配方案的异议，而系对执行行为的异议，应纳入异议、复议审查范围。执行实践中，该类异议的产生多是由于执行实施人员对被执行的不动产采取拍卖措施后未确定预留租金的数额，将该豁免执行财产纳入分配方案，被执行人或债权人对预留数额提出异议，易错误将其导入分配方案异议之诉审理。又如，在夫妻一方作为被执行人的案件中，依法拍卖处置了夫妻共同财产，执行法院将为另一方保留的共有份额写入分配方案，债权人对为非负债夫妻一方保留的份额提出异议，实际也并非分配方案异议。分配方案异议并不解决被执行人责任财产范围问题，而仅对债权数额、优先受偿权、分配顺序、分配比例等进行审理。因此，为避免出现因程序选择错误导致的程序空转，待分配财产范围应限定为已变价财产中属于被执行人的责任财产。

（五）被执行人待分配财产的确定程序

在执行当事人、案外人对被执行人待分配财产归属或范围发生争议的情况下，人民法院应当通过何种程序解决该项争议，实践中也存在不同做法和争议。有观点认为，案外人对待分配财产归属提出异议并请求参与分配的，应当对其参与分配申请审查后作出不准予参与分配的告知书，并通过异议、复议程序解决争议。另有观点认为，已经作出分配方案的情况下，分配方案列明的当事人均可通过分配方案异议之诉解决待分配财产范围问题。还有观点认为，应当通过案外人（申请执行人）执行异议及异议之诉的实体审理程序判明争议标的归属状况。

笔者认为，债权人参与分配资格异议、复议系程序性审查方式，不能用以替代解决被执行财产归属的争议。债务人应以其财产，就其债务负责，是为责任财产。[①] 责任财产包含物以及具有金钱价值的财产性权利，是指民事主体用于承担民事责任的各项财产及权利的总和。债务人所有的财产都是责任财产，[②] 民事主体以责任财产为限对外承担法律责

① 参见王泽鉴：《民法总则》，北京大学出版社2009年版，第219页。

② 参见崔建远、韩世远：《债权保障法律制度研究》，清华大学出版社2004年版，第29页。

任，债权人不能要求债务人用其责任财产之外的财产偿付债务。[①] 责任财产的确定应当属于实体权利范畴，应当通过诉讼途径解决，异议、复议系程序性审查方式，一般仅用于判断执行行为的妥适性，或依据表面证据通过形式审查的方式判断权属，而无法对权利实际归属进行细致考量，案外人（申请执行人）异议之诉制度则兼具执行标的权属确认及权利保护顺位判断的职能，应作为被执行人责任财产判断的适用程序。因此，在被执行人待分配财产的权属争议解决之前，执行机构不宜先行作出分配方案。

四、结语

民事强制执行法下的参与分配程序的主要目的，是使各债权人能够利用同一执行程序获得清偿，以节省执行时间和执行费用。[②] 参与分配制度具有独特的程序法价值，与个人破产可以共存，各自发挥自身作用。我国执行参与分配模式的选择不宜采绝对优先主义，而应向相对平等主义或单一群团优先主义方向进行改良，从而更好地平衡执行公平与效率。对于执行参与分配在理论和实践中存在的诸多问题，应加强实践总结和理论研究，从中国国情出发，立足现代化，澄清模糊认识，构建务实有效的规则体系，以保障执行参与分配制度高效运行。

① 参见最高人民法院（2019）最高法民再 49 号民事判决书。

② 参见肖建国：《民事诉讼程序价值论》，中国人民大学出版社 2000 年版，第 688 页。

我国强制管理适用范围之实务探讨

张彦智* 陈 策** 李晓东***

内容摘要：强制管理总体上来说是有悖于执行效率原则的，其适用范围不宜过大。本文通过71例强制管理案例实证分析后认为，企业经营权不能成为强制管理的对象；船舶、航空器、知识产权等无形资产或价值较大，存在灭失、损坏的风险，或涉及相关专业知识，法官不能也无力管理，不具备现实基础。结合我国多年立法探索和实务经验，强制管理的适用对象应限于不动产及相关附属配套设施。采取出租收取租金的方式来清偿债务可使当事人之间的法律关系简单、明晰，方便法院监督，也避免产生新的债权债务关系。为规避灭失、损坏风险，可责令管理人提供保证金或以担保的方式进行。

一、问题的提出

理论界对强制管理的内涵和定位观点不一①，但基本一致的看法是强

* 江苏省南京市中级人民法院执行局副处长。

** 江苏省南京市秦淮区人民法院执行局局长。

*** 江苏省南京市秦淮区人民法院法官助理。

① 我国目前比较权威的观点认为，“强制管理指的是针对已查封、扣押的财产，由执行法院安排专门的人员进行管理，并将其换取的收益用来清偿债权的执行方法”。在国外法学界，日本法学家高木丰三将强制管理定义为“非以竞卖不动产为目的者，乃以得不动产之收益，且其利益非金钱时，以变卖之，而得金钱为目的，以满足债权者请求之方法也”，德国学者汉斯-约阿希姆·穆泽拉克界定“强制管理的目的在于使债权人从地产收益中得到满足”。参见刘璐：《民事执行重大疑难问题研究》，人民法院出版社2010年版，第180页；[日] 高木丰三：《中国近代法学译丛：日本民事诉讼法论纲》，陈与年译，中国政法大学出版社2006年版，第468页；[德] 汉斯-约阿希姆·穆泽拉克：《德国民事诉讼法基础教程》，周翠译，中国政法大学出版社2005年版，第397页。

制管理制度对解决“执行难”问题具有重要价值，是执行措施多元化、践行善意文明执行理念和回应我国经济社会发展趋势的重要体现。① 但是，现阶段强制管理的法律体系并不完善，极大影响了该项制度效能的发挥②。其中，确立强制管理的合理适用范围是该项制度发挥实效的基础和前提。现阶段，学界对强制管理适用范围的研究主要集中于理论上的探讨，缺少对实务运用的关注。实务中，在各地区法院执行部门摸索适用强制管理的过程中，形成了诸多值得参考和反思的案例，对今后强制管理适用范围的制度设计是极具参考价值的。法律并非一纸空文，终归要回应现实、回归实践。因此，本文主要以实证分析为视角，探讨强制管理的合理适用范围。

二、制度解析：强制管理适用范围的规范演进与学理回应

（一）我国强制管理适用范围的规范演进

强制管理制度起源于普鲁士，后虽制度名称和叫法不同，大陆法系和英美法系均有多个国家建立了类似于强制管理的相关制度。③ 德国、日本、意大利等大陆法系国家执行法中，均将强制管理限定适用于不动产。近年来，部分国家也有扩张适用的趋势。④ 我国的强制管理最早萌芽于清末改制时期，后伴随清朝的灭亡未能正式颁行，终明文规定于民国时期的法律体系中。1949 年新中国成立后，强制管理制度又再次消失于公众视野，直到改革开放后方可在我国的法律体系中再次窥探到其“身影”，2002 年至 2022 年间多次拟定的《中华人民共和国民事强制执行法（草

① 参见张艳：《浅析强制管理制度——兼与张榕教授商榷》，载《西南农业大学学报（社会科学版）》2010 年第 1 期。

② 参见顾首明、秦玉罕：《民事强制执行法视阈下强制管理制度的完善进路》，载《法治实务》2023 年第 1 卷。

③ 参见史沛尧、樊新红：《强制管理制度的历史演进》，载《山西大同大学学报（社会科学版）》2024 年第 1 期。

④ 比如，2021 年的《奥地利执行法》将适用范围扩张至一切财产权利。参见邓沁婷：《论〈民事强制执行法（草案）〉强制管理制度的完善》，载《荆楚法学》2022 年第 6 期。

案）》（以下简称《民事强执法（草案）》）均明文规定了强制管理的适用范围。本文对改革开放后我国强制管理制度在法律体系中的相关规定进行细致梳理，如下表1所示。

表1　改革开放后我国强制管理制度的相关规定

时间	相关规定	相关内容
1992年	《最高人民法院关于适用〈中华人民共和国民事诉讼法〉若干问题的意见（以下简称《若干意见》）	第三百零二条作出“交付申请执行人管理”的规定
1998年	《最高人民法院关于人民法院执行工作若干问题的规定（试行）》	第四十三条规定了“司法托管”
2002年	《民事强执法（草案）》第一稿	第十八章第四节将强制管理范围明确为“不动产、船舶及航空器等特定动产”
2004年	《民事强执法（草案）》第二稿、第三稿、第四稿	第九章规定强制管理的范围为“对有形财产（动产与不动产）的执行”部分。此外，还明确并进一步细化了强制管理的条件
2011年	《民事强执法（草案）》第六稿	将强制管理适用范围限定为“已查封的不动产”
2015年	《最高人民法院关于适用〈中华人民共和国民事诉讼法〉的解释》（以下简称《民诉法解释》）	第四百九十二条除增加不可损害他人及公共利益的条件外，基本沿用了1992年《若干意见》关于“交付申请执行人管理”的规定
2020年	《最高人民法院关于人民法院民事执行中拍卖、变卖财产的规定》	第二十五条第二款规定的“但对该财产可以采取其他执行措施的除外”中的“其他执行措施”，实务中多被解释为包含强制管理措施
2022年	《民事强执法（草案）》第八稿	第二编第九章、第一百三十三条至第一百三十五条分别规定了强制管理适用的情形、管理人制度及管理收益的使用，并将强制管理的范围限定为不动产

有学者认为，《最高人民法院关于人民法院执行工作若干问题的规定（试行）》第四十三条规定的“司法托管”，虽无“强制管理”之名，却有“强制管理”之实。[①] 目前，对于强制管理行之有效的规定是《民诉法解释》第四百九十二条，对强制管理的适用对象没有明确限制。[②] 历次《民事强执法（草案）》也均对强制管理的适用范围予以明确，但存在明显的曲折往复过程。依据表 1 梳理，《民事强执法（草案）》第一稿将范围明确为“不动产、船舶及航空器等特定动产”；第二稿至第四稿将强制管理规定于第九章“对有形财产的执行”部分，事实上较大拓宽了强制管理的适用范围，将其作为对动产和不动产共同适用的一种执行措施；在第六稿之后至今，又将强制管理的适用范围再度限缩为不动产。

（二）强制管理适用范围的主要争议焦点

在大陆法系的强制执行法中，包括德、意、日多数国家均将强制管理规定于“不动产”相关章节中，是主要针对不动产的一项执行措施。也有部分国家将强制管理范围扩张至其他财产。[③] 那么，强制管理是否只能适用于不动产呢？学理上对强制管理适用范围的争议主要集中于“船舶、航空器等特殊动产”、“动产”和“企业经营权”能否适用强制管理措施。

当前各个国家和地区关于强制管理适用范围的主要分歧在于“船舶、

---

① 参见顾首明、秦玉罕：《民事强制执行法视阈下强制管理制度的完善进路》，载《法治实务》集刊 2023 年第 1 卷——检察工作研究文集。

② 参见谭秋桂：《民事执行原理研究》，中国法制出版社 2001 年版，第 247 页。

③ 1897 年《德国强制拍卖与强制管理法》是大陆法系国家第一次以专门立法形式对强制管理制度作出明确规定，修改后的《德国强制拍卖与强制管理法》已将强制管理制度的适用对象扩展至船舶这一特殊动产。有学者认为，英国的委任接管人制度类似于大陆法系国家的强制管理，美国也存在财产的“接管”制度，且其适用范围极广。2021 年《奥地利执行法》将强制管理的适用范围规定为一切可供执行的财产。参见《德国强制拍卖与强制管理法》第 165 条之（2）；齐树洁：《英国民事司法制度》，厦门大学出版社 2011 年版，第 388 页；邓沁婷：《论〈民事强制执行法（草案）〉强制管理制度的完善》，载《荆楚法学》2022 年第 6 期。

航空器等特殊动产”能否适用强制管理。[①] 船舶、航空器是不动产之外的两项特殊动产，从性质上看与不动产有较多相似之处。否定说认为，为获收益将船舶供航海所用，有逃脱收益监管的风险。肯定说则认为，船舶、航空器拍卖不易，适用强制管理能避免滞留造成价值减损，且近年来科技的发展革新为控制和监管船舶和航空器提供了技术可能。当然，也有以张榕教授为代表的部分学者主张强制管理应该及于一切动产，主要基于以下理由：第一，基于强制管理权能分离的本质属性，而将财产权的使用收益权能从权利人处分离出来并授予其他主体乃包括动产物权、知识产权等权利在内的财产权所共有；[②] 第二，随着社会财产权发生深刻变化，动产的价值也越来越大，收益甚至可以大于不动产的收益，对其适用强制管理同样具有现实价值，况且收益微小的财产并非不能适用强制管理，只是不宜适用而已。[③] 此外，实务中最大的争议点在于企业经营权能否适用强制管理。最高人民法院在一案例中虽从原则上否认了该案中强制管理对企业经营权的适用，但又承认了对企业经营权的管理方案；[④] 而陕西省高级人民法院在一案例中认可了企业经营权的适用；[⑤] 也有部分法院对采矿权能否适用强制管理进行了探索。[⑥]

（三）限定强制管理适用范围的价值基础

域外立法以及我国历次《民事强执法（草案）》均将强制管理这一执行措施规定其中，可见强制管理制度具有重要的法律意义，既有利于

---

① 参见史沛尧、樊新红：《强制管理制度的历史演进》，载《山西大同大学学报（社会科学版）》2024 年第 1 期。

② 参见顾首明、秦玉罕：《民事强制执行法视阈下强制管理制度的完善进路》，载《法治实务》集刊 2023 年第 1 卷——检察工作研究文集。

③ 参见张榕、杨兴忠：《执行强制管理制度若干基础理论研究——兼评我国〈民事强制执行法（草案）〉相关规定》，载《现代法学》2004 年第 6 期。

④ 最高人民法院（2015）执复字第 42 号。

⑤ “企业经营权一般不适用强制管理，但取得被执行人以及其他申请执行人同意，且不损害其他债权人利益和社会公共利益，又无其他途径可以实现执行利益的，可以适用强制管理措施。”陕西省勉县人民法院（2014）勉字第 308-2 号。

⑥ 北京市高级人民法院（2019）京执复 276 号。

债权人清偿债权，也有利于在一定程度上保护被执行人对其财产所享有的合法权益，也是法院解决当下“执行难”问题的一项有效举措。[①] 基础不牢地动山摇，强制管理合理的适用范围是强制管理得以启动的基础。在研究和明确强制管理适用范围时，应当立足于当下执行部门在实践中的切实需要，结合相关实证案例，充分衡量对不同对象适用强制管理时可能产生的风险和效果、带来的收益，选择和框定对当下执行实践最有裨益的适用范围。

三、实证检视：强制管理适用范围的运用现状

（一）案例样本概况

笔者分别通过中国裁判文书网和互联网以关键词“强制管理”进行搜索，以“法院确有采取强制管理措施”为筛选标准，剔除不符合标准的案例，得到有效样本合计 71 例。从时间上看，这些案例时间跨度从 1999 年至 2024 年 10 月。从数量上看，相比于我国的海量执行案件，强制管理这一执行措施在实践中虽有适用，但整体适用量极少。[②] 从种类上看，强制管理适用对象种类较为复杂，71 个案例中强制管理适用类型分布如下表 2 所示。

表 2 实务中强制管理的适用类型分布

适用类型	具体类型	数量（件）	比例
不动产	无产权证的不动产	52	73.2%
	有产权证的不动产		
不动产及动产相混合		11	15.5%

① 参见张艳丽：《民事执行中强制管理措施的构制》，载《理论学刊》2002 年第 3 期。

② 统计数据显示，1999 年至 2024 年 10 月全国各级法院累计受理各类执行案件达 13599.25 万件，71 件强制管理案件与上述执行案件总量相比显得微不足道。统计数据来自 1999 年以来的历年最高人民法院工作报告及司法审判工作主要数据。

（续表）

适用类型	具体类型	数量（件）	比例
动产	注塑机	3	4.2%
	有抵押的轿车		
	机器设备		
特殊动产	轮船	2	2.8%
	飞机		
无形资产	采矿权	2	2.8%
	危险化学品经营许可证		
企业经营权		1	1.5%

结合上表，大部分强制管理案例都适用于不动产，占比高达73.2%，其中无产权证的不动产有18件，占比较高。适用于不动产及动产相混合的案件也有一定数量，占比约15.5%。以无形资产为管理对象的有2件（采矿权①、危险化学品经营许可证②）；以动产为管理对象的有3件（注塑机、有抵押的轿车、机器设备③）；还涉及企业经营权④、轮船⑤、飞机⑥各1件。

（二）现有案例剖析

在笔者搜索到的71件案例中，有三件单独将动产作为强制管理的适用对象。但执行法官将设有抵押的挖掘机交付他人经营管理反而亏损最

① 参见北京市第四中级人民法院（2019）京04执异198号执行裁定书。

② 参见湖北省高级人民法院（2021）鄂执复175号执行裁定书，裁定书认为，张某不同意以案涉批准证书以物抵债，法院可以采取将其交给张某管理或者其他执行措施，实际上是否强制管理不得而知。

③ 参见苏州市工业园区人民法院（2014）园执字第03471-4号执行裁定书。

④ 参见陕西勉县人民法院（2014）勉执字第308-1号执行裁定书。

⑤ 参见最高人民法院（2022）最高法执监51号执行裁定书，该裁定书认为，武汉海事法院在未尝试采取强制管理措施的情况下，直接认定该财产不能处置，不完全符合相关司法解释的规定。

⑥ 参见顾首明、秦玉罕：《民事强制执行法视阈下强制管理制度的完善进路》，载《法治实务》集刊2023年第1卷——检察工作研究文集。

后被变卖一事[①]说明，动产目前并不宜作为强制管理的适用对象，存在损坏、灭失的可能，从而引发新的矛盾与纠纷。

在强制管理能否适用于企业经营权这一问题上，最高人民法院曾在某执行裁定书[②]中表示：根据强制管理这一执行措施的功能定位，其适用对象主要应限于不动产和船舶、航空器等特定动产，企业经营权等其他财产权原则上不能适用。并且，为使当事人之间的法律关系简单、明晰，方便执行法院监督，也避免在管理过程中产生新的债权债务关系，强制管理一般是采取将被执行人不动产和特定动产出租，以收取的租金清偿债务的方式。而该案裁定将案涉在建工程、土地及齐某园公司经营权全部交由路某公司强制管理，还规定路某公司替齐天园公司垫付工程款、税金等，意味着路某公司需继续投入资金进行建设，还要负责齐某园公司的管理和销售事务。可见，在强制管理措施的执行过程中势必会产生新的债权债务关系，使双方当事人之间的法律关系更趋复杂，也为引发进一步纠纷埋下隐患。

在杜某军与晏某茹、添某石场民间借贷纠纷案[③]中，两申请执行人签订了强制管理协议，约定共同向法院申请对共同的被执行人添某石场无法拍卖的财产进行强制管理，其后因强制管理收益分配问题发生纠纷，遂诉请解除强制管理协议。另外，成都市中级人民法院某执行裁定书[④]载明：安某公司债权人成立安某公司集资诈骗案民间债权人委员会，后在安某公司召开全体债权人委员会代表会议，避开法院执行部门，私自确定具体分配原则、方案和办法，并对安某公司收到的债权款进行私自分配，处理款项共计 1231.3 万元，其行为严重妨碍了人民法院的正常执行

---

① 该案执行法官在执行过程中扣押被执行人的挖掘机一台，因权属之诉持续进行，无法启动评估拍卖程序，加之被执行人张某、纪某外债较多，无力维修挖掘机继续正常施工。故多次组织申请人和被执行人座谈，想盘活挖掘机挣钱还账，将扣押的挖掘机交给申请执行人使用。结果挖掘机工作四个多月不挣钱反倒亏损 42624 元，挖掘机被使用人变卖从而引发被执行人多次信访，导致国家赔偿 134.75 万元。参见陕西省岚皋县人民法院（2019）陕 0925 刑初 21 号刑事判决书。

② 参见最高人民法院（2015）执复字第 42 号执行裁定书。

③ 参见陕西省汉中市中级人民法院（2019）陕 07 民终 757 号执行裁定书。

④ 参见四川省成都市中级人民法院（2020）川 01 刑终 124 号刑事裁定书。

工作，导致相关案件的执行工作事实上已无法按法定程序进行。

此外，《法制与经济》杂志曾刊文称：唐山市中级人民法院启动强制管理程序于2019年9月29日将2019年上半年的租金按比例发放给申请执行人。强制招租模式与现有的强制管理类执行模式的区别在于其执行客体以企业经营权为重点，法院在强制招租模式中，管理的内容几乎涵盖企业生产经营的全部要素。未将拍卖、变卖程序作为启动强制管理制度的前置程序，而是直接启动强制管理程序，为将强制管理作为独立的执行措施作出了有益的探索。[①] 然而，笔者通过查证，此段陈述未必真实准确。2024年9月在淘宝司法拍卖网上搜索发现“关于唐山京某实业集团有限公司所有的水泥厂厂房、设备及配套附属设施”的四次拍卖公告[②]，最后于2021年9月以总价1200万元拍卖成交。该文于2021年6月发表，当时涉案标的物正在拍卖过程中，关于该院强制招租的事迹最早报道时间为2019年12月，此时也正处于拍卖过程中。以上事实说明，强制管理仅被作为案件进程中的临时性辅助措施，甚至可谓权宜之计，执行法院仍以拍卖为主处置财产。该文称“获偿率达25%，照此推算只要强制招租期限满两年，申请执行人的债权均可获偿”，而实际上耗时接近两年仍未能解决问题，申请执行人的债权亦未获赔偿，最后还是通过拍卖解决了问题，而文章并未提及司法拍卖。可见，从解决现实执行问题的彻底性和有效性上看，仍应当加强传统的司法拍卖而非首先选择强制管理，强制管理目前仍只能是司法拍卖的辅助执行措施。

（三）实务问题小结

首先，从宏观数据上看，实务中强制管理的适用类型纷繁不　，不动产、动产、无形资产、企业经营权均有所涉及，但主要集中于不动产

---

① 参见董秀军、杨毅：《我国强制管理执行措施中强制招租制度的实际运用》，载《法制与经济》2021年第6期。

② 四次拍卖时间分别为2019年9月20日、2019年10月24日、2020年6月1日、2021年8月16日。

及不动产与动产相混合，合计占比88.7%。[①] 其次，从微观视角剖析个案，可以发现在适用强制管理的实务中也产生了不少问题，容易引发矛盾和纠纷，动产在强制管理过程中存在损坏、灭失的可能，适用于企业经营权极易加剧管理的风险和隐患。此外，拍卖、变卖的处置方式仍是基于效率原则考虑的首选执行措施，目前在我国实务中难以将强制管理作为一项与拍卖、变卖并列的执行措施。

四、理论探寻：强制管理限于不动产的正当性

（一）强制管理制度本身与执行效率原则相悖

总体而言，强制管理这一执行措施与“强制执行制度强调效率第一的价值追求、要求简洁明快的程序风格相悖”[②]。从学理上看，效率是民事执行的第一位价值，已为学界共识。[③] 2022年《民事强执法（草案）》（第八稿）在第四条开明宗义：民事强制执行应当及时、高效、持续进行。民事执行中效率原则主要体现在其程序迅速、简化，缩短办案周期，尽可能地迅速满足债权人利益。如果程序复杂、时间太长，则不利于债权人利益的实现。强制执行制度应以追求快速解决为目的，立法应首先考虑如何才能保证执行的效率和速度。实务中，当事人经过一审、二审甚至再审的冗长烦琐诉讼程序，在执行中也应以速度及效率为第一原则。全国各级人民法院历年工作报告均将受理执行案件、执结案件数量作为业绩向同级人民代表大会报告，这也是回应民众关切的应然要求。

2011年《强制执行法（草案）》（第六稿）规定的强制管理条文共九条1198字，涵盖了强制管理的条件、强制管理命令、管理人的选任和

---

① 依据表2，适用类型为不动产的占比为73.2%，适用类型为不动产与动产相混合的占比为15.5%，合计占比为88.7%。

② 雷运龙：《民事强制执行之基本定位》，载《人民法院报》2016年9月7日第8版。

③ 参见顾首明、秦玉罕：《民事强制执行法视阈下强制管理制度的完善进路》，载《法治实务》集刊2023年第1卷——检察工作研究文集。

撤换、管理人的职权、费用预支及报酬、财务报告等诸多内容。[①] 而2022年《民事强执法（草案）》（第八稿）仅三条301字，内容大为简化，仅包括强制管理的适用情形，管理人的职责、权力和责任，管理收益的使用三部分。两相对比无疑第八稿更简化、便捷可行，也符合执行效率的原则。程序上的烦琐复杂也会导致执行法官不愿主动适用强制管理。

从效率的角度考虑，强制管理的对象应是价值较大的财产。[②] 因此，我们应当思考，如何通过强制管理的制度设计和现实运用，让强制管理制度能够一定程度上兼顾公平和效率价值，以达至债权人和债务人之间利益的衡平。[③] 一味扩大强制管理的适用范围显然是不可取的，而若将强制管理的适用范围限制为不动产及配套附属设施，则常人即可判断简单易行，也符合执行效率的原则。如刻意扩大强制管理制度的适用范围可能产生这样一种结果：通过强制拍卖等手段就能够进行快速变现的不动产、特殊动产等财产，却要舍本追末地选择更为耗时的强制管理来获得收益，既得不偿失也降低了执行效率。

（二）幸存者偏差理论下应从管理失败中汲取经验

幸存者偏差，指的是当取得资讯的渠道仅来自幸存者时，此资讯可能会与实际情况存在偏差。幸存者偏差，是优胜劣汰之后自然选择出的一个道理：未幸存者已无法发声。各地区在宣传强制管理案件取得成效时，题目基本上以“首例”“硬核”等关键词为噱头。根据以上稿件的宣传，再加上在倡导善意、文明执行的大趋势下，强制管理看似已成为一个功能强大、适用性极强的执行措施，也有望成为解决执行难问题的有力武器。然而，笔者竭尽所能仅找到71件案件是通过强制管理解决的，这与1999年至今的执行案件总量相比显得微不足道。换言之，人们

---

① 还包括收益的清偿与分配、强制管理的终结、对妨害行为的处罚。

② 参见张艳：《浅析强制管理制度——兼与张榕教授商榷》，载《西南农业大学学报（社会科学版）》2010年第8期。

③ 参见王洁宇、张义华：《论担保物权实现的强制管理制度》，载《河南财经政法大学学报》2020年第2期。

只看到经过某种筛选而产生的结果，而没有意识到筛选的过程，因此忽略了被筛选掉的关键信息。当以“强制管理”为关键词筛选相关案例时，出现的通常是宣传强制管理成功的案例，上述 71 件案件正是通过特定方式筛选出的“幸存者”，实际上忽略了海量执结案件均不是依靠强制管理解决的，而是通过传统的执行方式譬如司法拍卖、划拨等实现的。

根据幸存者偏差理论，我们更应从未实施强制管理的案件及实施强制管理失败的案例中汲取教训，思考绝大部分案件并未适用强制管理执行方式的原因、挖掘强制管理失败案件的问题根源，从而找到防止问题再次发生和解决问题的途径。事实上，有许多类型的执行对象并不适合采用强制管理这一执行措施，对其采用强制管理措施伴随而来的风险大于益处，极易导致适得其反的效果。任何一项执行措施，都应当为解决执行难问题服务，应充分衡平强制管理可能带来的问题和可能实现的裨益。以此为契机，应当对能够借助司法拍卖手段解决执行难题的案件加强传统司法拍卖的适用，而非强制管理，强制管理目前仍只能是司法拍卖的辅助执行措施。

（三）强制管理应用于企业经营权的实务风险过高

上述强制管理适用于企业经营权的失败案例，事实上是将法律这一调节社会关系的底线工具，作为开展商业经营的具体实施活动。在这种理念错位的情况下，法律固有的滞后性难以堵塞灵活多变的商业活动漏洞，强制管理措施在实务中风险过高。强制管理是以邀请同行业企业管理（使用）被执行人为基础的，法律理想之应然是管理人是具有良知的主体，除了接受管理费之报酬外，无其他任何为自己谋取利益的动机。这显然是不具备现实基础的。根据理性经济人理论，“个体完全依照收益最大化原则进行行动和决策”，即每个人都能够通过成本—收益或趋利避害原则来对其所面临的一切机会、目标及手段进行优化选择。

管理人难以成为兼具法律和道德双重意义上的主体。最大限度上为自己谋取利益，是任何一个商业主体趋利之本性，强制管理措施中的管理人也不例外。从现代公司法理念来看，以委托同行业企业经营的强制管理方式，基本可以确定的是违反了同业竞争经营规则。管理人与被执行人本身就是同行业经营者之间的竞争关系。但执行法院期望管理人能立即从商业主体的身份中抽离出来，变成一个为法律之公益而站在中立立场，为经营被执行人资产而勤勉工作的人，这与常理常情相悖。

实务中的执行工作任务繁重，多数法院以听取工作汇报的形式对管理人予以监管，部分法院卷宗仅留存工作笔录及账册材料，对于强制管理财产的处置细节并未深究。该类监管方式仅为形式监管，并不能产生实际的监管效果，尤其在由申请执行人担任管理人的情况下，此种监督手段并不能产生对管理人的约束效果。[①] 此外，现代债务清理的法律体系中，执行法之外另有破产法，而破产法中的重整制度才是对企业经营权的接管，如将企业经营权纳入强制管理范围，将会模糊执行法与破产法的制度分野。[②] 现行破产法确立了破产管理人制度，并将其置于重整中默认企业接管者的地位。若将强制管理适用于企业经营权，强制管理失败的责任风险承担亦会致使鲜有法官愿意采取强制管理措施。

（四）回归我国的制度基础与国情现状进行考量

诚然，我国要建立强制管理制度体系，在初创该项制度的过程中，应当学习借鉴域外强制管理制度较为成熟国家的相关规定，考虑与国际上普遍采用的案件执行体系接轨。[③] 但建立后的强制管理制度终究要服务于我国的执行实践，应立足于我国的现实迫切需要，回归我国的制度基础和国情现状制定规则，如此方能发挥该项制度的真正作用。在确定强制管理适用范围的问题上，不能仅停留在是否“可以”适用强制管理的理论研究上，也不能一味急于用法律手段解决正常社会活动中的问题，而应当充分考虑是否有适用强制管理这一事实上有悖于执行效率原则的

① 参见董秀军、杨毅：《我国强制管理执行措施中强制招租制度的实际运用》，载《法制与经济》2021年第6期。

② 参见何欢：《债务清理上破产法与执行法的关系》，载《法学研究》2022年第3期。

③ 参见张艳丽：《民事执行中强制管理措施的构制》，载《理论学刊》2002年第3期。

执行措施之必要，管理后的收益和风险可能性能否相互衡平。①

制度的设计终究要服务于实践的需要。2021 年的《奥地利执行法》将强制管理的适用范围扩张至一切财产权利，固然可为我们提供一定的思考，但该地改革有其本土的执行困境缘由。而我国在借鉴域外立法，创设我国的强制管理制度之初，是为了破解“小产权房”及农村土地、违法建筑的变价难题。我国的不动产来源纷繁复杂，在执行财产处置过程中存在棘手难题，故将强制管理制度适用于不动产能够服务于我国执行实践的迫切需要。而动产、债权等财产一般不存在此种执行困境，多在于此类财产查找困难。② 若是一味将强制管理的适用范围进行扩张，不仅与我国的实务需求不匹配，而且对动产、股权、企业经营权等进行强制管理也存在管理成本和管理风险的问题，极易导致理论与实务脱节。

五、规则完善：在立法中明确限定强制管理适用范围

各地法院在探索实践中，成功运用强制管理办理了一些执行疑难案件，充分证明了强制管理制度在执行实践中的价值，但也暴露出立法缺失给实务部门带来的困境，故以立法形式确立强制管理制度，具有重要的法律意义。③

本文认为，应当在未来的《民事强执法》中对以下几点予以明确：第一，强制管理只能是司法拍卖的辅助措施。为切实高效地解决实务中的执行难题，应当加强传统的司法拍卖而非强制管理。第二，基于执行效率原则，强制管理的适用范围应限定为不动产及配套附属设施。最新《民事强执法（草案）》将强制管理的适用对象限定为不动产符合实践需要及效率原则，但实践中往往是不动产及配套附属设施配套使用才具有使用价值，强制管理才有适用空间。《民法典》并未界定何为不动产，

① 参见张艳：《浅析强制管理制度——兼与张榕教授商榷》，载《西南农业大学学报（社会科学版）》2010 年第 1 期。

② 参见邓沁婷：《论〈民事强制执行法（草案）〉强制管理制度的完善》，载《荆楚法学》2022 年第 6 期。

③ 参见李炎：《执行强制管理的法律问题》，载《人民司法》2001 年第 12 期。

仅在《不动产登记暂行条例》第二条作出简单规定。[①] 因我国法律并未对不动产作出具体规定，而实施强制管理的案件中又出现不动产与动产相互结合的情况，历次《民事强执法（草案）》亦未对此作出相应规定。故此种情形下本文建议未来立法应对此进行完善，可以责令管理人提供相应的担保或者缴纳保证金来确保强制管理的进行。

① 《不动产登记暂行条例》第二条第二款规定："本条例所称不动产，是指土地、海域以及房屋、林木等定着物。"

遗产清偿无终本：债务人亡故类执行案件的执破融合衔接

刘广福* 张滨滨**

内容摘要：在司法实践中，债务人亡故类案件的执行依据多为“被告在继承遗产范围内承担清偿责任”，由于遗产范围的界定模糊不清，遗产财产的查控难度较大，此类案件多以终结本次执行程序方式结案，实际执结率较低。理论和实务界多认为，应结合《民法典》关于遗产管理人的立法规定，推动构建我国遗产破产制度，从根源上破解此类案件的执行难题。随之产生新的问题是：执行实务中的债务人亡故类案件和破产法体系中的遗产破产制度应如何有机衔接？本文以债务人亡故类案件的执行困局为研究对象，重点论述该类案件的执破融合程序设置，创新提出“遗产清偿无终本”理念，以期实现债务人亡故类执行案件的良性有序办理。

自然人亡故后，围绕其所欠债务展开遗产债务清偿是亘古不变的话题，也是审判和执行实务中的热点难点问题。债务人亡故类执行案件，是指作为被告或被执行人的债务人死亡，由其继承人在继承遗产范围内承担债务清偿责任，学界亦称之为“遗产债务清偿的执行”或“在继承

* 江苏省邳州市人民法院清算与破产审判中心主任。

** 江苏省徐州市委政法委执法监督处副处长，原任江苏省邳州市人民法院执行局员额法官。

遗产范围内清偿债务的执行”。

此类案件，债务人死亡的时间可分为“诉讼前（中）”或者“执行后”。“执行后”债务人（被执行人）死亡的，执行法院可以根据《最高人民法院关于民事执行中变更、追加当事人若干问题的规定》第二条，依申请执行人的申请，变更、追加其遗产管理人、继承人、受遗赠人或其他因债务人死亡取得遗产的主体为被执行人，在遗产范围内承担责任，属于单独意义上被执行人亡故类案件。本文采用狭义说，主要探讨“诉讼前（中）”债务人死亡的情形，此时审判部门大多概括性地判决继承人在继承遗产范围内清偿债务，遗产债权人申请执行后，相关案件的实际执行到位率较低，容易引发执行异议、执行异议之诉甚至执行申诉信访，是执行难度较大的案件类型之一。

一、难题与困境：执行实务中的“烫手山芋”

以 P 法院受理的一起债务人亡故类执行案件为例，可以较为全面地发现该类案件容易陷入执行困境的四方面主要原因。

简要案情：潘某受雇于金某，交替、轮班驾驶大型货车从事长途运输。2019 年 4 月 7 日凌晨，金某驾驶重型半挂车行驶至济南绕城高速某处时，因未确保安全驾驶，撞上前方同车道内高某驾驶的另一辆重型半挂车，造成金某、潘某死亡，车辆及所载货物损失的道路交通事故。后济南市交警部门作出道路交通事故认定书，认定金某承担事故的主要责任，前车驾驶员高某承担事故次要责任，潘某不承担事故责任。事故发生后，死者潘某的父亲、母亲、妻子、长女、次女作为继承人，将金某的继承人即其父亲金某 1、母亲余某、妻子吴某、长子金某 2、次子金某 3 告上法庭，要求在保险责任范围之外，赔偿金某死亡赔偿金、丧葬费、被扶养人生活费等费用。

2020 年 5 月，济南高新区法院判决金某的父亲金某 1、母亲余某、妻子吴某、长子金某 2、次子金某 3 在继承金某遗产范围内赔偿四原告各项损失合计 346463. 1 元。案件进入执行程序后，因金某的户籍地、遗产所在地位均于江苏省 P 市（县级市），该院将案件委托 P 法院执行。

问题一：遗产分割的调和之难

P 法院通过公安交管部门、不动产登记部门查询，发现登记在金某个人名下的商铺一处，登记在金某和吴某夫妻二人名下的住房一处，登记在妻子吴某个人名下的东风日产牌轿车一辆。另查明，上述财产均购置于夫妻关系存续期间。法院依法对上述财产采取了查封措施，合议庭综合考虑上述财产的权属、性质、价值以及被执行人（继承人）的生存权、居住权等因素，决定首先对登记在金某个人名下的非居住性商铺采取司法拍卖措施。

被执行人吴某（金某之妻）认为，案涉房产、车辆等财产系夫妻关系存续期间购置，法院未经遗产分割而查封的上述三项财产，无法区分金某可供继承的个人财产份额，遂提出执行异议，请求撤销执行裁定书并解除查封。

问题二：遗产范围的界定之难

P 法院通过“总对总”执行查控系统查询，发现金某的父亲金某 1、母亲余某名下有定期存款 5 万元，经现场走访、执行谈话，了解到两位老人已经年近 90 岁，二人反映该份存款虽然有金某给予的部分，但大部分是个人积攒的存款。

申请执行人反映，金某去世后，保险公司赔付了金某的死亡赔偿金，坚持认为上述存款系金某父母分得的死亡赔偿金。经法院调查，上述 5 万元的定期存单，起存日期确实发生在被执行人领取金某的死亡赔偿金之后，且金某的父母无证据证明该份存款并非继承金某的遗产。考虑到两位老人年迈丧子，若直接冻结、扣划案涉定期存款，则案件办理的法律效果和社会效果并不理想。

问题三：遗产财产的控制之难

上述登记在金某名下的非居住性商铺，经评估公司评估，房产价值为 29 万元（该房产面积不大、位置偏僻、建成较久）。因待处置财产价值不足以清偿全部债务，P 法院继续通过登记机关和查控系统查询，并要求申请执行人配合提供相关财产线索，但除前述财产外，未发现金某有其他可供执行的遗产。

继承是家庭内部的事务，一般难为外人知晓，对于没经过权属登记的“隐性遗产”，因为遗产权属未登记公示，加之执行环节的财产查询相对滞后，遗产的具体状态可能已经发生转移或变化，给遗产财产的查询、控制带来了不小难度，执行法院和申请执行人（遗产债权人）对遗产财产缺乏知晓力和控制力是不争的事实。

问题四：放弃继承的评判之难

对于金某的长子金某2、次子金某3，经法院依法传唤到庭后，均作出放弃继承的书面承诺，已废止的《继承法》采用无条件的限定责任继承制度。[①] 2021年1月施行的《民法典》仍然沿用《继承法》的既有传统，第一千一百二十四条第一款规定“继承开始后，继承人放弃继承的，应当在遗产处理前，以书面形式作出放弃继承的表示；没有表示的，视为接受继承”；第一千一百六十一条第二款规定“继承人放弃继承的，对被继承人依法应当缴纳的税款和债务可以不负清偿责任”。在这种法律语境下，继承人只要作出放弃继承的声明或承诺，执行法院无法对其采取相应的执行措施。

为更加系统地研究影响债务人亡故类案件执行效果的因素，笔者通过调查问卷的形式采访了P法院所属的江苏省X市11家基层法院的50名执行法官。通过对回收问卷的逐一分析，发现影响该类案件执行效果、导致执行不能的各类因素中，“遗产范围的确认方式”最多，占比30%，“作为被执行人的继承人偿债态度”位列第二，占比26%，“申请人提供遗产财产线索的能力”位列第三，占比20%，“执行法院的调查手段”位列第四，占比18%（详见图1）。上述四类因素相互交织、叠加影响，共同制约了基层法院对于债务人亡故类执行案件的办理效果。

---

① 参见陈苇、刘宇娇：《中国民法典继承编之遗产清单制度系统化构建研究》，载《现代法学》2019年第5期。

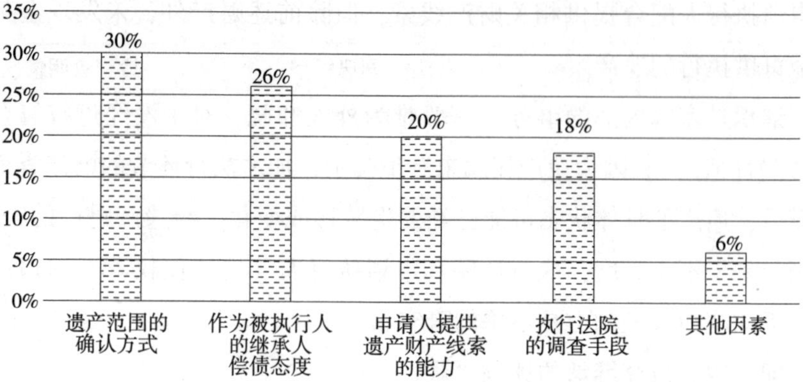

图 1　影响债务人亡故类案件执行效果的因素

二、检视与反思：执行依据里的“利弊不足”

债务人亡故类案件不仅是执行中的难点问题，同样也是诉讼环节的争执焦点。综合来看，在诉讼阶段法官普遍存在两种思路，一是寄托于执行阶段的调查，审理环节并不查明遗产，概括性判决继承人在遗产实际价值范围内承担责任；二是将遗产状况作为审判要点，要求原告（遗产债权人）或被告（继承人）举证，查明遗产状态后再作判决。在中国裁判文书网随机抽取 2021 年以来的 100 份该类案件判决书，经分析发现采用第一种概括性判决的审理思路居多，约占相关案件的 92%，表 1 为检索文书中的部分裁判结果及遗产查明情况。

表 1　债务人亡故类纠纷的判例及结果（数据来源：中国裁判文书网）

法院	案号	判决结果	遗产查明情况
辽宁省灯塔市人民法院	（2021）辽 1081 民初 3442 号	被告李某 1、李某 2 于本判决生效后五日内在继承被继承人李某猛的遗产范围内返还原告刘某 8.5 万元	未查明遗产情况

（续表）

法院	案号	判决结果	遗产查明情况
安徽省肥东县人民法院	（2021）皖 0122 民初 5556 号	未明示放弃继承遗产的被告姜某 2 于本判决生效后十日内在继承姜某林遗产范围内归还原告徐某借款 9.5 万元	未查明遗产情况
广东省广州市花都区人民法院	（2022）粤 0114 民初 1877 号	被告冯某 1、冯某 2、陈某于本判决发生法律效力之日起十日在继承冯某成遗产范围内对本判决第一项、第二项确定的义务承担连带清偿责任	未查明遗产情况
江苏省泰兴市人民法院	（2021）苏 1283 民初 4977 号	被告叶某、戴某、封某于本判决生效后二十日内以所得戴某生的遗产实际价值为限偿还原告梁某借款 30 万元	查明位于泰兴市某房屋中被继承人享有份额

（一）困境的主要表现

1. 遗产的相关状态不明确，导致执行被动

从本质上讲，执行依据的概括性判决，仅仅是在法律关系上确定了被执行人（继承人）和债务人（被继承人）之间的联系，但是两者联系的核心纽带是“遗产及其范围”。当遗产财产处于状态不明的状态时，直接判定继承人在继承遗产范围内承担清偿责任，明显越过了三段论中的小前提，即有无遗产的中项命题，在逻辑上存在漏洞。

2. 履行的法定期限不充分，脱离日常实际

债务人亡故类案件执行依据确定的自动履行期限，法律文书一般表述为七日、十日或十五日。客观来讲，被执行人（继承人）很难在如此短暂的时间内完成遗产清理，履行给付义务。在部分执行案件中，即使有被执行人（继承人）明确表示，遗产分割也需要一定时间，仅在十几天内用遗产清偿债务几乎无法完成，而生效文书却忽视了生活中的实际情况。

3. 继承的具体情况不清晰，易发生规避执行

执行实务中，经常会遇到两种情况，一是被执行人（继承人）坚决

否认债务人（被继承人）生前留有可供执行的遗产，以其未继承到任何遗产为由抗拒执行；二是被执行人（继承人）在诉讼阶段积极应诉，拖延判决时间隐匿遗产，在执行阶段规避执行。概括性的执行依据既没有明确遗产范围，也没有确认被执行人（继承人）是否继承了遗产，给有意规避执行、逃避债务的被执行人（继承人）提供了可乘之机。

（二）弊端的问题衍生

1. 容易引发立案标准的冲突

《最高人民法院关于人民法院执行工作若干问题的规定（试行）》第十六条第三项规定，执行立案的条件是"申请执行的法律文书有给付内容，且执行标的和被执行人明确"。对于债务人（被继承人）生前的个人债务，由被执行人（继承人）在继承遗产范围内予以清偿，执行标的范围和内容处于情况不明的状态，这类执行依据能否直接立案执行，存在一定分歧。各地做法也不一，个别法院经函询作出判决的审判部门，在得不到明确答复的情况下，以执行依据过于笼统为由不予立案执行。

2. 容易引发执行权力的扩张

审判与执行历来被视为车之两轮、鸟之双翼，须臾不可分离。[①] 但审判权和执行权又有本质上的区别，审判权是一种判断权，要对当事人之间的实体权利、义务、争端作出确定性的判定；执行权则要依据生效法律文书，通过对被执行人采取执行措施，依法实现申请执行人（遗产债权人）的权益。在债务人亡故类执行案件中，个别法院对查得的被执行人（继承人）名下个人财产采取强制措施，相当于由执行实施部门对财产权属作出实体性判定，容易引发执行权的扩张。

3. 容易引发办案效果的差评

此类案件存在执行依据的概括性、遗产范围的模糊性、遗产财产的不可控性等特点，上述特点的交织增加了申请执行人实现债权的难度。

---

① 参见江伟：《民事诉讼法专论》，中国人民大学出版社 2005 版，第 484 页。

以P法院（县级市）为例，该院2021年以来受理债务人亡故类民间借贷执行案件73件，其中被执行人（继承人）提出执行异议70件，另有2件案件达成执行和解，实际执行完毕的仅有1件。多数申请执行人将不满情绪归咎于执行法院的“执行不力”，如果执行力度过大扩展了财产处置范围，被执行人（继承人）则认为法院“乱执行”，极易引发双方当事人信访投诉，影响执行公信力。

三、透视与剖析：制度体系下的“破产缺失”

视角回到执行工作中来，审判部门为了追求形式上的公正与效率，判决继承人在继承的遗产范围内承担清偿责任，如此裁判虽然符合现有法律规定，但一味地将遗产范围查明寄托于执行环节，忽视了执行调查的单一性、偏行政性等问题，在实践中缺乏可操作性，亟须一种替代性的纠纷解决方式——遗产破产制度，即遗产不足以清偿遗产债务时，经由利害关系人申请由法院裁定是否宣告遗产破产的制度，[①] 从根本上突破债务人亡故类案件的执行困境。

（一）现行法律框架的制度空缺

在实体法上，为填补债务人亡故类案件的法律规则空白，《民法典》在继承编增设了遗产管理人制度，提出了被继承人债务清偿的相应规则。如在第一千一百四十五条至第一千一百四十九条，分别规定了遗产管理人的选任、遗产管理人的申请指定、遗产管理人的职责、遗产管理人的责任、遗产管理人的报酬等内容。但纵观上述法律规定，不难发现，其更多地是为了保护公民私有财产，重点调整家庭成员内部的财产继承关系，对被继承人以外的法律关系关注不多，围绕债务人死亡后，其债务究竟该如何处理，尚缺乏具体规定。

在程序法上，面向社会发布的《民事强制执行法（草案）》（以下

---

① 参见蒋慧、翟静波：《遗产破产制度的理念澄清及其破产法展开》，载《社会科学家》2021年第10期。

简称《草案》）中，关于债务人死亡情况共涉及四个条文，分别是第十八条、第十九条，将遗产管理人作为有权申请执行及可被执行的主体；第七十七条、第八十三条，关于中止执行、终结执行的情形。在《民事诉讼法》中，关于债务人死亡的情形，规定亦不够丰富，分别是第三十四条第三项，继承遗产纠纷的专属管辖；第一百五十三条、第一百五十四条中止诉讼、终结诉讼的情形；第二百四十三条“公民死亡的，以其遗产偿还债务”等。2022 年修正的《最高人民法院关于适用〈中华人民共和国民事诉讼法〉的解释》（以下简称《民诉法解释》）中，主要是第四百七十三条关于作为被执行人的公民死亡后遗产执行的原则性规则等。可以看出，不管是实体法还是程序法层面，当前我国法律和司法解释中关于债务人亡故类纠纷的规定仍然较为单薄。

（二）创设遗产破产制度的现实紧迫

破产是经济社会发展到一定阶段的必然产物，西方现代意义上的破产制度起源于个人破产，而我国的破产制度是伴随着社会主义市场经济的发展而产生的，是在没有个人破产制度的基础上跨越式发展的。[①] 2019 年，国家发展和改革委员会、最高人民法院等部门发布《加快完善市场主体退出制度改革方案》，将建立个人破产制度提上日程，广东、江苏等省法院随之开展与“个人破产功能相当”的改革试点。

死亡是自然人必经的法律事件，围绕自然人死亡后相关债务清偿而产生的遗产破产是典型的个人破产类型之一，有人认为，“没有遗产破产的自然人破产制度是不完整的。”[②] 遗产破产制度起源于古罗马时代，德国作为继受罗马法的典型大陆法系国家，在 13 世纪中叶出现了针对死亡债务人的财产清偿制度，学界认为是个人破产制度的滥觞。视角回到当代，英、日等国将遗产破产制度作为自然人破产的组成部分规定在破产

---

① 杜万华：《正确认识破产制度在市场经济中的作用 为推动我国破产法律制度体系的完善和实施而努力》，载澎湃网 2022 年 7 月 20 日，https://m.thepaper.cn/baijiahao_19104201。

② 汤维建：《关于建立我国个人破产程序制度的构想（上）》，载《政法论坛》1995 年第 3 期。

法之中，英国规定个人破产程序亦适用于遗产破产，[①] 日本则以特别章节规定遗产破产的适用。[②] 反观我国当前个人破产试点的目标，主要是保障债务人的生存权和发展权，对债务人亡故类案件即遗产债务清偿关注较少。随着我国市场经济的不断发展，经济交往日益频繁，债权债务关系更加复杂化、多样化。我国缺乏专门的遗产破产制度，有关债务人亡故类案件的债务清偿法律规定不尽明确、欠缺系统性，不能有对性地回答并解决遗产债权人利益受损等问题，这是导致债务人亡故类执行案件产生执行弊端、陷入执行僵局的根本性原因。

（三）展望遗产破产制度的核心机制

1. 健全遗产财产的清理造册机制——解决遗产范围的确定难题

在案件执行过程中，遗产范围的界定之难，主要是受制于我国继承传统和家庭生活实际，继承限于家庭成员之间，不易为外人所知晓，且遗产与继承人的个人财产往往混同在一起。“清理遗产并制作遗产清单”是《民法典》确定的遗产管理人的首项职责，即通过中立性的遗产管理人对遗产进行收集和检验，分类遗产性质，确定遗产价值，对难以确定价值的进行评估，然后制作遗产清单，以此确定遗产的具体范围，让遗产债权人和继承人知悉，是对遗产管理过程予以监督的重要凭证。

2. 健全限制条件的遗产继承模式——解决遗产财产的隐匿难题

无论是1985年4月颁布的《继承法》，还是正在实施的《民法典》，均规定了无条件限定继承制度。这种遗产继承制度的弊端较多，应当以附条件的限定继承制度加以改造，解决实践中的遗产隐匿难题。具体来说，继承人继承遗产必须经过法定程序进行，如放弃继承必须以明示的方式在限定期限内作出。若出现继承人隐匿重要遗产、在遗产清单中故意遗漏遗产、编造虚假债务、低价处理遗产等情形，继承人应当对相应

① 丁昌业译：《英国破产法》，法律出版社2003年版，第392~394页。

② 日本在立法结构上设立“专门对继承财产破产的特例”，以特别章节形式规定遗产破产、继承人破产、受遗赠人破产等三节。

部分的遗产债务承担清偿责任。

3. 健全遗产债权的催告申报程序——解决平等受偿的不公难题

催告遗产债权人申报并审查债权是确认遗产债务的基础，是指在继承开始后，由知道被继承人死亡的继承人、遗产管理人等主体，采取发出通知或公告的方式，告知遗产债权人等利害关系人被继承人业已死亡、继承开始的事实，要求及时申报对遗产的权利。[①] 如果遗产债权人未在通知（公告）期限内申报债权且遗产已被分配，则遗产债权人无权要求重新进行分配，参照德国、日本等域外法律规定，此时遗产债权人仅能就剩余财产求偿。

四、破局与突围：执破衔接间的“路径优化”

对于债务人亡故类案件探索适用破产机制，除了需要实体法方面的立法规定外，还应当在程序法上加以关注，参考“企业法人无终本”理念，更加强调“遗产清偿无终本”要求。在这一框架下，坚持“当破则破、应移尽移”原则，进一步优化启动模式、畅通移送流程、完善部门衔接，辅之以适合我国国情的多元解纷力量，实现执行法和破产法视角下债务人亡故类案件的依法妥善办理。

（一）遗产清偿无终本——职权主义下的“应移尽移”

我国企业破产法中破产程序启动的申请主义模式，在实践中产生了当事人主动申请的动力不足等问题，2017年1月最高人民法院制发的《关于执行案件移送破产审查若干问题的指导意见》要求法院对破产原因予以调查识别、主动征询当事人意见、向当事人充分披露破产效益等，可理解为职权辅助模式抑或半职权主义。向社会公布的《草案》赋予了执行实施机构强制移交破产权，《草案》第八十二条规定：“在金钱债权执行中，被执行人符合本法第八十条规定情形和破产法规定的清理债务

① 参见陈苇：《中国遗产处理制度系统化构建研究》，中国人民公安大学出版社2019年版，第37页。

情形的，人民法院应当裁定终结本次执行程序，将执行案件相关材料移送被执行人住所地人民法院。被执行人住所地人民法院应当自收到执行案件相关材料之日起三十日内审查，一般应当裁定受理破产申请；特殊情况不予受理的，应当将相关案件材料退回执行法院并书面说明原因。”在优化法治化营商环境实践探索中，江苏部分法院探索出“企业法人无终本”“企业被执行人无终本”等工作理念，即作为被执行人的企业法人，经执行程序发现无财产可供执行的，不允许通过终结本次执行程序方式结案，而应当严格按照执转破要求，及时转入破产程序，依法清退资不抵债的僵尸企业，实现执行程序与破产程序的无缝衔接，

相比企业破产或纯个人破产案件而言，触发债务人亡故类案件进入破产程序的首要条件是自然人死亡，由此达到了支付不能的紧急状态，应通过破产法的理念处理该类案件的债务清偿问题，并在此基础上一并解决继承等问题。在债务人亡故类案件中，债务人（作为破产主体的自然人）业已死亡，已经没有了保障其正常生产、交易的意义所在。因此，纯粹的职权主义更适用于需要转入破产程序的该类案件，甚至在审判过程中，直接将达到破产外观的相关案件依职权移送破产审判部门进行审查，通过审转破实现早移送、快清算。对于已经进入执行程序的该类案件，此时被执行人业已不主动履行生效法律文书确定的义务，更应主动考虑转入破产程序，符合条件的，参照《草案》第八十二条的规定，裁定终结本次执行程序，将案件相关材料移送遗产所在地法院进行破产审查。此时，自然人死亡、支付不能等破产原因已经具备，破产审判部门依法通过破产的方式解决相关债务清偿问题。

（二）执行破产一体化——机制优化下的执破融合

近年来，江苏省高级人民法院在执转破的基础上，进一步探索执破融合改革，推动执行程序与破产程序深度融合，即突破执转破路径下条线分离的单向模式，在执行局建立承担破产职能的机构，由破产审判法官和执行实施法官共同组成，破除法院内部机构设置、职能分工的壁垒，

让执行与破产两种程序的优势在案件清偿处置中交互叠加、充分释放，① 打通执行案件转入破产的程序通道，实现解决执行难和破产程序启动难引发的制度运行不畅、功能难以发挥等破产困境的双重目的，这些实践探索为债务人亡故类执行案件顺利转入破产程序提供了经验支撑。

在债务人亡故类执行案件中，一旦案件进入执行程序，执行实施法官经传唤约谈、财产查控、实地调查、现场走访等工作，无法查明可供执行的具体遗产或遗产范围，加之可供执行的财产即遗产处于情况不明的状态，则应坚持当破则破、应移尽移原则，依托执破融合机制作用，适当简化移交材料、审查要求和程序衔接，直接相关案件中附带前期执行通知、执行查控等材料，移送设立在执行局的承担破产职能的部门（详见图 2），进而选定遗产管理人，清理遗产并制作遗产清单，发出催告受理申报，更好发挥遗产破产机制的遗产管理规范性、债务处置彻底性和财产分配公平性等优势。同时，还应坚持资源共享，充分利用执行程序中已经完成的财产调查成果，在破产程序中直接承接执行程序中财产查封、扣押、处置等既有措施，利用执行财产变现平台和规则处置案涉财产，提高遗产财产的处置效率和清偿比率，通过执破融合避免程序空转与资源内耗，促进债务人亡故类执行案件破产审理的能快则快。

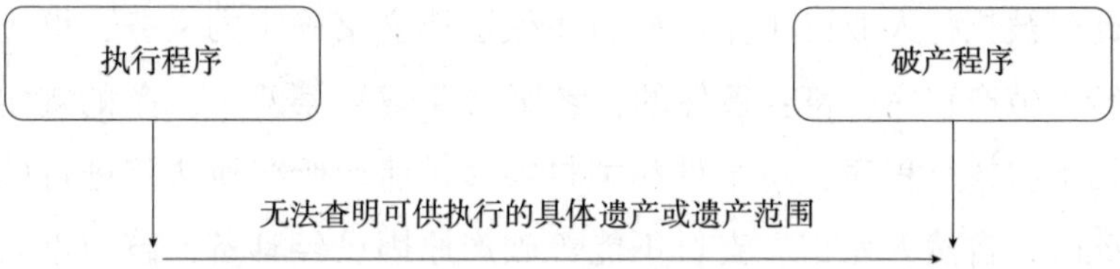

图 2　执破融合机制下的债务人亡故类执行案件流转程序

在执破融合机制下审视债务人亡故类执行案件的办理，能够实现以执助破和以破促执的双向互动，有效扭转该类案件终本率高以及移不出、立不了、破不掉等问题，让相关执行案件彻底退出执行程序，实现案件

① 参见蔡绍刚：《执破融合改革促进公平竞争》，载《法治日报》2023 年 3 月 27 日第 4 版。

办理有出口、有结果。

（三）案涉双方先和解——非诉解纷下的“调解前置”

习近平总书记强调，“坚持把非诉讼纠纷解决机制挺在前面”“法治建设既要抓末端、治已病，更要抓前端、治未病”。[①] 执行和解是执行实践中的常用手段，是在执行工作中践行“枫桥经验”的有力实践，在债务人亡故类案件中，引入非诉解纷路径更符合我国的具体实际。

具体而言，遗产破产兼具破产法和继承法的双重属性，而继承法又具有强烈民族色彩，与群众的继承习惯密不可分。在域外遗产破产制度中，破产清算是唯一程序，不存在遗产破产和解的路径设计。但在我国历史传统和社会生活中，和解、调解理念传承久远、深入人心，人民法院积极践行和弘扬社会主义核心价值观，将之融入执法司法全过程。故，在遗产破产程序中引入和解制度，即由继承人提出申请，经遗产债权人同意，让免部分债务数额或者延长给付期限，有利于维持当事人之间的关系，实现多方当事人的共赢，促进案件事了人和。理由除了前述传承和发扬新时代“枫桥经验”、实现矛盾纠纷前端口化解外，还有三方面考虑：一是在日常生活中，亲朋好友间的借贷关系较为常见，债务人（被继承人）与债权人（申请执行人）生前熟悉，引入破产和解程序可以调和、顺应债权人（申请执行人）与作为债务人配偶、父母、子女的被执行人之间的关系，被执行人提出和解申请，更有可能获得申请执行人的同意；二是遗产破产和解有利于最大限度发挥破产财产的价值，比如，家族企业中，被继承人（债务人）作为公司创始人、经营者，亡故后由其子女接手经营，因熟悉企业日常生产经营，达成破产和解后避免变卖债务人（被继承人）的股份，可将股权等企业的财产价值发挥到最大；三是部分案件中，债务人（被继承人）亡故后，径行处置遗产财产偿还债务，短时间内可能造成作为被执行人（继承人）的配偶或父母、子女

① 《习近平：完整准确全面贯彻新发展理念 发挥改革在构建新发展格局中关键作用》，载《人民日报》2021年2月20日第1版。

生活困难，通过遗产破产和解程序能够降低债务数额或延展偿还期限，有利于尊重和保障人权、调解矛盾，实现执法办案“三个效果”的有机统一（详见图 3）。

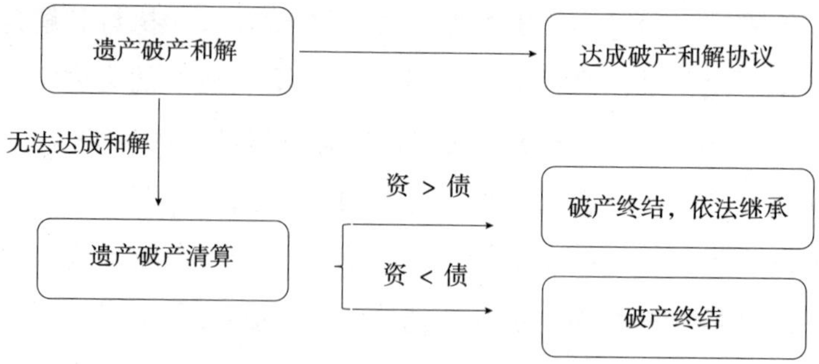

图 3　遗产破产和解与遗产破产清算的递进关系

在比较法层面，西方个人破产制度中，有和解前置主义、和解分离主义两种分类。前者是指破产启动前，先经过债务人与债权人的磋商和解，只有在债务人明确表示不愿意和解、不提出和解方案或者和解方案未经债权人会议通过等情形下，法院才依法受理破产。后者也称为选择型的和解模式，即不强制要求将法庭外债务清理程序作为法庭内个人破产程序的前置程序。[①] 在两种模式的选择上，西方国家大都经历了和解分离主义向前置主义演变的过程，为债务人亡故类案件前置破产和解提供了理论支撑。我国《民法典》将民政部门、村民委员会作为遗产管理人的兜底选择，作为国家行政机关和基层群众性自治组织，该两者是推动行政调解和人民调解的重要力量，在遗产内部分割特别是外部债务处置上，可以发挥非诉讼调解组织的优势。故对于债务人亡故类案件，可以参照和解前置主义，在诉讼或执行前，在法院以外引入基层解纷力量，优先组织双方当事人进行调解。《民法典》同时规定，对遗产管理人的确定有争议的，利害关系人再向法院申请指定遗产管理人，在某种程度上

① 参见颜卉：《我国个人破产程序设置的模式选择》，载《甘肃社会科学》2021 年第 2 期。

讲是和解前置主义的体现，有助于高效化解大量事实清楚、争议不大的债务人亡故类案件，实现诉讼（执行）与非诉讼解纷机制的有效衔接（详见图4）。

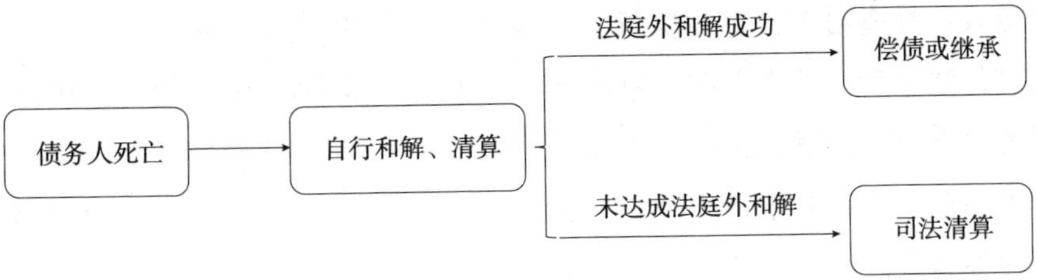

图4　和解前置主义的路径设计

在后续的立法设计和司法实践中，可以适当扩大遗产管理人任职范围，尝试将公证机构、破产清算公司、律师事务所或会计师事务所等机构纳入其中，进一步壮大非诉讼（执行）的多元解纷力量。

（四）申请主体更多元——程序配套下的“强制清算”

在各地法院“类个人破产”探索中，债务人出于社会影响等方面考虑，申请启动破产程序的多为申请执行人，但债务人亡故类案件本质上不同于纯粹意义上的“类个人破产”，可以尝试拓展申请破产启动的主体范围。具体而言，除了传统意义上的申请执行人（遗产债权人）外，可以赋予被执行人（继承人、受遗赠人等）和利害关系人（遗嘱执行人、遗产管理人等）申请启动债务人亡故类案件转入破产程序的权利。

类比企业破产程序中的强制清算制度，强制清算并不一定以资不抵债为前提，在公司出现解散事由，但未按时成立清算组，或虽成立清算组，但拖延清算或违法清算时，债权人以及公司的股东董事和其他利害关系人申请法院指定清算组，可以防止个别股东转移资金，保护利害关系人合法权益。在债务人亡故类执行案件中，作为债务人的被继承人已经死亡，申请执行人申请执行的依据为“各个继承人在继承遗产范围内承担清偿责任”，此时一般存在多名继承人（被继承人的配偶、父母、子女等），但仅有个别继承人掌握遗产，其他利害关系人无法掌握遗产，需要以审计为目的清算遗产债权债务，这种情况更类似于企业破产中的强制清算制度，即将被继承人类比于商事主体，业已死亡后，类似股东的继承人、受遗赠人、遗嘱执行人和遗产管理人申请法院介入，指定清算组进行清算后，无产则破，有产则清偿债务、依法继承。此时，执行法院可以有效调动继承人、受遗赠人等被执行人或者遗嘱执行人、遗产管理人等利害关系人申请启动破产的主动性，进一步提高债务人亡故类执行案件转入破产程序的动力和效率。

五、结语

依托《民法典》遗产管理人制度深化落实的契机，探索构造符合我国国情的遗产破产制度，在程序上进一步优化民事执行与遗产破产的衔接路径，是破解债务人亡故类执行案件困境的出路所在。在现有法律未作修改完善的情况下，人民法院应当加强立案、审判、执行等环节的协调联动，在执破融合机制下，秉持遗产清偿无终本理念，进一步优化并简化债务人亡故类执行案件转入破产程序的流程设置，最大限度保护申请执行人（遗产债权人）的权益、统筹保护被执行人（继承人）特别是弱势继承方的利益。期待我国遗产执行与遗产破产有机衔接的制度尽快建立、健全和完善，更加有效地提升债务人亡故类执行案件办理的法治化水平。

【执行管理和信息化专题】

执源智治：智能化执前督促机制的展开

——以浙江省杭州市西湖区人民法院的探索为中心

徐自立*

内容摘要：针对执行案件依旧高位的问题，执源智治理念需要革新，应促成从执行案件“申请强制惩戒—被动异议与救济”后端范式向“智能识别风险—自动化预防与调控”前端智治范式延伸，更好实现新时代审执衔接和实质解纷。当前，浙江省杭州市西湖区人民法院（以下简称西湖区人民法院）探索执前督促智能平台 1.0 系统执行数字化的到 2.0 系统的执行自动化，增设“智能履行评估”和“自动化繁简分流”，提供了对被执行人履行能力、意愿的“分类诊断”与“对症下药”的“算法执行服务”，有利于以执行前端为重心构建审执调一体化智慧联动机制。但在执前督促智能化的过程中，因涉及对基础数据的收集、处理和算法治理阶段，存在数据对接不足、算法透明度不够等风险。对此，应当通过丰富基础数据库和算法代码规则可视化来提高算法治理的科学性，同时，完善相应的数据安全措施，以应对数字技术运用带来的风险和挑战。

* 浙江省杭州市西湖区人民法院执行员。

一、问题的提出：执前督促为何需要智能化

长期以来，执行难不仅是困扰人民法院的突出问题，也是人民群众反映强烈、社会各界极为关注的热点问题。2019 年 7 月，在“基本解决执行难”的基础上，中央全面依法治国委员会发布《关于加强综合治理从源头切实解决执行难问题的意见》，对各项“执行难源头治理工作机制”进行了战略部署，促成了执源治理概念的提出和司法实践对执源治理工作机制的探索。最高人民法院张军院长在国家法官学院 2023 年春季开学典礼上指出：不仅要依据案件事实证据，也要从执行方面考虑权利人的实际利益作出提示，尽力避免只管判不管执，造成因裁判考虑不周的实际不能执，更要考虑简单依法下判后会不会引发关联的多案。2023 年 5 月 19 日，在最高人民法院举行人民法院能动司法（执行）典型案例新闻发布会上，最高人民法院执行局的相关负责人明确指出，2023 年执行工作的一大动作即“推进执源治理，扭转执行案件增长趋势”。在 2023 年 7 月 13 日的全国大法官研讨班上，张军院长继续强调，法官办案不仅要注重从源头解决执行难，以“如我在诉”做好“访”源治理、“信”源治理，更要注重“执”源治理，不能“一案结而多案生”，要在真正的“案结事了政通人和”上下功夫。2024 年 1 月 15 日，全国高级法院院长会议对当前和今后一个时期执行领域的重点工作进行专题部署，张军院长在会议上强调，做实做好做优高质量执行工作，朝着切实解决执行难目标不断迈进。会议还指出，必须加强联动共治、深化执源治理以解决执行案件长期高位运行的问题，从而做好新时代新发展阶段执行工作。[①] 各地人民法院也在执源治理的实践探索中取得了一定成绩，如出台意见以明确强化执源治理的相关举措、与当地社会治理工作委员会办公室签订联动工作方案、大力开展“执前督促+和解”的工作模式、与软件公司合作开展执源治理工作站等。

---

① 白龙飞：《做实做好做优高质量执行工作 朝着切实解决执行难目标不断迈进》，载《人民法院报》2024 年 1 月 16 日第 1 版。

从执源治理的本质意义来看，执行难就是作为治理之基础的源头信息难获取和源头信息机制缺失的问题。[①] 这一问题若依靠拆解审判人力资源补缺执行人力资源可谓难以为继，而执行工作中存在很多不涉及价值判断的事务性工作，有着人工智能应用的广泛空间。2022 年 6 月向社会公开征求意见的《民事强制执行法（草案）》第六条规定："民事强制执行应当充分运用现代信息科技。"科技执行原则作为民事强制执行的一项基本原则需要在不同执行环节运用。在信息时代的当下，执源治理在社会与规范双重意义上都需要实现守正转型，执源智治的理念因应执源治理之数字赋能需要而提出。执源智治不是简单的科技利用，而是运用数字化、智能化手段融入源头治理格局，从传统程序保障到"人机交互"程序正义，推进执源治理水平和治理能力在理念方法、功能定位、行为模式等方面产生根本质变。

目前，学界与实务界中，运用区块链、智能合约、大数据处理、人工智能等应对执行腐败、执行乱和执行难的研究业已精细化。[②] 大部分学者在宏观层面讨论民事执行中人工智能的运用，围绕执行工作流程、执行统一智能平台、与淘宝和腾讯等数据平台公私合作整体融合可能性等探讨，侧重执行难源头智治的应用层面展开尚付阙如。作为把守执源治理关口的执前督促程序智能化，可能成为实现执源智治的重要突破口。执前督促程序是指，人民法院依据债权人申请针对生效裁判案件开展执前履行评估，对有主动履行可能的案件，在进入强制执行程序前的立案阶段，全面告知当事人不履行义务的一系列严重后果，促进当事人自动履行生效裁判确定的义务、达成执行前和解的执行程序。执前督促机制是在执源治理理念指导下，致力于通过督促手段缩减执行案件的一种机

① 参见史明洲：《区块链时代的民事司法》，载《东方法学》2019 年第 3 期。

② 相关代表性文献参见杨力：《以数字化切实解决人民法院"执行难"》，载《数字法治》2023 年第 6 期；祁崇捷、楼贝贝、管莨茗：《执行治理体系和能力现代化的范式研究——基于自动履行正向激励机制的建立切入》，载《中国信用》2021 年第 5 期；闵仕君：《人工智能技术与法院执行领域的融合、发展和完善——以无锡法院智慧执行系统为视角》，载《法律适用》2019 年第 23 期；史明洲：《区块链时代的民事司法》，载《东方法学》2019 年第 3 期等。

制创新。但执前督促程序通常难以完整地获取被执行人的信息，实际效果依赖于被执行人的自觉性，其发力不足已成为制约执源治理的关键点。在司法实践中，目前我国法院已经开始尝试将人工智能应用于执前督促程序。在人工智能赋能执源治理的过程中，机遇和挑战并存，在提高执源治理智能化的同时也会带来数据的有效性、算法透明度等基本问题。基于此，本文对西湖区人民法院在执前督促程序中运用人工智能的现状进行实证考察，以展示人工智能在执前督促程序中的运作机理，揭示其对执源治理所产生的积极意义，并就其存在的风险进行回应，在此基础上让人工智能更好地为司法工作服务，也为其能够在执源治理中得以广泛应用提供一些可资复制的经验。

二、智能化执前督促的运行探索

在执行案件的高位运行下，要破解执行力量不足的瓶颈，必须长期开展执行智能化建设。① 借助人工智能完成执前督促事务如直接督促债务人履行等是西湖区人民法院前期执源智治主要发力点，可称为执前督促1.0的半自动化系统。半自动化系统能收集一部分公共数据，但数据仍有不全面之弊，且数据本身不能直接产生价值，需要通过深度挖掘，从海量数据中搜索隐藏其间的各种执行信息。② 因应算法需求，西湖区人民法院执前督促程序2.0系统加强精准识别、繁简分流和全自动化执行，实现了人工智能技术与执源治理机制的交互融合。

（一）执前督促1.0系统：智能平台简化事务性执行工作

人工智能司法应用首要目标是以机器智能代替大量的重复性、机械性、低附加值的工作，在事务处理模块实现人力的释放。③ 民事执行工作

① 参见李世寅：《打造精准高效的智慧执行机制》，载《人民法院报》2019年12月6日第2版。

② 参见贺译葶：《司法执行人工智能化之反思与前瞻》，载《四川大学学报（哲学社会科学版）》2021年第1期。

③ 参见江苏省高级人民法院课题组：《数字经济背景下人工智能的司法应用》，载《法律适用》2023年第5期。

中存在很多不涉及价值判断的事务性工作，具有基础性、简单性和重复性的特点。通过人工智能可以实现简单执行工作的半自动化，替代人工劳动完成一些简单重复的工作。这种半自动化工具处于辅助执行法官的地位，并不会干扰民事执行的法定程序，却有益于减轻执行工作人员的工作负担。西湖区人民法院执前督促 1.0 程序的推出是通过人工智能技术提升效率的典型表现。在一般的执前督促程序中，执行工作人员通过电话、短信、移动微法院等多种方式进行督促，向债务人送达自动履行告知书和自动履行提示书，全面告知不履行义务的后果，督促当事人自动履行生效法律文书确定的义务。如债务人自动履行，则由法院出具自动履行证明书。

执前督促程序相关督促措施的采用属于简单的督促性工作，法官可以以司法人工智能算法为辅助提升督促的效率。1.0 系统通过人工智能技术实现督促方式的智能化，不再全由法院书记员或法官助理通过人工拨打电话或线下邮寄等进行督促，而是借助执前督促这一智能化平台对当事人进行线上督促。一是智能督促短信，执行工作人员可以在系统内运用电子送达的方式自动触发督促功能，通过当事人预留的联系方式向其发送短信，在短信中包含执前督促履行通知书和有关履行意愿调查选项的链接，当事人点开链接即可看到相关内容，从而减轻通过人工主动督促履行的工作负担，亦能实现执行工作人员与当事人真正的物理隔绝，有效防范廉政风险。[①] 二是智能督促电话，执行工作人员借助智能语音电话，可以较为准确地识别当事人的语音语义，理解当事人的基本意图（见图 1）。通过追问引导当事人进行下一轮的对话，查明当事人的主动履行意愿，引导和提示当事人主动去履行生效裁判文书确定的给付义务，以便开展后续的督促工作。具体而言，在督促短信送达两日后，被申请人未进行履行情况申报、财产申报的，即启动智能语音电话督促。通过智能语音人机交互的形式，自动化、批量化摸底当事人的身份情况、失

① 参见闵仕君：《人工智能技术与法院执行领域的融合、发展和完善——以无锡法院智慧执行系统为视角》，载《法律适用》2019 年第 23 期。

联情况、履行意愿。例如，询问通话人的身份，确定其是否为本人、本人亲友等。被申请人完成履行情况申报、财产申报或连续呼叫三日，再停止智能语音电话督促。通过平台的智能督促短信和智能电话督促，以及智能管控执行工作进程，当事人尤其是申请执行人也更为理解法院执行工作。

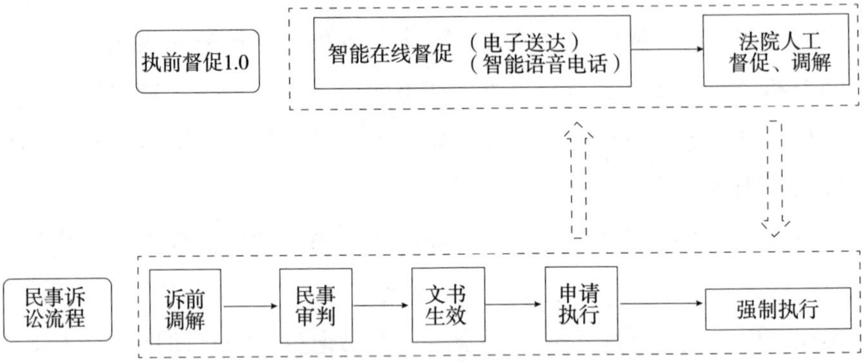

图 1　执前督促 1.0 的基本流程

（二）执前督促 2.0 系统：人像智能评估与繁简分流自动化

执前督促程序 1.0 系统的适用虽然可促进当事人自动履行债务，但提升的效果存在一定的局限性。案件已经进入执行阶段，裁判文书已经生效，双方当事人大多对需要还款的数额、不履行义务的后果有了明显的预知。可以预想到，单纯采取智能督促很难起到实际的效果。对此，西湖区人民法院对执前督促程序进行优化升级，在智能督促模块的基础上，增加执前履行评估模块和分流处置模块，制定《执前履行评估办法（试行）》，提高执前督促程序的精细化水平。

执行前督促评估工作的智能化体现在两个方面：一是对被执行人履行能力的智能评估；二是对被执行人财产价值的智能评估。执前履行评估本质是在收集相关数据的基础上，例如，整合被执行人移动支付、网络购物、大额消费、网络活动轨迹、信用等级评估等动态数据，通过履行能力和履行意愿的辅助算法的开发，提取并整理形成被执行人画像，生成全景敞式履行能力与意愿报告。评估内容主要涉及以下几点：第一，根据当事人当前的存款、证券等财产信息，评估短期履行能力；第二，根据当事人不动产、车辆、保险等信息，结合历史案件，评估当事人财产处置履行能力；第三，根据当事人个人年龄、学历、工作、家庭等信息，评估当事人长期履行能力；第四，结合上述评估结果，生成履行能力评估报告，为每项履行能力打分，评分越高，履行能力越强。综合当事人沟通情况与调查结果，智能评估当事人履行意愿，将履行意愿的评估结果分为愿意履行和拒绝履行；将履行能力的评估结果分为基本具备履行能力、具备部分履行能力、不具备履行能力等，系统可根据评估结果采取相应的督促策略。执行工作人员以执前履行评估报告为依据对有履行能力和有履行意愿的被执行人展开执前督促工作，更能提高促使其自动履行的成功率。对执前督促履行评估板块的开发旨在通过技术手段提高督促效率，根据评估结果精准施策，相较于简单的技术督促手段，确实能有效地发挥督促债务人自动履行债务的作用。但更值得注意的是，与之配套的分流处置模块，能够以被执行人评估报告为基础实现对执行案件的繁简分流。对于执行案件的繁简分流，最早可见于最高人民法院发布的《最高人民法院关于深化执行改革健全解决执行难长效机制的意见——人民法院执行工作纲要（2019—2023）》。该文件指出：要健全繁简分流、事务集约的执行权运行机制，实现简案快执，难案精执。正式将繁简分流这一概念引入执行程序。实行执行案件的繁简分流是为了应对案多人少的执行现状，依托于执行指挥中心强化财产查控，建立快执、简易、普通三大执行团队，实现案件的科学分流，提高执行工作效率。①

分流处置模块以执前督促履行评估板块所收集的被执行人基本信息为基础，对被执行人进行评估，根据被执行人具体情况制订有针对性的执行工作策略，正是繁简分流这一指导思想的具体体现。具体而言，对于有履行能力和履行意愿的被执行人，督促其自动履行债务，这也是执

① 参见孙瑜、赵雪：《执行繁简分流机制的程序构建》，载《人民法院报》2022 年 1 月 5 日第 4 版。

前督促程序的最初表现形态；对于有部分履行能力和履行意愿的债务人，促进当事人之间达成执前和解，或是进入强制执行程序，按照执行标的金额、财产状况等情况进行繁简分流，分配给合适的执行团队进行处置；而对于明显没有履行能力的债务人，可以通过发挥破产程序的清算、重整功能，及时退出执行案件。分流处置模块根据不同的情况采取不同的执行措施，立案时直接确定快速执行案件和普通执行案件并分配快执团队或普执团队承办人（见图 2）。实现立案、分案、繁简分流三个环节合并，提前将执行案件快慢分道，有利于进一步缩短强制执行周期，加快实现申请人的合法权益。在执行前端实现对执行案件的分流处置，合理配置执行资源，体现了执源治理、善意执行的理念，实现了对执源治理内部结构的优化升级。

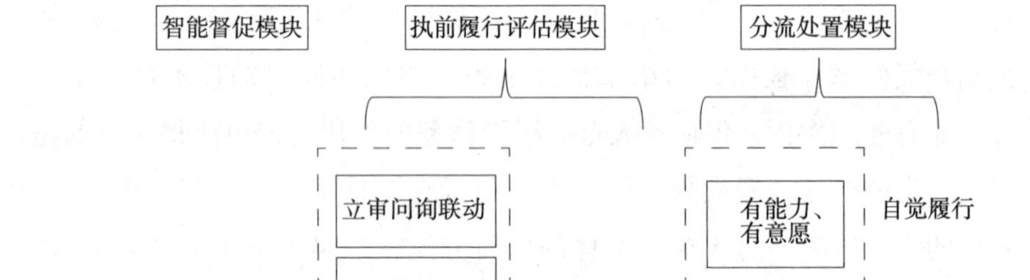

图 2　执前督促 2.0 的具体流程

此外，无论是简单工作还是复杂工作，数字技术都无法完全解放执行工作人员的劳动力。在执行工作中，因涉及一定事项决策权的运用，就更强调执行人员与人工智能之间的配合，人工智能运用的实际效果离不开执行人员与技术的配合程度。西湖区人民法院在智能化执前督促的实践探索中也着重确立执行工作人员的主体地位，强调数字技术在涉及决策权时的“辅助性”地位。在对履行能力和履行意愿分析评价的过程中，固然可以通过相应算法的运行自动生成相应的评估报告，但单纯依靠算法的分析本身无法揭示执行案件背后可能存在的较为复杂的社会关系，也容易抹平地区之间的差异，导致得出不够科学公正的判断。故在运用评估算法的过程中，仍须继续发挥执行工作人员的主观能动性，一方面，依靠智能评估报告对被执行人进行初步的多维画像，开展智能评估；另一方面，也要根据被执行人具体情况，结合生活经验进行利益平衡，进行综合性的判断。

为提高执前督促程序评估结果的科学性，西湖区人民法院在确立执行工作人员的主体地位的同时，也赋予当事人对结果提出复议的权利。具体而言，执前履行评估应经过合议庭评议。合议庭应将合议经过、结果记录在案。合议庭评议结束后五个工作日内，法院将执前履行评估的结果告知债权人。债权人对评估结果有异议的，可以要求法院对评估理由进行释明。债权人经释明仍有异议的，可以向作出评估结果的执行部门申请复议。复议期间，不停止对债务人采取的执前督促或强制执行措施。

（三）智能化执前督促的运作效果

作为践行深化执源治理的一项重要举措，执前督促对于提高执行案件的自动履行率和执源治理成效具有重要的现实意义。执前督促的建设重点在于减少进入执行程序的案件数量，从源头化解执行难题。人工智能技术的运用能够将这些业务需求转化为依靠智能技术支撑的业务功能，提高执源治理的智能化水平，减少执行工作人员的工作负担。西湖区人民法院执行督促 1.0 及执前督促 2.0 充分发挥浙江法院数字建设优势，提升执前督促的综合效能；同时，深度发掘司法大数据、人工智能等技术在执行领域的应用潜力，提升执前督促案件办理的精细化水平，在执行纠纷前置处理中取得实效。

从西湖区人民法院的实践运作来看，自 2022 年 3 月升级至 2.0 版本以来，共督促案件 10770 件，其中，有 876 件案件的当事人主动履行了标的额共 2.35 亿元的义务。具体来说，督促有如下积极意义：第一，生效裁判履行周期缩短。经法院督促后，约 10%的案件平均十五日内自动履行完毕，在很大程度上提升了当事人满意度。第二，生效裁判自动履行率提高。2022 年 3 月到 12 月，生效裁判自动履行率同比提升 10.69%，推动司法公信力进一步提升。第三，法官工作结构优化。通过数智赋能，法官督促工作量减少 70%，从而有效节约了司法资源，利于集中人力推动法院其他工作更有效开展。第四，强制执行立案数量下降，执源治理获得一定成效。2022 年 3 月到 12 月，通过执前督促分流，执行立案数量明显下降，首执案件同比下降 15.24%，执源治理成效显现。

三、智能化执前督促运用的潜在挑战

人工智能促进了传统执行模式、执源治理理念的深刻变革，大数据、人工智能等现代技术与立审执一体化机制、执前督促机制等执源治理工作机制的深度融合，极大提高了被执行人的自动履行率，减少了执行案源。但在人工智能“强依赖”语境下，人工智能具有双重效应，在肯定人工智能对解决执行难问题的积极意义的同时，也需要关注其本身可能对执行工作产生的消极影响，尤其是数据收集和算法开发存在的固有技术缺陷。

（一）数据收集阶段：数据支撑尚不充分

2023 年，中共中央、国务院印发了《数字中国建设整体布局规划》，提出数字中国建设按照“2522”的整体框架进行布局，即夯实数字基础设施和数据资源体系“两大基础”。在数字中国建设中，执行数据无论从矛源化解还是从基层治理，都是国家治理提升的关键之一。与前端审判数据不同，执行数据一般更依赖多部门数据对接融合。2022 年《民事强制执行法（草案）》（以下简称《草案》）第七十四条亦规定，负有协助执行义务的有关国家机关或者其他承担社会管理职能、提供社会公共服务的组织与人民法院之间应当建立信息化网络协助执行机制。执行数据越充分、挖掘越有深度，智能评估越精准，执前督促越有效。但目前执行督促的数据来源渠道狭窄，其来源主要有两个：一是法院自身的数据，例如法院在审判过程中所积累的数据。可以通过考察被执行人在其他法院中关联案件的相关情况，或是在诉讼、调解过程中所传达出的信息，判断被执行人的偿债能力。二是来自社会信息数据的采集，包括债务人自主申报、网络购物、网格员通过调查问卷走访调查等。将这些财产信息综合起来对当事人的履行能力和履行意愿进行评估打分。从未来的发展看，执行督促数据在执源智治目标的实现方面将扮演极为重要的角色。执行数据对接问题，在一定程度上制约了智能化促进执行督促的效果，表现在下静态意义和动态意义两个方面。

1. 执前督促数据库对接不够，被执行人画像描绘受限

法律领域中的数字技术无论基于何种算法都有大量数据作为基础。在数据的收集方面，能否实现对数据的充分挖掘是评估是否准确的关键因素。一方面，对于被执行人履行能力的数据收集，存在数据不足够充分的问题。作为执行履行能力和履行意愿算法开发的数据主要通过法院自身数据和一些社会信息数据采集工作完成，但被执行人真实的履行能力很大程度上是难以通过这些信息直接显现出来的。被执行人所拥有的具体存款、车辆、证券等信息，若没有进行专门的网络查控或者是实地调查、多部门对接，仅仅通过网络购物、走访调查等方式进行信息收集，难以保障被执行人财产信息的真实、明确，不能反映其履行能力，所描绘的被执行人画像，也完全失真。另一方面，在被执行人履行意愿上，被执行人为规避执行，往往千方百计转移财产，制造无财产可供执行的

假象。而据统计，在现行网络查控体系下，初步查无财产的案件中可能存在大量“规避执行”的情况，如何保障执行效率，智能深挖可供执行财产本身，鉴别执行不能的真伪，已然成为执源治理的关键，亦需要强化多部门的数据对接。[①]

2. 执前督促数据样本不足，被执行人数据价值削弱

数据能够起到对被执行人履行能力和意愿评估的作用，主要源于对于收集数据的二次开发。然而，由于数据收集者与数据使用者分离、目标与方向之间不可控，因此技术应用结果可能存在不确定性。机器学习工具虽有可能根据比人类处理和操纵的数据量大得多的数据作出更准确、更快的决策，却不具备全脑功能。[②] 换言之，大脑的一个部分并不像整个大脑那么聪明。[③] 人工智能技术依赖于大规模的数据，通过数值得到相应结果，机器学习系统和算法之所以有价值是因为它能够自己学习如何在海量数据集中检测有用的信息。但在执前督促 2.0 系统升级后，存在较多价值判断的空间，人工智能仍须加强数据投喂和定向训练。[④] 例如，最初用以提供个性化服务的当事人信息挖掘有可能在二次挖掘中被适用于执行环节对当事人偿债能力的判断上，因为数据样本的局限性而产生偏见性的结果。[⑤] 又如，简单通过被执行人存在网络直播打赏的行为而判断其存在履行能力，难以反映被执行人当下真实的财产现状。这导致对于被执行人履行能力的评估很可能不够客观和准确。在数据收集阶段，执前督促的智能化运用需要实现标准化或者规范化编码，方能完成简单和可重复性执行事务自动化，面对突发、不确定的或者特殊的执行案件，

---

① 参见李艳玫、黄驿媚：《“执行不能”何以鉴真：运用大数据为被执行人精准画像——基于数据全生命周期视角》，载刘贵祥主编：《审判体系和审判能力现代化与行政法律适用问题研究——全国法院第 32 届学术讨论会获奖论文集》，人民法院出版社 2021 年版，第 1274 页。

② Ashley Deeks, “The Judicial Demand for Explainable Artificial Intelligence,” Columbia Law Review, Vol. 119, No. 7, November 2019, pp. 1829-1850.

③ Lu, Li, Chen, Kim, and Serikawa, “Brain Intelligence,” pp. 368-375.

④ 参见贺译葶：《司法执行人工智能化之反思与前瞻》，载《四川大学学报（哲学社会科学版）》2021 年第 1 期。

⑤ 参见王禄生：《司法大数据与人工智能技术应用的风险及伦理规制》，载《法商研究》2019 年第 2 期。

数据可能未即时更新，利用特殊经验知识来作出恰当的判断将是未来数据分析的重点。

（二）数据处理阶段：个人隐私和数据安全须侧重

大数据技术的出现使个人信息的个人价值和公共价值更加直接地融合了，也使个人信息的公共性获得了新内涵。① 有学者将大数据技术之下个人信息的特征概括为五项：一是个人信息中包含的市场价值和隐私利益具有低密度性和非直接性；二是个人信息具有再分析价值；三是个人信息具有非独占性；四是个人信息的产生具有意志一致性；五是对个人数据信息的收集、分析和处理具有即时性，信息主体的“知情同意”过程难以实际展开。② 在此基础上，对个人信息的法律规制不应再基于私权观念赋予公民对个人信息的处置权，而应当将个人信息作为公共物品。公共物品的运用既存在以国家公共利益为目的的运用，也存在对个人利益的限制。在执前督促中，执行机关收集和使用个人信息并非基于与管理对象的约定，而是基于法定职权，系查找被执行人财产之必需。在收集信息更为智能化的过程中，数字技术的运用需要大量的数据支撑，涉及大量的个人和企业的信息。因此，执前督促评估机制智能化需要实现国家信息总体供给义务与社会公众隐私保护之间的平衡。如果数据受到泄露、盗用或滥用，可能会对个人和企业造成直接或间接损失，尤其是造成对信息不敏感人群的利益的损害，破坏公众对数字技术的信任和参与意愿。在此意义上，如果在被执行人信息的采集过程中出现了信息泄露，不仅会对被执行人的个人信息和整体数据安全造成损害，也会给执行信息采集工作本身的正当性带来疑问。

---

① 参见林鸿潮：《个人信息在社会风险治理中的利用及其限制》，载《政治与法律》2018 年第 4 期。

② 参见吴伟光：《大数据技术下个人数据信息私权保护论批判》，载《政治与法律》2016 年第 7 期。

(三) 算法治理阶段：算法规则需与执行法定程序磨合

“法律人工智能行业中的算法是作为一项商业秘密而存在的，外人无从知晓，只有算法的设计者才掌握具体细节。”① 法院采用智能化批量估值技术对被执行人财产进行评估的初衷虽是避免评估人员的技术水平及个人偏好等因素影响评估的结果，但又蕴含着算法代码不透明运行等问题，需要与执行前端法定程序相互磨合。执行履行能力评估算法的运行逻辑较为简单，主要是通过被执行人的财产状况调查，结合其应当给付的价款数额来评价其偿债能力，评估的结果相对客观。执行履行意愿评估算法的运行逻辑则是考察债务人所作出的具体行为与客观情况是否一致。例如，要求债务人进行财产的自主申报，若债务人主动积极地进行申报，代表债务人履行意愿较强；债务人即使积极地进行申报，但与法院掌握的客观情况对比，填报的情况明显不实，经法院释明后又不进行修改的，则很大概率是在隐瞒自己的真实财产情况，代表债务人履行意愿较低。相较于履行能力评估算法，履行意愿评估算法的评估结果相对主观。

通过数据的收集和算法的运作，将一键生成对被执行人履行能力和履行意愿的评估报告，进而影响法院后续执行工作的实施。对执行债权人和债务人而言，评估结果的不同导致后续执行法院采取的具体措施不同，是进入强制执行程序还是促进当事人展开和解工作，将直接对当事人产生实际的影响。算法决策所存在的问题主要表现为算法评估结果的准确性和透明度不足。算法评估的准确性与作为算法基础的数据有效性直接相关，具体情况已如上述；算法的透明度是决定公众能否信任算法的重要因素，若存在算法黑箱的现象，因内容不透明使得人们难以了解算法的内在工作机制，将与法律决策的透明性相冲突，难以保证裁判的公正性。通过数字技术所得出的结论，如果不能给予当事人充分的程序

① 洪凌啸：《误区与正道：法律人工智能算法问题的困境、成因与改进》，载《四川师范大学学报（社会科学版）》2020年第1期。

保障，允许其对得出结论的过程和结果进行质疑或抗辩，将会侵害当事人的程序保障权，也不利于对算法结果错误的纠正。

四、智能化执前督促运用的风险防范

为应对人工智能介入执前督促程序带来的挑战，首先，要在算法和数据本身上下功夫，提高算法的准确性和透明度；其次，不能唯人工智能论，一味相信人工智能提供的结论；再次，执前督促程序中涉及的数据相关问题也值得重视，特别要一以贯之地重视数据安全问题；最后，为了避免人工智能产生与实际情况不符的结论，也应当为当事人提供程序保障，允许当事人对评估结果提出异议。

（一）基础数据库扩容对接，信息化网络协助执行立法

执源智治是数字法治和基层智治交叉的重要组成部分。整体智治强调的是数据一体建设和数据信息共享开放。算法准确性的提高有赖于数据的全样本分析和优质数据资源的提供，被执行人的身份信息和财产信息的全面收集能够有效地提高算法的准确性。目前，我国执行信息化建设取得显著成效，已经建成了以最高人民法院“总对总”为主、以地方各级人民法院“点对点”为辅的网络查控系统，可以在线查询存款、车辆的财产信息，实现对被执行人主要财产形式和相关信息的有效覆盖，大大推进了执行工作的完成。在执前督促程序数据收集的过程中，除了从法院内部和社会收集相关数据外，还应做好以下工作：一是通过评估系统与网络查控系统进行信息对接，丰富评估算法的基础数据库，从而辅助执行工作人员制订精准的执行策略，提高执行效率；二是完善网络协助义务的公权责任约束与激励机制的立法。尽管《草案》第七十四条规定了其他国家主体与私权利主体的信息化网络协助执行机制，但此等义务没有明确的责任约束与激励机制等法定后果，尚属于宣示性条款。当相关法律主体违反此义务无相关约束，而遵守此义务又有耗费资源时，将引发网络协助动力不足之问题。未来应当继续在《草案》中强化人民

法院与其他主体的数据联通，特别是与公安、国土、房产、车管、银行、证券等单位的数据对接共建共享工作，明确协助执行单位的责任义务，在此基础上通过激励机制，拓宽执前督促的基础数据库，确保相关被执行人数据在合法限度内全覆盖。

（二）被执行人轨迹动态分析，匹配个性化执行画像类型

在市场经济中，所有的民事主体的资产、财物必然是在交易的动态流转中的。数据分析必然也应当予以动态化。一是生成智能评估报告应当不断吸纳新的信息，将对新信息的判断转码为后续的智能决策，实现人工智能的学习反馈，模拟和无限接近全脑思考，让数据即时链接。二是智能评估报告应当评估被执行人一段时间的经济活动，向后端延伸，而非基于静态的、孤立的某个节点进行评估，方才能分析其实际履行能力与实际履行意愿。三是应当加强一人一报告的个性化执行画像描绘。算法本身具有事前预测功能，对数据的关联性能进行一定程度的预测，但是此种预测必须建立在个案之中。具体而言，应当构建关于被执行人的空间与时间维度的聚类关联模型。[①] 当其空间维度尚不足以完全刻画被执行人的履行能力和履行意愿时，则要在时间维度上就收入支出金额、收入支出频次、人身轨迹等进行追踪，形成体现被执行人真实履行能力、履行意愿的立体画像，并注意随时调整被执行人行为的标签特征。

（三）算法代码运行规则可视化，加强隐私保护

大数据技术的广泛应用实际上正重塑整个法律体系运作于其中的社会空间，改变着大数据掌控者（包括国家机关）与公民个人之间的权利关系，并创造出许多无须借助法律的社会控制方式，大数据技术使个人

① 参见李艳玫、黄驿媚：《“执行不能”何以鉴真：运用大数据为被执行人精准画像——基于数据全生命周期视角》，载刘贵祥主编：《审判体系和审判能力现代化与行政法律适用问题研究——全国法院第 32 届学术讨论会获奖论文集》，人民法院出版社 2021 年，第 1284 页。

变得越来越透明，而权力行使者却变得越来越隐秘。[①] 程序公开要求公共行政是公开、透明的，即“必须公开地、在毫无疑问地被人们所能看见的情况下实现”[②]。智能评估报告是在算法这一不透明的黑箱中作出的，对于普通人而言，可能难以理解算法的工作原理和机制，对评估的结果产生疑问，追求算法的透明度与追求算法的准确性同样重要。因此，在智能评估系统的开发过程中要注意过程的透明性，将算法运行的过程以公众可以理解的方式进行可视化的呈现。此外，要加强算法的安全评估，针对算法设计和使用环节的缺陷和漏洞，研究算法应用过程中产生的安全风险；强化对算法的合法性和伦理性审查，防止产生算法歧视的现象。

（四）制度兜底配套，风险防控兼顾程序保障

数据安全和程序保障虽然不是执前督促的特有问题，但执前督促作为自动化识别风险防控地带，处于执行前端环节，其出现申请执行人或被执行人的程序权利问题，一则两造将更多出现公平正义感知的不满，二则将导致后续程序救济出现较大偏差。程序保障从强化当事人人权，到作为判决效力的基础，再到成为民事诉讼的目的，经历了三阶段的理论更新。程序保障以作为纠纷主体的人为基点，探讨诉讼应当做什么和怎么做的问题，并指出不可过度期待诉讼程序发挥彻底解决纠纷的功能。虽然民事执行程序有别于审判程序，其意在快速兑现审判后一方的胜诉权益。但执行权在司法权范畴内，亦须赋予被执行人针对执行启动权、执行裁决权、执行审查权等相应的程序保障。特别是在人工智能被引入执前督促程序后，所处理的数据量是相当可观的，对于这些数据的安全，应当一以贯之地予以重视。在推进执源治理数字化工作发展的过程中，要积极保障数据安全，防止产生信息泄露的问题。如果出现算法安全事

---

① 参见郑戈：《在鼓励创新与保护人权之间——法律如何回应大数据技术革新的挑战》，载《探索与争鸣》2016 年第 7 期。

② ［英］彼得·斯坦、约翰·香德 J：《西方社会的法律价值》，王献平译，中国人民公安大学出版社 1990 年版，第 97 页。

故，将严重波及使用者及使用对象，有损司法的公信力。在收集执行数据的过程中，要加强数据安全和隐私保护措施，确保数据的安全存储和传输，建立健全的数据监管制度，建设数据规范管理工具；此外，算法设计公司应提高网络安全和数据安全意识，防范和排除可能存在的数据泄露等潜在风险。

五、结语

随着人工智能在执行领域成效的不断凸显，如何能够充分发挥人工智能的数字化优势，并有效控制其所带来的风险，保障其在规范的框架中运行，是执源治理智能化所必须面临和探索的重要课题。执前督促程序中分流板块的设置依托于对被执行人的财产调查，实现了对执行案件进行分流的机能。除了需要应对运用人工智能技术手段本身面临的问题外，也要注意其与强制执行相关制度衔接的问题。例如，对被执行人财产进行评估是否导致在执行过程中对被执行人财产进行反复调查，其与财产调查程序的关系如何；这种分流的机能是否应当内嵌于执前督促程序中，还是应当在执行程序中进行实现。可见，人工智能技术只能辅助执源治理目标的实现，只有将人工智能与执行制度进行合理的结合，实现二者的互促共进，才能更好地从源头上化解执行难题。执源治理工作机制与执行程序的衔接问题仍待进一步的探讨。此外，执前督促不仅减少了进入强制执行程序的案件量，事实上通过对债务人形象的精准刻画，也使得执行工作人员能较早地判断出案件能否顺利执行到位。对于明显难以执行到位的案件，或许可以探索提前发出终结本次执行程序裁定的路径，以便于一些个人或机构如银行将终结本次执行程序裁定用以满足不良资产处理的特殊需求。虽然这一探索在理论和实践上尚有许多需要解决的问题，但前进方向是具有开创性的，展现了执前督促在满足督促之外深层次司法需求的可能性。

【调研与实证】

新时代人民法院加强立审执协调配合 推动矛盾纠纷执前化解路径研究

福建省高级人民法院执行局课题组*

立案登记制改革以来，长期困扰人民群众的立案难问题得到有效解决，与此对应，大量生效裁判、仲裁裁决、公证债权文书因当事人未自动履行而进入法院执行程序，执行案件量长期保持高位运行态势，司法资源日益紧迫。如何在保障当事人合法权益的前提下，规范推动矛盾纠纷的执前化解，是新时代人民法院亟须破解的问题。为此，福建省高级人民法院党组将“新时代人民法院加强立审执协调配合 推动矛盾纠纷执前化解路径研究”列为2024年度省法院党组重大调研课题，通过深入走访、调研、分析福建省高级人民法院当前执前化解工作的不足和问题，探索构建推动矛盾纠纷执前化解的优化路径，形成本篇调研报告。

一、福建省法院执前化解工作的现状

2019年至2021年间，福建省高级人民法院受理各类执行案件87.95万件，且呈逐年加速上升态势，执行办案压力持续增加。自2022年起，省法院抓实公正与效率，落实执前化解新旧十条措施，打好控增量、聚

* 课题主持人：王孔坚，福建省高级人民法院党组成员、副院长；课题组成员：福建省高级人民法院执行局局长黄浩洪、执行局副局长周晓芳、执行局科员施祎旸，厦门市中级人民法院执行局一级法官方珺，福州市晋安区法院三级人民法官柯建兴。

能量、减存量、防变量组合拳，推动案件全面持续减量增效。

（一）工作措施

1. 注重源头治理控增量

紧紧扭住促进自动履行这一牛鼻子，推进立审执一体化，最大程度将案件化解在执行立案之前。用好诉讼保全制度，最大限度保证有财产可供执行，以保促和、以保促调、以保促执。发挥执行服务中心执前调解功能，积极探索多元纠纷化解机制，充分发挥基层组织、特邀调解员、特邀调解机构、平台等作用，促成双方当事人达成协议并自动履行生效裁判。用足用好纳入失信名单、限制消费、罚款、拘留等强制措施，强化强制执行的震慑作用，形成敦促履行义务人执前自动履行的良好氛围。

2. 注重内外联动聚能量

凝聚力量内外联动，推动执前化解纳入社会治理共同体工作大格局，努力实现法院单一化解向多元主体共治的转变。加强与政府、金融监管部门常态化联动，推动涉金融债权案件特别是小额金融消费案件的调解结案和自动履行；加强同人力资源和社会保障部门的工作联动，推进涉农民工工资等涉民生案件的有效化解；推广党政机关主动履行生效裁判工作机制，促使涉党政机关案件自动履行；加强与纪检监察、公安、检察机关和刑事审判部门的沟通协调，督促刑事涉财产刑案件被告人或其家属自动履行义务。

3. 注重精准管控减存量

对特殊案件精准施策，通过首案执行、分流管控，减少潜在的批量案件进入执行程序。建立不动产购销合同纠纷、物业纠纷、信用卡纠纷、劳动争议等系列案立案前预警机制，强化首案执行，以个案的示范引领带动系列案件的自动履行。在执破直通基础上，探索僵尸企业系列案件立转破机制，加强与立案、审判部门的衔接配合，对确无财产可供执行且符合破产条件的关联案件、系列案件，在执行立案前直接引流至破产程序一并处理，避免此类系列案件无序增多。完善小标的案件执前督促履行机制，重点对商事仲裁案件、知识产权案件、行为履行案件、以调解结案的民事案件、小标的额金钱给付案件，设置十五日的督促期限，督促当事人自觉履行法定义务。

4. 注重过程管控防变量

充分利用执行监督管理平台强化执行案件办理全过程监管，加强对关联案件和系列案件的管理，加大对终本、终结结案方式的审查，加大恢复执行立案的审查力度，严防法院内部人为增案。加大对执行异议权滥用行为的打击力度，及时遏制当事人滥用执行救济权利拖延执行和执行异议复议案件不断增多的态势。加强对执前化解落后法院收案情况的动态监测，及时定位异常数据和态势异动，对收案异常地区及时进行约谈。强化执前化解工作督导，对全省执行收案情况进行月度监测，实现执前化解和执行质效工作共同提升。

（二）减量成效

1. 各类执行案件收案增速放缓

在减量治理后，各类执行案件收案数逐年下降。2022 年新收各类执行案件 32. 15 万件，同比下降 3. 02%。两级人民法院中，除平潭、南平外，执行收案数量均出现“拐点”。2023 年新收各类执行案件 31. 11 万件，同比下降 3. 25%；2024 年上半年新收各类执行案件 13. 39 万件，同比减少 18. 41%。下辖 82 家基层法院中，95. 12%的法院实现执行案件减量。

2. 首次执行案件减量明显

从收案态势上看，除 2022 年与上一年度持平外，全国法院首次执行案件数量呈逐年增长趋势，年均增幅 10. 15%。而福建省法院自 2022 年开展执前化解工作起，年均增幅为-3. 75%，显著低于全国均值，增幅按升序排名位列全国第 3 位。福建省高级人民法院首次执行案件占全国的比例整体呈逐年下降趋势，占比排名从 2019 年的全国第 7 位降至 2024 年上半年的第 18 位。

（三）分类解构

1. 非经诉讼途径进入执行程序案件显著增长

公证、仲裁、支付令、诉前调解等占首次执行案件的比重从 2022 年的 7.32%上升至 2024 年上半年的 13.23%。民事纠纷虽通过诉前调解、仲裁、公证等程序分流，但仍有大量未实质化解的民事纠纷进入执行程序，诉前化解成效未惠及执行阶段，对执前化解工作形成较大压力。

2. 民事执行案件数量保持高位运行

福建省高级人民法院民事执行案件收案数在 2023 年达到峰值 25.12 万件，较 2019 年增长 17.85%。一方面，合同类案件数量逐年递增，每年占比均在八成以上，是影响案件减量的主要因素。占比超过合同纠纷案件一半左右的借款合同案件，近两年的降幅为 3.14%、3.04%，均低于整体降幅。另一方面，银行卡纠纷案件数量在 2020 年（53.18%）、2021 年（50.82%）经历了高速增长，虽然福建省高级人民法院通过深化与金融机构配合协作实现了有效分流，受理案件数自 2022 年起开始回落，2023 年降幅 16.31%，但此类案件整体占比仍然较大。

二、福建省法院执前化解工作存在的问题

人民法院执前化解工作已逐步实现从单一治理转向多元，从末端到源头的导向，并呈现出对内强化管理与对外综合治理并行的趋势。然而与此同时，人民法院内部执前化解的隐忧也在逐步凸显。一是化解功能失衡，诉讼多元解纷未能切实履行化解矛盾的职责，诉讼分流的案件最终以法院强制执行程序为新的矛盾入口；二是化解角色失能，执前化解工作实际由执行部门单打独斗完成，判后督促履行工作不力；三是化解举措失范，执前化解成效与执行完毕率、执行到位率等相关指标存在一定程度此消彼长乃至相互制衡的关系，部分法院采取并案的方式平衡指标。现实隐忧逐渐转化为治理过程中的实践难题，呈现在立审执破的各个方面。

（一）立审执破衔接不畅

立案环节审查不严，受理已注销企业、已经死亡自然人的案件，未完整采集当事人必要信息，未审查生效法律文书确定内容而受理不符合申请执行条件的案件；未将当事人地址、送达地址确认书流转到执行部门，影响执行效果和案款发放效率。保全环节力度不足，未充分发挥以保促执、以保促履的作用。对财产保全释明不够，对涉民生案件依职权保全不足，未全面有效防范当事人转移财产、逃避债务。审判环节衔接不足，例如，对可执行性有争议的判项未充分征询执行部门意见；调解书可执行性不够，缺乏即时履行的督促和风险提示，影响调解自动履行率；调解附条件担保不足，较少增加担保等附条件条款提升主动履行意愿；刑事裁判未充分考虑执行问题，刑事审判部门对涉财产部分的审查不够重视，执行部门发函询问难以得到明确答复，导致执行工作难以开展；刑事裁判对应追缴金额判决不明，未处理不动产上的抵押权及首封问题，导致衍生异议案件；未查明被害人信息或信息不全，引发涉刑事执行案款沉积问题。执行环节推进困难，例如，涉楼盘案件诉讼中协调不足，未能在诉讼源头加大协调联动，信访风险累积至执行阶段爆发；金融机构风控弱，信用卡纠纷、借款合同纠纷等案件呈现体量大、标的额小、无抵押特征，被执行人难以联系或查找不到，部分金融企业申请执行仅为了满足呆账核销等内部管理要求，未实质化解纠纷。破产环节未充分发挥作用，当事人受清偿率低、程序复杂、周期长等因素影响，启动执转破程序的意愿不强。破产审判部门对财产已流拍、涉工人工资未清偿、涉烂尾楼等难案、繁案较少受理，倾向于受理简单案件，未能与执行部门形成合力。

（二）信息化手段与司法辅助力量运用不足

执前管理不规范，对执前督促过程中产生的执行财产移交、卷宗保管与流转、执前督促案件编号登记等问题，未形成管理规范，易产生档案卷宗失管，案件脱管风险。信息化手段匮乏，执前督促措施依赖执行部门人工督促履行，未发挥执前化解的真正效应；办案系统信息壁垒未打通，立审执破各流程信息未实现交互共享，各环节的衔接不畅加剧，影响执行效率，部门间沟通协调成本增加，未减轻当事人负担。财产失管风险高，在审判数据、保全数据、督促履行数据、执行数据未实现信息共享情况下，财产首封、轮候查封法院间的协调成本高；目前尚无信息化手段对执前督促进行管理，执前督促案件尚未接入执行办案系统，财产在执前督促失管的风险增加。

（三）现有执前化解举措后劲不足

执前督促指引缺失，商请移送处置、参与分配、强制腾房、开具律师调查令、财产现场调查或搜查、强制扣划等在执前督促中存在适用障碍；债务人缺乏在判决后通过法院自动履行的有效指引和自动履行款项的支付渠道。保全阶段扣划缺乏依据和指引，审判部门对扣划保全账户顾虑重重，未有效运用依职权保全措施，导致诉讼保全提示和判后执行通知未能有效执行。办案激励机制与实际工作不匹配，判后调解成功的案件未计入干警办案工作量，个别法院采取不恰当手段立案执行已履行完毕的案件以提高平均结案用时和执行完毕率，或为收取执行费用，违背执前化解的初衷。

三、构建“三管三治三分”的执前化解路径建议

新时代人民法院矛盾纠纷执前化解是一项系统化的工程，应当从粗疏式转向精细化，从“数据指标”调控转向体系化治理。2024 年 8 月 29 日，最高人民法院出台《关于加强立审执协调配合推动矛盾纠纷执前化解的工作指引》（以下简称《指引》），为健全和规范法院执前化解工作提供了机制基础。福建省法院在《指引》的基础上，结合本省实际，探索构建“三管三治三分”的执前化解路径，切实推进源头预防，促进形成人民法院内部立审执全流程多元化解矛盾纠纷的强大合力。

（一）“三管”形成执前化解强大合力

1. 提升规范管理，构建权威实效的执前化解体系

深化立审执一体化协调机制，充分发挥审判管理部门的统筹协调功能，建立跨部门法官双向联动机制，对重大疑难复杂、重要领域风险、重点涉众涉稳案件沟通会商，推动矛盾在执前化解。出台执前督促履行工作指引，更加注重对当事人合法权利的保障，客观看待执前化解后人民法院受理执行案件优降劣升的规律，严禁违反相关规定，将同一执行依据案件拆分立案，或将不同执行依据案件合并立案。增加执前督促工作权重，将审判阶段督促履行、执行前督促履行案件纳入管理，增加督促履行的工作量权重，合理评价各项指标之间相互制约关系，适当淡化速度、数量类指标导向。

2. 提升信息管理，打通法院内部各办案数据壁垒

打通业务系统衔接，实现即时阅卷和信息交互，确保立案、审判、执行、破产各部门全面精准查询涉诉涉执信息。优化现有执行办案系统，增加执前化解流程和管理办案模块，全面记录债务人财产查封信息，设置保全信息提示和预警功能，并自动通知申请人；完善督促类文书的自动生成，实现法律文书的自动回填和批量发出。依托系统管理遏制指标异化，严格限制在执前督促、执前保全案件中履行完毕、和解履行完毕后新立执字案号，屏蔽诉讼费用退还、事项委托执行立案功能，防止违规立案和数据美化。

3. 提升效能管理，激励激发执前化解内在动能

建立“谁审理、谁负责”督促履行工作机制，强化审判部门判后督促履行义务，对促成当事人自动履行完毕的，给予指导或办理督促履行工作的法官正向激励；增加推动立审保执转破、拒执罪、执前督促履行成功的工作量权重，全面激发队伍潜能。强化执前化解的部门责任，理顺并出台诉前、立案、审判、执行各个流程分工细则，加强对立审执协调配合工作的监督，纳入司法巡查、审务督察工作范围，定期检查并督促整改，联合组织人事、督察等部门共同落实追责问责。拓宽信用激励

场景，建立诚信履行名单库并向社会公布；适当减免案件受理费、执行费用；提供诉讼服务便利绿色通道，降低诉讼保全成本等，充分提高当事人自动履行的积极性，形成自动履行为主、强制执行为辅的司法导向。

（二）“三治”促推源头治理预防矛盾

1. 加强前端治理，推进立审执破全过程一体化

强化信息采集与释明引导，立案部门完整准确采集当事人必要信息、案款收款账户、送达地址确认书，对采集信息不准确、不全面或发生变化的，及时补充更正；审判部门发现采集信息不准确、不全面或发生变化的，及时补充更正；加强对当事人诉求的释明和引导，对可能为共同债务的，引导申请追加；对确权诉讼的，引导增加具体给付内容；对诉讼请求明显无法执行的，释明引导变更。强化保全提示与风险告知，立案、审判部门要积极引导财产保全，强化对涉民生、存在转移财产风险等符合条件案件的依职权保全，在审理过程中发现当事人可能存在转移财产、逃避履行风险的，采取依职权保全措施；在债权人能够实现保全目的情况下，引导优先选择对生产经营活动影响较小、易于执行变现的财产进行保全；对查封多个银行账户的，可引导运用多账户资金归集方式解除对基本账户的查封措施；向当事人告知保全错误的法律后果，发送诉讼和执行风险提示书，告知可能出现的败诉和执行不能风险，以及未及时、自动履行的不同法律后果。加强可执行性审查，审判部门应核实当事人调解的真实意图和合法性，查明涉案财产的权属、现状及权利是否受限等情形；避免使用附有多重条件或者若干假设性条件等不确定性的违约条款，尽可能要求当事人即时履行；民事判决应具体明确、具有可执行性，避免因表述不准引发歧义；对于判项涉及内容较多的，可以另附清单方式逐项明确，对于难以用文字准确、清晰描述的，可以测绘图、示意图等辅助说明；刑事涉财案件应查明并保障财产权利人合法权益，应尽量查明拟判决处置财产的权利人，保障抵押权人、共有人的合法权益；判项中应列明执行或没收财产的具体内容，明确追缴金额、退赔比例及具体的金额和财产；对涉及众多财产和被害人的，可另行附

件列明详细内容。

2. 加强中端治理，全面推进矛盾纠纷执前化解

推进保全案件执前扣划，保全阶段已控制无须变价财产的，债权人可在裁判文书生效后申请扣划，由审判部门作出扣划裁定，执行部门扣划案款并支付给债权人。加强判后督促履行，案件执行立案前，债务人要求通过法院履行义务的，由审判部门负责办理，并在债务人自动履行完毕后出具证明；对具有给付内容的案件，在判决和调解主文后前置执行通知，告知不及时履行义务的法律后果；向债务人发送债务人诚信履行告知书，告知债权人指定的收款账户。推动实现执破融合，立案、审判部门发现被告在法院有作为被执行人的终本案件，或被告未履行债务金额超过企业注册资本，或被告已处于吊销状态属僵尸企业的，应书面告知债权人提出破产申请；执行部门发现被执行人符合破产条件的，要积极引导当事人书面同意将执行案件移送破产审查；涉企业案件终本结案前，应当书面征询当事人是否启动执转破的意见；执行部门和破产部门可以建立执转破专业化办案团队，集中开展执转破工作。

3. 加强后端治理，协同推进裁判文书威慑力

建立征询和建议机制，执行部门对因裁判存在歧义导致执行不能的，应书面征询审判部门意见，审判部门应及时书面答复或者裁定补正；审判部门对拟作出的法律文书可执行性存疑或存在分歧的，应征询执行部门意见，执行部门应及时答复，审判部门在答复前应暂缓裁判；执行部门对类案申请执行率畸高、财产保全不够、执转破衔接不畅等突出问题，可以向立案和审判部门发出执行建议；征询和建议部门未及时答复或者答复不明确的，均可商请审判管理部门督促。全力打击规避诉讼行为，审判部门应提升裁判文书的实质送达，加大对以下落不明方式逃避送达的记录和预警，引导当事人申请财产保全；加大对同一债务人在一定期限内大量调解案件的审查力度，合理引导在调解协议中设立担保履行条款或者交纳保证金等方式保障履行。合力打击拒执犯罪行为，执行部门办理拒执罪案件时，应规范收集、甄别、固定并保存好相关证据材料；审判部门应充分听取执行部门意见，两部门意见存在重大分歧的，提交

审判委员会讨论；完善打击拒执犯罪自诉路径，申请执行人以涉嫌拒执罪提出控告而公安明确不予受理，确有证据证明该行为侵犯其人身、财产权利的，人民法院可以自诉案件立案。

（三）“三分”精准疏导执前案件

1. 建立快案通道，全量督促案件立案前履行

适用执前督促程序，除公告送达、转移财产等紧急情况之外，经当事人同意，申请执行案件可以执前督字号立案，适用执前督促履行程序，督促时间不超过立案之日起三十日。执前督促案件可采取执行前保全措施，避免转移财产，对债务人仅有被保全财产可供执行的，经债权人申请，可由执行部门裁定扣划。执前督促履行完毕或和解案件，不立首次执行案件，不收取执行费，督促到位金额计入执行到位金额。规范结案高效分流，执前督促程序履行完毕的案件，不再立首次执行案件，不收取执行费，督促到位金额计入执行到位金额；执前督促履行失败，或当事人拒绝继续督促履行的，执行部门应在三个工作日移送立首次执行案件，不得变相控制立案。

2. 建立繁案通道，分流执行有财产需处置案件

推动财产自行处置，符合自行处置条件的案件，法院可以在不损害债权人权益并保持查封状态下，允许债务人以合理价格自行出售；自行处置财产价格应当经人民法院审核，可采用当事人议价、向税务部门定向询价、网络询价等方式出具处置价参考意见，不得畸低或畸高于市场价。发挥律师参与执行作用，人民法院可向申请执行人的律师发出调查令，对拟处置财产先期现场调查，对完成现状调查的案件，在三日内移送立案执行。提高繁案处理效率，处置财产需要向首封法院商请移送处置权，前往财产所在地实地查封，扣押动产或采取强制搜查措施的，在执行案件中进行。

3. 建立无财通道，分流减量无财产案件

债务人企业无财产可供执行的，应积极启动执转破程序，债务人企业有未执结无财产案件且无新财产线索，或虽无未执结案件但企业已被

吊销或列入异常名录的，执行部门可提供无财产证明，引导债权人申请“保全转破产”。源头减量涉金融不良案件，对债权人为金融企业，债务人为自然人的，经查询发现终本库内已有终本未实结的案件，且债务人已被采取限制消费、纳入失信名单等措施，无新的财产线索的，执行部门在执前督促程序中可依照《金融企业呆账核销管理办法（2017年版）》规定，出具无可供执行财产结果告知书，作为金融企业进行呆账核销的凭证。探索个人信用重塑机制，对自然人负债累累但仍积极还款的，可引导债权人启动个人信用重塑、个人债务集中清理，区分失能与失信，推进执行不能案件退出执行程序。

关于数字人民币的执行困境思考及破题分析

江苏省苏州市中级人民法院课题组

当前，数字人民币研发试点工作不断推进，在交易规模、生态网络、落地场景三个维度实现了快速发展，法定数字货币正从理论走向现实。① 同时，数字人民币作为新型责任财产，具有数字化、匿名化、可编程性②、双层运营模式③等特征，在交易结构、流通体系等方面与传统货币存在巨大差异，致使现行基于实物人民币的相关法律规范、管理制度和信息技术无法完全适用，也对现有的执行财产查控模式带来挑战，从而导致相关案件执行难。有鉴于此，本文以数字人民币的功能定位为逻辑起点，结合数字人民币法律属性和运营原理，以苏州市中级人民法院办理的涉数字人民币执行案件为样本，分析数字人民币的执行困境及原因，提出破解数字人民币执行难的推进路径。

---

① 《中国数字人民币的研发进展白皮书》载明，中国人民银行高度重视法定数字货币的研究开发。2014年，成立法定数字货币研究小组。2017年末，经国务院批准，组织商业机构共同开展法定数字货币（数字人民币）研发试验。2019年末，首次在深圳、苏州、雄安、成都及2022北京冬奥会场景开展试点测试。目前的试点省市基本涵盖长三角、珠三角、京津冀、中部、西部、东北、西北等不同地区。

② 数字人民币通过加载不影响货币功能的智能合约实现可编程性，使数字人民币在确保安全与合规的前提下，可根据交易双方商定的条件、规则进行自动支付交易，促进业务模式创新。

③ 数字人民币采用的是双层运营模式。中国人民银行负责数字人民币发行、注销、跨机构互联互通和钱包生态管理，同时，审慎选择在资本和技术等方面具备一定条件的商业银行作为指定运营机构，牵头提供数字人民币兑换服务。

一、数字人民币的法律属性与运营原理

（一）法律属性

1. 数字人民币具有法定货币特征

根据中国人民银行数字人民币研发工作组于2021年7月发布的《中国数字人民币的研发进展白皮书》定义："数字人民币是人民银行发行的数字形式的法定货币，由指定运营机构参与运营，以广义账户体系为基础，支持银行账户松耦合功能，与实物人民币等价，具有价值特征和法偿性。"由此可见，目前，数字人民币与实物人民币一样都是由央行发行的，以国家信用为支撑，具备货币的价值尺度、交易媒介、价值贮藏等基本功能，其币值、种类等具体设计及防伪、收回等运营原理，均由国家予以规定，而这也是数字人民币与比特币等虚拟数字货币的根本区别。

同时，数字人民币具有法偿性，具备流通中的偿付能力，接收方在具备接收环境的情况下，不得拒收数字人民币。数字人民币将和实物人民币长期并存，共同发挥现金类支付凭证（M0）的功能。

2. 数字人民币是特殊动产

在民法物债两分的理论格局中，金币、纸钞等对象型货币往往被纳入物之客体，直接将数字人民币纳入传统物权法的物之客体，在结论上比较经济。① 将数字人民币视为物，则其占有规则的厘定显得尤为重要，其不仅是数字货币所有权认定的前提，更是协助执行义务确定的基础。如何才能占有数字人民币，既有文献提供了三种截然不同的进路：通过数字钱包的户主名称、通过数字钱包的公开密钥或密码之实际控制、通过数字人民币技术密钥的持有。②

笔者认为，占有不仅需要有支配的权利，也需要事实上的支配能力。

---

① 参见王沛然：《认真对待法定数字货币的知识基础——数字人民币的三个争议问题及其澄清》，载《探索与争鸣》2023年第2期。

② 参见李建星：《数字人民币私权论》，载《东方法学》2022年第2期。

数字钱包的户主或者注册手机号的所有者，虽然在权利外观上，通过数字钱包占有数字人民币，但是，实际占有人通过密钥，有能力实际兑出、兑入、使用数字人民币，应当视为数字人民币的实际占有者，即所有者。

（二）运营原理

1. 双层运营模式

从目前的实践来看，我国数字人民币发行运行的总体框架仍然沿袭二元化的“央行—商业银行—用户”的模式。在商业银行足额缴纳准备金的前提下，中国人民银行通过专有的“数字货币发行库”将数字人民币发行于商业银行的“数字货币银行库”，“商业银行从中央银行申请到数字货币后，直接面向社会，负责提供数字货币流通服务与应用生态体系构建服务”①。用户则是在商业银行完成开户、兑换数字人民币后开展日常交易。这种两元结构实现了发行和流通的分离，由此形成双层运营模式。

2. 钱包分类和权限分类

普通用户在商业银行开户实则是获得商业银行为其开设的数字人民币钱包，这些钱包作为数字人民币的载体，具备唯一的与用户身份信息对应的可识别编号。目前，开展数字人民币运营业务的各大商业银行按照央行的统筹安排，均采取分级限额的模式，根据客户身份识别强度进行分类管理，分为四类钱包，同类钱包在不同运营银行的额度和权限是相同的（见表1）。

① 姚前：《中国法定数字货币原型构想》，载《中国金融》2016年第17期。

表 1　数字人民币钱包类别、认证要求及交易限制

<table>
<tr><th>钱包类别</th><th>一类</th><th>二类</th><th>三类</th><th>四类</th></tr>
<tr><td>实名程度</td><td>强实名</td><td>较强实名</td><td>弱实名</td><td>匿名</td></tr>
<tr><td>认证要求</td><td>面签、身份证件、手机号、本人银行账户</td><td>身份证件、手机号、本人银行账户</td><td>身份证件、手机号</td><td>手机号</td></tr>
<tr><td>交易余额上限</td><td rowspan="4">无</td><td>50 万元</td><td>2 万元</td><td>1 万元</td></tr>
<tr><td>交易单笔上限</td><td>5 万元</td><td>5000 元</td><td>2000 元</td></tr>
<tr><td>交易日积上限</td><td>10 万元</td><td>1 万元</td><td>5000 元</td></tr>
<tr><td>交易年积上限</td><td>无</td><td>无</td><td>5 万元</td></tr>
</table>

3. 线上支付和线下双离线支付

传统银行卡支付以及微信、支付宝等第三方支付方式均要求在互联网环境下实现线上支付，因此在没有网络覆盖的一些特殊场景下无法支付，而数字人民币的设计则指向这一应用盲点。在交易过程中，收付双方的终端即便均处于网络环境之外的离线状态下，通过内置安全芯片的 NFC 技术，数字人民币依然可以实现支付。当然，作为数字化货币，在数字 App 软件钱包应用场景内的线上支付便捷性自然是毋庸置疑的。收款方和支付方除了通过扫码方式完成支付外，还可以通过终端设备之间"贴一贴""摇一摇"等方式完成支付。

二、数字人民币执行面临的困境

数字货币的技术专业性、创新颠覆性、样态多元性造成法律规制难题。[①] 2023 年 1 月至 2024 年 5 月，苏州市中级人民法院办理涉数字人民币执行案件 10 件，在执行实践中遇到了查询难、调查难、处置难、反规避难等执行难题，降低了执行效率，弱化了执行效果，损害了胜诉权利人的合法权益，也不利于社会诚信体系建设。

---

① 参见王沛然：《认真对待法定数字货币的知识基础——数字人民币的三个争议问题及其澄清》，载《探索与争鸣》2023 年第 2 期。

一是数字人民币尚未纳入网络执行查控系统，造成财产状况查询难。目前，数字人民币还未纳入网络执行查控系统，苏州市中级人民法院办理的 10 件涉数字人民币执行案件，均无法通过“总对总”“点对点”系统在线查询到数字人民币钱包信息，只能通过询问当事人等其他途径，了解被执行人是否开设数字人民币钱包，并到相应银行线下查询钱包信息，降低了执行效率。比如，张家港市人民法院办理的浦东发展银行苏州分行申请执行倪某某金融借款纠纷案，法院调查发现倪某某的工资是发放到其名下数字钱包的，[①] 但执行网络查控系统未能查询到相关钱包信息，申请执行人也难以获取相关具体线索，执行人员仅能前往十大运营机构[②]，逐一临柜查询。

二是数字人民币转账对象信息不明确，造成交易情况调查难。目前，数字人民币四类钱包（匿名钱包）由手机号直接注册，无须用户实名认证，可随意修改昵称。法院在调查数字人民币交易情况时，无法直接调取该类交易对象的实名信息。比如，苏州市吴江区人民法院执行的宁波银行苏州分行与吴某金融借款合同纠纷案，人民法院调取了吴某开立数字钱包的交易记录，记录显示其多次向昵称为“佩奇”“我的钱包”“对公软子钱包”等钱包转账，但是交易相对方实名信息无法显示，需要前往交易对方的运营机构临柜核查，甚至需要前往注册手机的运营商进一步核查，大大增加了调查成本。

三是数字人民币冻结、扣划受限制，造成执行财产处置难。目前，十大运营机构均无法线上冻结、扣划数字人民币，导致数字人民币处置效率较低。执行人员临柜办理冻结、扣划业务时，也面临无法限额冻结、尚未开发扣划功能、辖区内无分支机构甚至拒绝办理业务等实践难题。

---

① 数字钱包是数字人民币的载体和触达用户的媒介。在数字人民币中心化管理、统一认知、实现防伪的前提下，中国人民银行制定相关规则，各指定运营机构采用共建、共享方式打造移动终端 App，对钱包进行管理并对数字人民币进行验真。

② 数字人民币的运营机构已扩展到十家机构，包括六大国有商业银行（工商银行、农业银行、中国银行、建设银行、交通银行、邮储银行）、两家股份制商业银行（招商银行、兴业银行）以及两家民营商业银行（网商银行、微众银行）。

苏州市中级人民法院办理的10件涉数字人民币执行案件中，只有4件对被执行人名下的数字人民币钱包案件冻结（轮候冻结），其中，仅2件划扣成功。苏州市虎丘区人民法院执行的李某与苏州某科技公司仲裁裁决案，相关运营机构工作人员认为被执行公司名下的数字人民币不是银行存款，而且缺乏相关文件规定，不能对其采取查封、冻结、扣划措施。

四是隐匿、转移财产行为难以限制，存在反规避执行难。数字人民币以广义账户体系为基础①，可在不依赖银行账户的前提下进行价值转移。即使被执行人名下银行账户被冻结、被执行人被限制消费甚至被纳入失信被执行人名单等的，被执行人仍然可以使用实名钱包转移财产，导致相关强制执行措施效果大打折扣。与此同时，经了解，目前，每人最多可在移动、电信、联通三家电信运营商开通13个手机号码，根据数字人民币现行规则，一个手机号可在任意一家运营机构开设一个匿名钱包。在数字钱包运营机构难以识别匿名钱包用户身份的情况下，只要被执行人持有13个手机号码，便可直接开立130个匿名钱包，钱包余额最高可达130万元，最高日消费可达65万元，由此导致被执行人隐匿财产、规避限高令的风险大大增加。②

三、数字人民币执行困境的原因探究

一是法律规范供给不足，主体义务尚不明确。虽然《中国数字人民币的研发进展白皮书》将数字人民币定义为中国人民银行发行的数字形式的法定货币，但目前仅有中国人民银行公布的《中华人民共和国中国人民银行法（修订草案征求意见稿）》明确载明，人民币包括实物形式

---

① 数字人民币兼容基于账户、基于准账户和基于价值等三种方式。在广义账户体系下，数字人民币为适应线上线下各类支付环境，将不单单依托于银行账户、手机号码、身份证号码等常用身份标识，今后任何能够形成个人身份唯一标识的东西都可以成为账户。比如，机动车车牌号就可以成为数字人民币的一个钱包，通过高速公路或者停车场的时候进行支付。

② 经客服电话咨询，个人可在移动公司开通3个号码（1张主卡+2张副卡），可在电信公司开通5个号码（1张主卡+4张副卡），可在联通公司开通5个号码（1张主卡+4张副卡），共计可开通13个号码。而根据数字人民币App显示，四类钱包（匿名钱包）日累计消费限额5000元，余额上限为10000元。

和数字形式。而现行《中国人民银行法》《商业银行法》《银行业监督管理法》和《人民币管理条例》等法律法规并未明确数字人民币的法律属性，更未细化数字人民币发行机构、运营机构与合作机构的法律责任，致使相关金融机构在协助法院执行方面缺乏法律支撑。

二是制度规则亟须优化，基础设施尚待完善。目前，数字钱包实行分类管理，赋予各类数字钱包不同的单日交易及余额限额。但现行管理制度尚未就数字钱包的户主加以区分，针对被限制消费人员、失信被执行人的制度设计更是处于空白状态，导致相关执行制度在数字人民币领域运行不畅。同时，数字人民币仍然处于研发试点阶段，运营机构的基础设施建设仍在不断推进中，导致部分功能缺乏技术支撑。而作为 2.5 层的合作机构①，仅能依托自研渠道或者借助数字人民币 App 接入数字人民币系统，并且依赖于运营机构技术授权，其基础设施建设更是相对滞后，导致相关合作机构缺乏协助执行能力。

三是网络查控系统尚未升级，协作机制亟待完善。现行有效的《最高人民法院、中国银行业监督管理委员会关于人民法院与银行业金融机构开展网络执行查控和联合信用惩戒工作的意见》、《最高人民法院关于网络查询、冻结被执行人存款的规定》和《人民法院、银行业金融机构网络执行查控工作规范》等司法解释和司法文件，尚未将数字人民币纳入协助执行事项和网络执行查控系统，更未将限制失信被执行人使用数字钱包纳入联合惩戒范畴，导致执行数字人民币缺乏机制保障和部门合力。

四、破解数字人民币执行难的意见建议

数字人民币研发、流通，不仅是一个技术问题，更是涉及政策、法律等一系列问题，包括引发的执行难问题。人民法院在理念设计、规则

① 在第二层运营机构之外，还有作为 2.5 层的其他商业银行和商业机构等合作机构。合作机构是推动数字人民币践行普惠金融、实现广泛可得的主体，部分场景下充当连接运营机构与公众的“桥梁”。

制定、法律应对等层面，应当积极贡献可行的司法方案。笔者基于数字人民币运行模式和属性特征，结合现行法律规定和执行实践，从以下四个方面提出破解思路。

一是推进法律法规修订，明确相关机构的法定义务。建议立法机关和相关行政机关深入总结试点经验，加快推进相关法律法规修订，明确数字人民币作为法定货币的法律属性，细化数字人民币作为特殊动产的占有规则、查封措施和处置措施。同时，针对相关机构协助义务不明确等问题，明确相关机构的法律职责和法定义务。具体而言，中国人民银行负责数字人民币的发行、注销、跨机构互联互通和钱包生态管理，应当不断健全管理体系和优化制度规则。运营机构负责数字人民币的兑换、流通销售等运营流程，应当直接承担协助执行义务，协助采取查询、查封和处置措施。合作机构负责推广数字人民币应用场景，充当连接运营机构与公众的“桥梁”，应当在其被授权范围内积极承担协助执行义务。

二是优化数字人民币制度规则，防范规避执行风险。研究制定《数字人民币管理办法》，平衡好隐私保护和风险防控的关系，加强数字人民币交易监管，防范被执行人利用数字人民币规避执行甚至犯罪的潜在风险，以适应广义账户体系下的各类交易场景。结合运营机构和合作机构的协助限制消费义务①和联合惩戒义务②，进一步细化限制消费人员、失信被执行人等注册、使用实名钱包的管理规则，对相关人员实名钱包的注册数量、余额和交易频次等予以有效规制，减少规避执行风险。合理设置匿名钱包使用规则，适当加强用户身份认证，增强匿名钱包的可控性，进一步消除高消费行为的监管盲区。

---

① 《最高人民法院关于限制被执行人高消费及有关消费的若干规定》第六条规定：“人民法院决定采取限制消费措施的，可以根据案件需要和被执行人的情况向有义务协助调查、执行的单位送达协助执行通知书，也可以在相关媒体上进行公告。”

② 《关于对失信被执行人实施联合惩戒的合作备忘录》规定：“国家发展改革委基于全国信用信息共享平台建立失信行为联合惩戒系统。最高人民法院通过该系统向签署本备忘录的其他部门和单位提供失信被执行人信息并按照有关规定更新动态。其他部门和单位从失信行为联合惩戒系统获取失信被执行人信息，执行或协助执行本备忘录规定的惩戒措施并按季度将执行情况通过该系统反馈给最高人民法院和国家发展改革委。”

三是完善执行联动协作机制，提升协助执行效能。充分发挥苏州作为试点城市的优势，探索开发点对点数字人民币在线查控平台，率先实现对注册地为苏州的数字人民币钱包的在线查询、冻结和划扣。在此基础上，建议最高人民法院加大与中国人民银行、运营机构及合作机构的沟通协调，将数字人民币纳入网络执行查控系统，实现对数字人民币的网络化、自动化、一键式查控。建议运营机构加快基础设施建设，加强与合作机构的数据共享，以便运营机构和合作机构更好履行协助执行义务，及时办理数字人民币线下查封、冻结、扣划业务。联合中国人民银行、金融监管部门、相关运营机构和三大电信运营商建立常态化沟通机制，统筹办理辖区内银行业金融机构关于数字人民币的相关事项，协调处理法院执行数字人民币中出现的新情况新问题，进一步提升协助执行效率。

四是积极参与协同治理，助力数字人民币高质量发展。树立抓前端、治未病的理念，针对目前数字人民币试点过程中存在的法律风险，及时向地方党委政府报告，并向相关主管部门发送司法建议，推动相关主管部门尽快研究制定《数字人民币管理办法》，平衡好数字人民币流通、风险防控和隐私保护的关系，有效防范化解数字人民币的相关法律风险，助推数字人民币健康发展，也从源头上减少因数字人民币引发的矛盾纠纷，推进执源治理，助推数字人民币健康发展。

【地方法院案例与解析】

债权人未按执行和解协议约定怠于申请强制执行扩大的损失应自行承担

——龙某某与重庆市南岸区力某铁花栏杆安装队、倪某某、伸某物资有限公司债权转让合同纠纷案

郝绍彬* 向 蕻**

【裁判要旨】

债权人与债务人在执行过程中达成的执行和解协议宜认定为新债清偿，双方当事人应当本着诚信原则和效益原则，忠实地予以履行。

对债权人超过约定的合理期限而怠于申请强制执行导致利息及迟延履行金增加，应认定为债权人没有采取适当措施防止损失扩大，对扩大的损失不予支持。

案涉债权转让以其享有的合法债权为限，超出其合法债权部分因缺乏合法依据对债务人无拘束力。

【案号】

一审：重庆市九龙坡区人民法院（2022）渝0107民初34909号民事

* 重庆市第五中级人民法院审判员。
** 重庆市九龙坡区人民法院审判员。

判决书（2023 年 4 月 26 日）

二审：重庆市第五中级人民法院（2023）渝 05 民终 6069 号民事判决书（2023 年 7 月 31 日）

【案情】

原告（被上诉人）龙某某诉称：2022 年 9 月 24 日，原告与重庆伸某物资有限公司（以下简称伸某公司）达成《债权转让协议》，由龙某某受让伸某公司享有的所有剩余债权，并于 2022 年 9 月 26 日向重庆市南岸区力某铁花栏杆安装队（以下简称力某安装队）、倪某某公证邮寄债权转让通知书，后于 2022 年 9 月 27 日成功送达力某安装队、倪某某，力某安装队、倪某某签收到债权转让通知书拒不履行支付。

龙某某向一审法院起诉请求：（1）由力某安装队、倪某某、伸某公司向其清偿债务共计 1349802. 14 元，利息自起诉之日即 2022 年 10 月 20 日起按月利率 2%计算至付清为止，迟延履行金从起诉之日起按日万分之一点七五计算至付清为止；（2）案件诉讼费、保全费、担保费 1580 元等由力某安装队、倪某某、伸某公司承担；（3）判令龙某某在诉讼请求第一项、第二项债权范围内对倪某某名下位于重庆南岸区案涉房屋折价、拍卖、变卖所得价款优先受偿；（4）判令伸某公司在上述第一项、第二项请求范围内承担连带赔偿责任。

被告（上诉人）力某安装队、倪某某共同答辩称：认可伸某公司的债权，不认可龙某某的债权，且伸某公司也有违约行为。

被告（原审被告）伸某公司答辩称：龙某某未举证证明无法实现受让债权，故伸某公司承担责任的条件尚不具备，且关于承担的范围应明确限定在原债务及龙某某已支付的债权转让价款，故请求驳回龙某某对伸某公司的诉讼请求。

法院经审理查明：2018 年 12 月 14 日一审法院作出（2018）渝 0107 民初 19866 号判民事判决：（1）力某安装队向伸某公司支付货款 756163 元及截至 2018 年 7 月 31 日的利息 770673 元，共计 1526836 元；（2）力某安装队向伸某公司支付违约金，以未付货款756163元为基数，自2018年8月1日起按月利率2%计算至付清之日止，利随本清；（3）力某安装队向伸某公司支付律师费损失80073元；（4）驳回伸某公司的其他诉讼请求。后力某安装队不服，提出上诉。2019年5月22日，重庆市第五中级人民法院作出（2019）渝05民终1800号判决：（1）维持一审法院（2018）渝0107民初19866号民事判决第二项；（2）撤销一审法院（2018）渝0107民初19866号民事判决第一项、第三项、第四项；（3）力某安装队于本判决生效之日起十日内向伸某公司支付货款756163元及截至2018年7月31日的利息513782元，共计1269945元；（4）力某安装队于本判决生效之日起十日内向伸某公司支付律师费损失7万元；（5）驳回伸某公司的其他诉讼请求。

2019年10月31日，伸某公司（甲方）、力某安装队（乙方）、倪某某（丙方）、汪某某（丁方）签订执行和解协议，约定截至2019年10月31日，乙、丙方欠付甲方货款、利息及维权费用等共计1590543元，丙、丁方自愿将名下位于南岸区案涉房屋抵押为本案债务清偿提供担保，并同意办理抵押登记，甲方对该房屋的拍卖款享有优先受偿权。甲方同意上述款项由乙、丙方在2020年1月25日前至少支付10万元；甲方同意乙、丙方先自行寻找房屋买家，在三个月内将房屋卖出，否则甲方将申请法院强制拍卖。

2019年11月1日，一审法院作出（2019）渝0107执7821号之二执行裁定书，载明申请执行人与被执行人于2019年10月31日达成《执行和解协议》，需长期履行。同年11月15日，倪某某将其名下房屋抵押给伸某公司，并办理了抵押登记手续。

2021年1月11日，张某某（甲方）、力某安装队（乙方）、伸某公司（丙方）签订了《三方协议书》，约定将位于重庆市巴南区一套房屋作价924503元用于甲方抵偿乙方部分工程款，约定甲方直接过户给丙方指定的孙某名下，用以抵偿乙方欠丙方的前述债务。

2022年9月24日，伸某公司（甲方、债权出让方）与龙某某（乙方、债权受让方）及孙某、姜某某（丙方），签订了《债权转让协议》，约定甲方对其债务人力某安装队享有的剩余债权全部依法转让乙方。同日，伸某公司向一审法院出具债权认可书，确认剩余债权转让给龙某某并作为债权的申请执行人。

2022 年 9 月 27 日，伸某公司申请对向倪某某、力某安装队邮寄债权转让通知书原件一份的过程及内容进行保全证据，重庆市九龙坡区公证处予以公证。

2019 年 10 月 31 日执行和解协议签订后，力某安装队、倪某某未按协议履行给付义务，也未在三个月内将前述案涉抵押房屋卖出，而伸某公司也未按照协议约定就已办理抵押的该房屋向法院申请强制拍卖。

【裁判】

重庆市九龙坡人民法院于 2023 年 4 月 26 日作出（2022）渝 0107 民初 34909 号民事判决：（1）力某安装队、倪某某于判决生效之日起十日内向龙某某给付 1349802.14 元，并支付利息（以 756163 元为基数，自起诉之日即 2022 年 10 月 20 日起按月利率 2%计算至付清为止）和迟延履行金（以 756163 元为基数，从 2022 年 10 月 20 日起按日万分之一点七五计算至付清为止）；（2）伸某公司在 503018 元范围内对上述债务承担清偿责任；（3）龙某某对倪某某名下位于重庆南岸区案涉房屋折价、拍卖、变卖所得价款优先受偿；（4）驳回龙某某的其他诉讼请求。

宣判后，力某安装队、倪某某不服一审法院判决，提起上诉。重庆市第五中级人民法院于 2023 年 7 月 31 日作出（2023）渝 05 民终 6069 号判决：（1）维持一审法院（2022）渝 0107 民初 34909 号民事判决的第二项；（2）撤销一审法院（2022）渝 0107 民初 34909 号民事判决第一项、第三项、第四项；（3）力某安装队、倪某某于判决生效之日起十日内向龙某某支付 753461.36 元；（4）龙某某在 753461.36 元债权范围内对倪某某名下位于重庆市南岸区案涉房屋折价、拍卖、变卖所得价款优先受偿；（5）驳回龙某某的其他诉讼请求。

法院生效裁判认为：债权人与债务人在执行过程中达成的执行和解协议宜认定为新债清偿，当事人应当本着诚信原则和效益原则，忠实地予以履行。对债权人超过约定的合理期限而怠于申请强制执行从而导致利息及迟延履行金增加，应认定为债权人没有采取适当措施防止损失扩大，对扩大的损失不予支持。案涉债权转让以其享有的合法债权为限，超出其合法债权部分缺乏合法依据，对债务人无拘束力。二审法院遂作出上述改判。

【解析】

本案涉及执行和解协议履行过程中没有采取适当措施致使损失扩大及债权转让等较为典型的争议问题。本案争议焦点为：案涉债权转让对于怠于申请强制执行导致增加的利息及迟延履行金应否支持。本案裁判规则为：债权人与债务人在执行过程中达成的执行和解协议宜认定为新债清偿，双方当事人应当本着诚信原则和效益原则，忠实地予以履行；对债权人超过约定的合理期限而怠于申请强制执行导致利息及迟延履行金增加，应认定为债权人没有采取适当措施防止损失扩大，对扩大的损失不予支持；案涉债权转让以其享有的合法债权为限，超出其合法债权部分因缺乏合法依据对债务人无拘束力。本案裁判规则的确立，对于债权人未按执行和解协议约定怠于申请强制执行致损失扩大起到了阻却作用，且债权转让应以债权人享有的合法债权为限，超出合法债权的部分，因缺乏合法依据对债务人无拘束力，对于防止当事人在强制执行财产处置过程中误解执行和解协议性质具有参照借鉴价值。

一、执行和解协议系具备履行条件的新债清偿，应当履行

《民法典》第一百一十九条规定，依法成立的合同，对当事人具有法律约束力。第四百六十四条第一款规定，合同是民事主体之间设立、变更、终止民事法律关系的协议。第四百六十五条规定，依法成立的合同，受法律保护。依法成立的合同，仅对当事人具有法律约束力，但是法律

另有规定的除外。第四百九十条规定，当事人采用合同书形式订立合同的，自当事人均签名、盖章或者按指印时合同成立。在签名、盖章或者按指印之前，当事人一方已经履行主要义务，对方接受时，该合同成立。法律、行政法规规定或者当事人约定合同应当采用书面形式订立，当事人未采用书面形式但是一方已经履行主要义务，对方接受时，该合同成立。

执行和解是指在民事执行程序中，执行当事人经自愿、平等协商，就申请执行人行使权利和被执行人履行义务的主体、期限、方式、内容等达成协议，一致同意中止执行程序，当事人自觉履行协议后，原执行程序即告终结的法律程序和法律制度。① 债权人与债务人在执行过程中达成的案涉执行和解协议没有违反法律禁止性规定，且当事人均无异议，对当事人有拘束力，实为新债清偿，双方当事人应当本着诚信原则和效益原则，忠实地予以履行。所谓新债清偿，也称为新债抵偿、间接给付或为清偿之给付，是指因清偿债务而为异于原定给付之给付，因债权人就新给付之实行得到满足，而使旧债务消灭。在新债清偿适用的情况下，原债权与新成立之债权并存，也就是债权人有两个债权，却只有同一目的，如果债务人履行新债务，则等同于同时履行了旧债务；如果债务人不为新债务之清偿，债权人仍可以行使旧债权。②

根据《民法典》第四百六十六条第一款的规定，当事人对合同条款的理解有争议的，应当按照所使用的词句，结合相关条款、行为的性质和目的、习惯以及诚信原则，确定该条款的真实意思。本案中，2019年10月31日伸某公司、力某安装队、倪某某、汪某某签订的执行和解协议，确定了截至当日力某安装队、倪某某欠付伸某公司货款、利息及产生的维权等费用金额，达成分期偿付合意，倪某某、汪某某愿意用其所有的房屋对债务进行抵押担保，后办理了抵押登记。伸某公司同意债务人自行寻找房屋买家，约定在三个月内将房屋卖出，否则其可以申请法

① 江必新主编：《民事执行新制度理解与适用》，人民法院出版社2010年版，第214页。

② 参见肖建国、黄忠顺：《执行和解协议的类型化分析》，载《法律适用》2014年第5期。

院强制拍卖等。由此可见，该协议是债权人与债务人对民事权利义务所作的新安排，系当事人的真实意思表示，应予尊重，且该协议应自双方达成合意时成立。同时，这个新的债务关系无论从给付标的还是给付方式上，都完全不同于原生效判决所处理的法律关系，可以另行起诉。

《民法典》第五百零九条第一款、第二款规定，当事人应当按照约定全面履行自己的义务。当事人应当遵守诚信原则，根据合同的性质、目的和交易习惯履行通知、协助、保密等义务。实际上全面履行也是诚信原则在合同履行中的一种体现。诚信原则要求民事主体在从事所有民事活动，包括行使民事权利、履行民事义务、承担民事责任时，均秉持诚实和善意，信守自己的承诺。[①] 法律适用自然也受到诚信原则的规制。依法成立的合同对当事人具有约束力，在该协议不存在履行不能致使合同目的无法实现的情况下，债权人不能要求债务人履行旧债。对债权人而言，如果债务人拒绝履行新债，其可以向法院起诉要求债务人履行新债务，除非新债务存在客观上履行不能，债权人方可请求债务人履行旧债务。对债务人而言，其应当依据新债清偿协议向债权人清偿债务，除非债权人同意，否则其不能以旧债清偿。如债务人故意造成新债无法履行，除依据债权人请求履行旧债务外，其还应当向债权人承担违约责任。

二、未申请强制执行系怠于行使权利应承担相应不利后果

《民法典》第五百九十一条规定，当事人一方违约后，对方应当采取适当措施防止损失的扩大；没有采取适当措施致使损失扩大的，不得就扩大的损失请求赔偿。当事人因防止损失扩大而支出的合理费用，由违约方负担。第五百九十二条规定，当事人都违反合同的，应当各自承担相应的责任。当事人一方违约造成对方损失，对方对损失的发生有过错的，可以减少相应的损失赔偿额。

《民法典》规定的减损规则与《合同法》一脉相承。减损规则系指

---

① 参见最高人民法院民法典贯彻实施工作领导小组主编：《中华人民共和国民法典总则编理解与适用》，人民法院出版社2020年版，第64页。

未尽到减轻损失义务构成对诚信原则的违反，一方在另一方违约后，未能采取合理措施防止损失扩大，按照过错责任原则的要求，过错人应对自己的过错行为后果负责。减损规则构成要件有：（1）违约方的违约行为导致了损害的发生，受损害方对损害的发生没有过错。（2）受损害方未采取合理措施造成了损失扩大的后果，不过在违反减损义务的情况下，受损害方并没有在违约中获得利益。（3）受损害方对损失的扩大有过失。当事人一方违反合同，另一方不能无动于衷，任凭损失扩大。（4）扩大的损失与受损害方未及时采取合理的、适当的措施之间存在因果关系。

本案对债权人怠于强制执行案涉房屋所致的利息及迟延履行金应当适用减损规则，即按照目的解释适用于个案中。目的解释是一种实质解释，指的是以立法目的作为根据以解释法律的一种解释方法。立法者制定法律不是任意性的、无缘无故的，必有其目的存在，因此，解释法律时，应当把握此立法目的，不能违背此立法目的。[①] 本案中，2019 年 10 月 31 日执行和解协议签订后，债权人伸某公司在债务人力某安装队、倪某某未按约履行分期支付义务，且超过约定的卖房期限三个月的情况下，仍未向法院申请强制拍卖已办理抵押的案涉房屋以实现其债权，系怠于履行其权利，致使利息及迟延履行金增加。对由此导致增加的利息及迟延履行金，系债权人没有采取适当措施致使损失扩大的行为所致，该增加部分不应由债务人承担。龙某某受让伸某公司债权请求赔偿该部分扩大的损失，法院不予支持。

所谓利益衡量，即综合把握本案的实质，结合社会环境、经济状况、价值观念等对双方当事人的利害关系作比较衡量，作出本案当事人哪一方应当受保护的判断。[②] 债权人怠于申请强制执行案涉房屋，导致利息及迟延履行金增加，系其没有采取适当措施致使损失扩大的行为所致，请求赔偿该部分扩大的损失，法院不予支持。对扩大损失的认定，结合协议载明的内容，鉴于房屋拍卖需要时间，二审法院酌定自协议约定的第

---

① 参见梁慧星：《裁判的方法》，法律出版社 2021 年版，第 231 页。

② 参见梁慧星：《裁判的方法》，法律出版社 2017 年版，第 291 页。

一期支付时间 2020 年 1 月 25 日的第二日即 2020 年 1 月 26 日起顺延三个月作为房屋拍卖处理期，利息按照 2019 年 5 月 22 日二审法院作出（2019）渝 05 民终 1800 号民事判决计算，从 2019 年 11 月 1 日至 2020 年 4 月 25 日计算利息为 87507.74 元；迟延履行金从 2019 年 11 月 1 日至 2020 年 4 月 25 日，以本金 756163 元为基数按照日万分之一点七五计算为 23289.82 元，应由力某安装队、倪某某承担，之后不再计算利息和迟延履行金。

按照 2019 年 10 月 31 日伸某公司、力某安装队、倪某某、汪某某签订的执行和解协议，截至 2019 年 10 月 31 日执行和解协议载明债权 1590543 元，加上 2019 年 11 月 1 日至 2020 年 4 月 25 日利息 87507.74 元及迟延履行金 23289.82 元，伸某公司截至 2020 年 4 月 25 日的债权为 1701340.56 元。

三、债权转让以合法债权为限，超出部分对债务人无拘束力

《民法典》第五百四十五条规定："债权人可以将债权的全部或者部分转让给第三人，但是有下列情形之一的除外：（一）根据债权性质不得转让；（二）按照当事人约定不得转让；（三）依照法律规定不得转让。当事人约定非金钱债权不得转让的，不得对抗善意第三人。当事人约定金钱债权不得转让的，不得对抗第三人。"即债权人有权对其享有的合法债权进行转让，但超出其合法债权部分无效。

本案中，2022 年 9 月 24 日，伸某公司（甲方、债权出让方）与龙某某（乙方、债权受让方）及孙某、姜某某（丙方），签订的《债权转让协议》确认伸某公司扣除清偿 924503 元外的债权转让给龙某某，该协议没有违反法律禁止性规定，系当事人真实意思表示，且 2021 年 1 月 11 日张某某、力某安装队、伸某公司签订了《三方协议书》确认力某安装队已向伸某公司清偿 924503 元，故力某安装队、倪某某尚欠伸某公司合法债权转让金额为 776837.56（1701340.56−924503）元。

"从亚里士多德以来，通过一定过程实现了什么样的结果才合乎于正

义，一直是正义理论的中心问题。”① 案涉债权转让以其享有的合法债权为限，超出其合法债权部分因缺乏合法依据对债务人无拘束力。本案中，仲某公司仅有权以其享有的合法债权 776837.56 元为限对外转让，超出部分缺乏合法依据对债务人无拘束力。故二审法院对该部分有效债权转让予以支持，超出部分债权不予支持，符合法律规定。

四、本案裁判规则对债权人积极履行执行和解协议的启示

《最高人民法院关于执行和解若干问题的规定》第一条第一款规定，当事人可以自愿协商达成和解协议，依法变更生效法律文书确定的权利义务主体、履行标的、期限、地点和方式等内容。

对强制执行过程中当事人达成的和解协议应予尊重。规定和解协议由当事人自行达成，是建立在对执行和解协议的性质、审判与执行的关系等基本问题的判断之上的。由于要维护原生效法律文书的权威、审判与执行分立的基本司法体制，立法自然规定了和解协议由双方当事人自行达成。因为如果执行机构能够像在诉讼调解中那样，主持双方当事人达成和解协议，那么和解协议将具有公法性质，很难不具有执行力。而如果和解协议具有了执行力，则意味着执行程序能够改变生效裁判的内容（法院的裁判文书在原生效法律文书中占据多数位置），那么审判与执行分立的基本司法体制将面临崩溃的危险。所以立法规定执行和解协议由当事人自行达成，基于相同的理由，立法也规定了和解协议较低的法律效力、恢复原生效法律文书的执行是违反和解协议的唯一救济途径等内容。

执行和解协议具备履行条件的，债权人不能要求债务人履行旧债。《最高人民法院条件关于执行和解若干问题的规定》第九条规定，被执行人一方不履行执行和解协议的，申请执行人可以申请恢复执行原生效法律文书，也可以就履行执行和解协议向执行法院提起诉讼。和解协议为

① ［日］谷口安平：《程序的正义与诉讼》，王亚新、刘荣军译，中国政法大学出版社 2002 年版，第 1 页。

当事人合意变更生效法律文书确定的权利义务关系的协议。按照是否对执行程序有直接影响，可将执行和解协议区分为执行外和解协议与执行和解协议。执行和解协议签订后，当事人可向法院申请中止执行或终结执行。被执行人不履行和解协议时，申请执行人可向法院申请恢复执行原生效法律文书或者就履行执行和解协议向法院起诉。本案中，在当事人特别约定三个月内自行寻找房屋买家将房屋卖出，否则伸某公司将申请法院强制拍卖的情况下，执行和解协议自双方达成合意时成立。依法成立的合同对当事人具有约束力，在执行和解协议不存在履行不能致使合同目的无法实现的情况下，债权人不能要求债务人履行旧债。

没有采取适当措施致使损失扩大的，应当自行承担。民事主体从事民事活动，应当遵循诚信原则，秉承诚信，恪守承诺。诚信原则作为民法帝王条款，广泛适用于合同订立、合同履行、效力评判、规则解释、漏洞填补、责任承担、行为规制等场合，对民事主体从事民事活动具有强制性。

——征稿启事——

《执行工作指导》是最高人民法院执行局编发的业务指导出版物，主要刊登最新执行政策与精神、执行裁判规则、执行典型案例、执行理论研究成果，旨在促进全国法院执行干警准确掌握法律精神、助推执行工作、繁荣执行理论。

本书所设主要栏目及其情况如下：

【执行局长论坛】刊登最高人民法院执行局局长和地方法院执行局局长关于执行工作的理论思考、热点研究、实证分析类的文章。

【最高人民法院执行局法官会议纪要】选择最高人民法院执行局法官会议讨论过的具有典型性和指导意义的案件进行刊登。

【最高人民法院执行裁判规则疏议】对最高人民法院裁判文书确定的规则进行梳理和解读。

【最高人民法院入库案例选登】刊登最高人民法院具有指导价值的案例。

【地方法院案例与解析】刊登地方法院具有典型性和推广价值的案例。

【执行热点前沿】刊登强制执行领域优秀学术论文、理论研究成果，介绍域外制度。

【调研与实证】刊登强制执行领域优秀调研报告、实证研究成果、经验总结和改革创新动态。

【执行管理和信息化专题】刊登执行指挥中心实体化运行、执行管理和执行信息化方面的动态、成果及前沿问题探讨。

【民事强制执行热点】刊登民事强制执行法起草过程中的理论研究

成果及前沿问题探讨。

【执行信箱】刊登各地法院执行工作中遇到的代表性问题及最高人民法院执行局答复意见。

本书诚邀全国各级法院同仁和专家学者撰稿。来稿要求如下：

1. 具有较强的典型性、创新性和指导价值。

2. 具有原创性，因稿件引起的任何版权纠纷由投稿人负责。

3. 撰写格式请参照本书相关部分的内容，注释援用《中国法学》体例。

4. 其他栏目来稿，请以电子邮件形式发送至 zhixingcankao@ sina. com。邮件标题处请标明稿件所属的投稿栏目和作者单位、姓名。格式为："执行信息化专题-××省高级人民法院李××"。在稿件正文后，请详细提供如下信息：标题、作者姓名、单位全称、通信地址、邮政编码、联系电话、电子邮箱地址及身份证号码，以便于联系和邮寄稿费。

5. 本书所采稿件，按照规定支付相应稿酬。因缺少支付稿酬所需账号等原因尚未收到稿酬的，请与本书编务组联系。

《执行工作指导》编委会